SV

JORGE SEMPRUN
DIE GROSSE REISE

Aus dem Französischen von
Abelle Christaller

Suhrkamp Verlag

Titel der Originalausgabe:
Le grand voyage

Erste Auflage 1994
© dieser Ausgabe Suhrkamp Verlag
Frankfurt am Main 1994
Alle Rechte vorbehalten
© Édition Gallimard, 1963
© Alle Rechte an der Übertragung ins Deutsche
bei Rowohlt Verlag GmbH, Reinbek bei Hamburg
Druck: Friedrich Pustet, Regensburg
Printed in Germany

Für Jaime
weil er
16 Jahre alt ist

I Da ist diese zusammengepferchte Masse von Leibern im Wagen, dieser stechende Schmerz im rechten Knie. Tage, Nächte. Ich raffe mich auf und versuche, die Tage und Nächte zu zählen. Vielleicht hilft mir das, mich ein wenig zurechtzufinden. Vier Tage, fünf Nächte. Aber nein, ich muß mich verzählt haben, oder es sind Tage darunter, die zu Nächten geworden sind. Mir bleiben zu viele Nächte, Nächte, die ich nicht los werde. Es war Morgen, soviel ist sicher, ein Morgen, als diese Reise begann. Den ganzen Tag lang. Dann eine Nacht. Ich strecke meinen Daumen im Halbdunkel des Wagens aus. Den Daumen für jene Nacht. Dann der nächste Tag. Wir waren noch in Frankreich, und der Zug kam kaum voran. Manchmal hörten wir Stimmen von Eisenbahnern zwischen dem Stiefelknirschen der Wachtposten. Vergiß diesen Tag, er war voller Verzweiflung. Die nächste Nacht. Ich strecke einen zweiten Finger im Halbdunkel aus. Der dritte Tag. Wieder eine Nacht. Drei Finger meiner linken Hand. Und der heutige Tag. Vier Tage also und drei Nächte. Nun gehen wir der vierten Nacht entgegen, dem fünften Tag. Der fünften Nacht, dem sechsten Tag. Aber ist es überhaupt noch richtig zu sagen, wir gingen? Wir sind ja unbeweglich, ineinandergekeilt, die Nacht vielmehr ist es, die über uns reglose künftige Leichen hereinbricht. Ich muß schallend lachen: das gibt bestimmt noch die Nacht der Bulgaren.

»Streng dich nicht so an«, sagt der Junge.
Im Trubel des Einsteigens in Compiègne, während Schreie und Schläge auf uns niederprasselten, war er neben mich geraten. Man könnte meinen, er habe zeitlebens nichts anderes getan, als zusammen mit einhundertneunzehn anderen in einem verriegelten Güterwagen zu reisen. »Das Fenster«, hatte er nur gesagt und uns mit drei großen Schritten und drei Ellbogenstößen den Weg zu einer der mit Stacheldraht versperrten Öffnungen gebahnt. »Das Wichtigste ist, daß man Luft kriegt, daß man atmen kann, verstehst du?«
»Wozu bloß das Lachen?« sagt der Junge jetzt. »Das strengt dich nur unnütz an.«
»Ich dachte an die nächste Nacht«, entgegne ich.
»Blödsinn«, sagt der Kamerad, »denk lieber an die vorigen.«
»Du bist die Vernunft in Person.«
»Quatsch«, sagt er.
Vier Tage und drei Nächte lang stehen wir schon ineinandergekeilt, sein Ellbogen in meine Rippen, mein Ellbogen in seinen Magen gepreßt. Damit er beide Füße richtig auf den Boden des Wagens stellen kann, bin ich gezwungen, ein Bein hochzuziehen. Wenn ich meinerseits Platz haben will, damit sich meine Wadenmuskeln ein wenig entkrampfen, hält er ein Bein in die Höhe. So gewinnen wir ein paar Zentimeter und ruhen uns abwechselnd aus.
Um uns herum ist Halbdunkel, darin keuchendes Atmen und manchmal ein plötzliches, kopfloses Gedränge, wenn ein Kamerad zusammenbricht. Als wir zu einhundertzwanzig vor dem Wagen hatten antreten müssen und ich mir vorzustellen versuchte, was das wohl geben

werde, war es mir eiskalt den Rücken heruntergelaufen.
Es ist noch viel schlimmer.
Ich schließe die Augen, öffne sie wieder. Nein, es ist kein Traum.
»Sieh dir das an«, sage ich.
»Was soll da Besonderes sein?« fragt er. »Wir sind auf dem Land.«
Tatsächlich, wir sind auf dem Land. Der Zug fährt langsam auf einem Höhenzug dahin. Man erblickt Schnee, hohe Tannen, stille Rauchfahnen am Grau des Himmels.
Er sieht einen Augenblick hinaus.
»Das Moseltal.«
»Woher willst du das wissen?« frage ich ihn.
Er sieht mich verloren an und zuckt die Achseln.
»Wo sollten wir sonst durchkommen?«
Er hat recht, der Junge, wo sollten wir sonst durchkommen, um weiß Gott wohin zu gelangen. Ich schließe die Augen, und in mir summt es leise: Moseltal. Das Halbdunkel hatte mich gefangengehalten; jetzt plötzlich, im scheidenden Licht des Winternachmittags, nimmt die Welt um mich her wieder Gestalt an. Das Moseltal, ja, das gibt es wirklich, auf Landkarten und im Atlas muß es zu finden sein. Unseren Geographielehrer am Henri IV hatten wir allerdings immer niedergeschrien, daher weiß ich bestimmt nichts über die Mosel. Ich glaube, ich habe das ganze Jahr über kein einziges Mal meine Geographieaufgaben gemacht. Bouchez nahm mir das auf den Tod übel. Wie war es nur möglich, daß der Primus in Philosophie sich nicht auch für Geographie interessierte? Zu tun hatte das zwar nichts miteinander. Aber er nahm es mir nun einmal auf den Tod übel. Vor allem seit der Geschichte

mit den mitteleuropäischen Eisenbahnen. Da hatte ich mal ganz gewaltig losgelegt und ihm sogar die Namen der Züge angedreht. An den »Harmonika-Zug« erinnere ich mich noch, den hatte ich ihm auch angedreht. »Gute Arbeit«, hatte er darunter vermerkt, »nur sind Sie zu einseitig von persönlichen Erinnerungen ausgegangen.« Als er dann die Arbeiten zurückgab, hatte ich ihm vor der ganzen Klasse erklärt, ich hätte keinerlei persönliche Erinnerungen an Mitteleuropa. Mitteleuropa? Nie gehört. Ich hatte mir ganz einfach das Reisetagebuch von Barnabooth zunutze gemacht. Was, Herr Bouchez, Sie kennen A. O. Barnabooth nicht? Offen gestanden, weiß ich bis heute nicht, ob er A. O. Barnabooth kannte. Er bekam einen Anfall, und mir wäre beinahe ein Disziplinarverfahren angehängt worden.

Aber nun ist hier das Moseltal. Ich schließe die Augen und genieße das Dunkel, das sich in mir auftut, genieße die Gewißheit des Moseltals draußen im Schnee. Diese blendende Gewißheit im einförmigen Grau, in den hohen Tannen, den schmucken Dörfern, den stillen Rauchfahnen am Winterhimmel. Ich bemühe mich, die Augen möglichst lange geschlossen zu halten. Der Zug fährt sanft dahin, mit eintönig knirschenden Achsen. Plötzlich pfeift er. Das muß die Winterlandschaft zerrissen haben, wie es mein Herz zerreißt. Schnell öffne ich die Augen, um die Landschaft zu überraschen, sie zu überfallen. Aber da ist sie. Ganz einfach da, etwas anderes kennt sie nicht. Und wenn ich jetzt stürbe, aufrecht in dem mit künftigen Leichen vollgestopften Wagen stürbe, sie wäre trotzdem da. Vor meinen erloschenen Augen läge das Moseltal, gewaltig schön wie ein Wintergemälde von Brueghel. Wir könnten alle sterben, ich und der Junge aus

Semur-en-Auxois, und der Alte, der vorhin unaufhörlich brüllte, seine Nachbarn haben ihn wohl zu Boden geschlagen, man hört nichts mehr von ihm – es läge trotzdem vor unseren erloschenen Blicken. Ich schließe die Augen, öffne sie. Mein Leben ist nur noch dieser Wimpernaufschlag, der mir das Moseltal enthüllt. Alles Leben ist aus mir entwichen und schwebt über dem winterlichen Tal, ist selber nichts anderes mehr als das sanfte, anheimelnde Tal in der winterlichen Kälte.

»Was treibst du denn?« fragt der Junge aus Semur.

Er mustert mich aufmerksam, versucht, meinem Gebaren auf den Grund zu kommen.

»Ist dir schlecht?« fragt er.

»Im Gegenteil«, antworte ich. »Warum?«

»Du zwinkerst ja mit den Augen wie ein Frauenzimmer«, entgegnet er. »Das reinste Kino.«

Ich lasse ihn reden, ich möchte nicht abgelenkt werden. Der Zug fährt auf dem Bahndamm am Hang eines Hügels entlang. Das Tal entfaltet sich. Von dieser heiteren Ruhe will ich mich nicht ablenken lassen. Die Mosel, ihre Hänge, ihre Weinberge im Schnee, ihre Winzerdörfer im Schnee dringen durch die Augen in mich ein. Es gibt Dinge, lebende und tote, von denen man sagt, sie liefen einem »zu den Nasenlöchern heraus«. Diese französische Redensart hat mir schon immer großen Spaß gemacht. Man meint damit Dinge, die einem lästig sind, Personen, die einem auf die Nerven gehen und die man, bildlich gesprochen, durch die Nasenlöcher abtut. Dadurch, daß ich sie von mir abtue, werden sie wieder zu Eigenwesen außerhalb meiner selbst, sind weggeworfen, entlarvt, ihres Schreckens beraubt. Meine Nasenlöcher werden zum Ausscheidungsorgan eines unbändigen Stolzes, zum

Symbol eines Bewußtseins, das sich souverän fühlt. Die Frau da, der Freund, diese Musik? Schluß damit, erledigt, raus durchs Nasenloch. Aber die Mosel, ja, das ist nun genau das Gegenteil. Die Mosel dringt durch die Augen in mich ein, überflutet meinen Blick, füllt meine Seele mit ruhigen Wassern wie einen Schwamm. Ich bin nur noch diese Mosel, die durch meine Augen hindurch mein Inneres überschwemmt. Von dieser überschwenglichen Freude will ich mich nicht ablenken lassen.
»Kein schlechter Tropfen, was da wächst«, sagt der Junge aus Semur.
Er möchte sich unterhalten. Er hat zwar sicherlich nicht gemerkt, daß ich gerade dabei bin, in der Mosel zu ertrinken, aber er fühlt, daß es mit meinem Schweigen etwas auf sich hat. Er möchte, daß wir über ernsthafte Dinge sprechen, der Junge, diese Reise in ein deutsches Lager ist ja schließlich kein Scherz, wozu also vor der Mosel mit den Augen zwinkern wie ein Idiot? Er kommt aus einem Weinbaugebiet, darum klammert er sich an die Weinberge der Mosel unter ihrem dünnen, pulvrigen Schnee. Die Weinberge sind etwas Ernstzunehmendes, darin kennt er sich aus.
»Ein feiner Weißwein«, sagt der Junge. »Aber an den Chablis kommt er doch nicht ran.«
Er rächt sich, das ist nicht verwunderlich. Das Moseltal hält uns zwar umklammert, es ist das Tor zur Verbannung, vielleicht ein Weg ohne Wiederkehr, aber sein Weißwein kommt trotzdem nicht an den Chablis heran. Ein Trost, wenn man so will.
Er möchte, daß wir über den Chablis sprechen, aber ich werde nicht über den Chablis sprechen, jedenfalls nicht gleich. Er weiß, daß wir gemeinsame Erinnerungen ha-

ben, daß wir uns vielleicht schon einmal begegnet sind, ohne uns zu kennen. Er war im Untergrund, damals in Semur, als wir ihnen Waffen brachten, Julien und ich, nach dem schweren Schlag auf das Sägewerk in Semur. Er möchte gemeinsame Erinnerungen beschwören. Ernstzunehmende Erinnerungen, so ernst zu nehmen wie die Weinberge und ihre Pflege. Erinnerungen, an die man sich halten kann. Hat er vielleicht plötzlich Angst vor dem Alleinsein? Ich glaube nicht. Wenigstens jetzt noch nicht. Sicher macht ihm nur meine Einsamkeit Sorgen. Er glaubt, ich hätte plötzlich schlapp gemacht angesichts dieser Landschaft, die goldkäferfarbig auf weißem Grund vor uns liegt. Er glaubt, sie hätte mich an irgendeinem wunden Punkt getroffen, und ich hätte plötzlich schlapp gemacht und sei weich geworden. Er hat Angst, mich allein zu lassen, der Junge aus Semur. Darum bietet er mir die Erinnerung an den Chablis an, darum möchte er, daß wir zusammen vom frischen Wein gemeinsamer Erinnerungen schlürfen.

Das Warten im Wald nach dem Schlag auf das Sägewerk, während die SS an allen Straßen auf uns lauerte. Nächtliche Streifzüge im Citroën mit zersprungenen Scheiben und ins Dunkel starrendem MG. Manneserinnerungen, wenn man so will.

Aber ich mache nicht schlapp, hörst du? Du darfst mein Schweigen nicht falsch auffassen. Nachher wollen wir sprechen. Ja, Semur im September war schön. Wir werden einander von Semur erzählen. Da gibt's übrigens eine Geschichte, die ich dir noch nicht erzählt habe. Julien ließ es keine Ruhe, daß das Motorrad verloren war. Eine schwere »Gnôme et Rhône«, noch fast neu. Sie war im Sägewerk zurückgeblieben, als die SS mit Übermacht anrückte und ihr euch in die Wälder auf den Höhenzügen absetzen mußtet. Das ließ ihm einfach keine Ruhe, Julien, daß das Motorrad verloren war. Da sind wir denn losgezogen und haben es uns geholt. Die Deutschen hatten oberhalb des Sägewerkes auf der anderen Seite des Wassers einen Wachtposten aufgestellt. Am hellichten Tag sind wir in die Schuppen und durch die Holzstapel geschlichen. Das Motorrad war tatsächlich noch da, unter Zeltplanen versteckt, und der Tank noch halbvoll. Wir haben es bis zur Straße geschoben. Beim Lärm des Anlassens mußten die Deutschen uns auf den Leib rükken. Vor uns lag ein steil ansteigendes Straßenstück ohne jede Deckung. Von ihrem Beobachtungsturm auf der Höhe würden sie uns abknallen wie in einer Jahrmarktschießbude. Aber Julien war viel an dem Motorrad gelegen, sehr viel. Diese Geschichte will ich dir nachher erzählen, du wirst froh sein, wenn du weißt, daß das Motorrad nicht verloren war. Wir haben es bis zu unserem Unterschlupf »Tabu« auf den Höhen von Larrey zwischen Laignes und Châtillon gebracht. Aber wie Julien starb, will ich dir nicht erzählen; wozu soll ich dir auch erzählen, wie Julien starb? Ich weiß ohnehin ja noch nicht, daß Julien tot ist. Julien ist noch nicht tot, er sitzt mit mir auf dem Motorrad, wir brausen in der Herbstsonne nach Laignes, und die Patrouillen der Feldgendarmerie schauen verdutzt dem Geistermotorrad auf den herbstlichen Straßen nach, schießen blindlings nach dem Geistermotorradlärm in den herbstgolddurchwobenen Straßen. Nein, von Juliens Tod will ich dir nicht erzählen, es gäbe vom Tod zu vieler Kameraden zu erzählen. Du selber wirst auch tot sein, ehe diese Reise zu Ende geht. Ich kann dir noch nicht erzählen, wie Julien starb,

und du wirst tot sein, ehe diese Reise zu Ende geht. Ehe wir von dieser Reise zurückkehren.
Und wenn wir alle tot wären in diesem Güterwagen, aufrecht tot aneinandergepreßt, einhundertzwanzig Mann in diesem Wagen, so läge trotzdem vor unseren toten Blicken das Moseltal. Von dieser grundlegenden Gewißheit will ich mich nicht ablenken lassen. Ich öffne die Augen. Da liegt das Tal, von jahrhundertelanger Arbeit geprägt, mit Weinbergen, die terrassenförmig an den Hügeln hinaufsteigen unter ihrem zerfurchten, von bräunlichen Streifen durchzogenen Schnee. Ohne diese Landschaft wäre mein Blick ein Nichts. Ich wäre blind ohne sie. Nicht mein Blick enthüllt sie mir, er entsteht vielmehr selber erst durch sie. Erst das Licht dieser Landschaft erschafft sich meinen Blick. Erst die Geschichte dieser Landschaft, wie sie langsam unter den Händen der Winzer des Moseltals entstand, verleiht meinem Blick, meinem ganzen Ich Wirklichkeit und Dichte. Ich schließe die Augen. Nichts ist mehr da als das eintönige Rollen der Räder auf den Schienen. Nichts ist mehr da als die ferne Wirklichkeit der Mosel, mir fern, sich selber nah, wie die Winzer des Moseltals sie in ihrem Innersten geformt haben. Ich öffne die Augen, schließe sie, mein Leben ist nur noch ein Wimpernschlag.
»Du siehst wohl Gespenster?« fragt der Junge aus Semur.
»Durchaus nicht«, antworte ich.
»Sieht fast so aus. Sieht aus, als trautest du deinen Augen nicht.«
»Doch, durchaus.«
»Oder als wolltest du umkippen.«
Er schaut mich sorgenvoll an.

»Hab keine Angst.«
»Geht's wieder?« fragt er mich.
»Sicher, bestimmt geht's.«
Plötzlich schreit jemand im Wagen auf, brüllt. Ein brutales Gedränge der ganzen leblosen Masse von eingekeilten Leibern preßt uns buchstäblich an den Wagenrand. Unsere Gesichter streifen den Stacheldraht, der die Öffnung versperrt. Wir blicken auf das Moseltal hinaus.
»Schön bearbeitet, das Land«, sagt der Kamerad aus Semur.
Ich betrachte das schön bearbeitete Land.
»Freilich, wie bei uns ist es nicht«, sagt er, »aber es ist nicht schlecht gemacht.«
»Winzer sind Winzer.«
Er wendet leicht den Kopf und lacht spöttisch.
»Was du nicht alles weißt«, sagt er.
»Ich meine nur so.«
»Ja, ja«, sagt er aufgebracht, »du meinst nur so, ich weiß schon, was du nur so meinst.«
»Aber ihr Wein kommt also doch nicht an den Chablis heran?«
Er blickt mich von der Seite an. Er denkt wohl, meine Frage sei eine Falle. Er findet mich sehr kompliziert, der Junge aus Semur. Aber es ist keine Falle. Es ist nur eine Frage, die den Faden unserer Unterhaltung aus vier Tagen und drei Nächten wiederaufnehmen soll. Noch kenne ich den Moselwein nicht. Erst später, in Eisenach, habe ich ihn probiert. Auf dem Rückweg von dieser Reise. In einem Hotel in Eisenach hatte man die Heimkehrerzentrale eingerichtet. Es war ein seltsamer Abend gewesen, dieser erste Heimkehrerabend. Wir hatten bald genug davon. Wir fühlten uns mehr entwurzelt als heim-

gekehrt. Sie war wohl auch nötig, diese Entwurzelungskur, um uns wieder an die Welt zu gewöhnen. Ein Hotel in Eisenach mit amerikanischen Offizieren der 3. Armee, Franzosen und Engländern der Militärmissionen, die bis ins Lager geschickt worden waren. Deutsches Personal, lauter Alte, die als Kellner und Oberkellner verkleidet herumliefen. Und Mädchen. Eine Menge Mädchen, deutsche, französische, österreichische, polnische, was weiß ich noch. Alles in allem ein ganz korrekter, ganz gewöhnlicher Abend, an dem jeder seine Rolle spielte und sich benahm, wie es seiner Stellung entsprach. Die amerikanischen Offiziere kauten ihren Kaugummi, saßen unter sich und tranken ihren mitgebrachten Whisky unverdünnt aus der Flasche. Die englischen Offiziere hielten sich abseits und trugen verdrießliche Mienen darüber zur Schau, daß sie gezwungen waren, sich auf dem Kontinent und in diesem Durcheinander aufzuhalten. Die französischen Offiziere waren von Mädchen umringt und brachten es ausgezeichnet fertig, sich mit den Mädchen von überallher zu verständigen. Jeder benahm sich, wie es seiner Stellung entsprach. Die deutschen Oberkellner benahmen sich wie deutsche Oberkellner. Die Mädchen von überallher benahmen sich wie Mädchen von überallher. Und wir benahmen uns wie Überlebende aus dem Todeslager. Ein wenig heimatlos zwar, aber voll Würde, mit glattrasiertem Schädel, die gestreiften Drillichhosen in die Stiefel gestopft, die wir noch aus den Lagern der SS gerettet hatten. Heimatlos waren wir, aber sehr korrekt, und erzählten den französischen Offizieren, die die Mädchen abknutschten, was wir so erlebt hatten. Unsere Krematoriumswitze und die endlosen Appelle im Schnee. Dann setzten wir uns zum Essen um einen Tisch.

Ein weißes Tischtuch lag darauf, mit Fisch-, Fleisch-, Dessertbesteck. Es gab Gläser in verschiedenen Formen und Farben, für Weißwein, Rotwein, Wasser. Wir grinsten dumm über soviel Ungewohntes. Und dann tranken wir Moselwein. An den Chablis kam er zwar nicht heran, der Moselwein, aber es war immerhin Moselwein.
Ich wiederhole meine Frage, sie ist keine Falle. Bis jetzt habe ich noch nicht vom Moselwein gekostet.
»Woher weißt du, daß der Wein hier nicht an den Chablis rankommt?«
Er zuckt die Achseln. Das ist doch selbstverständlich. An den Chablis kommt der nicht ran, das ist doch klar.
Allmählich bringt er mich auf.
»Und außerdem, woher willst du überhaupt wissen, daß dies das Moseltal ist?«
Er zuckt die Achseln, das ist doch auch klar.
»Hör mal her, sei nicht blöd. Der Zug muß doch den Tälern folgen. Wo sollten wir sonst durchkommen?«
»Allerdings«, gebe ich zu. »Aber warum gerade die Mosel?«
»Ich sage dir ja, das ist der Weg.«
»Aber kein Mensch weiß doch, wohin es geht.«
»Klar wissen wir's. Was hast du nur die ganze verdammte Zeit in Compiègne gemacht? Nach Weimar geht's, das ist doch bekannt.«
Die verdammte Zeit in Compiègne hatte ich mit Schlafen zugebracht. Ich war dort ganz allein gewesen und kannte keine Menschenseele; außerdem hatte man den Abtransport für den übernächsten Tag angekündigt. So hatte ich meine verdammte Zeit mit Schlafen zugebracht. In Auxerre war ich drei Monate lang mit den Kameraden zusammengewesen, da war das Gefängnis wohnlich gewor-

den. In Compiègne dagegen lagen wir zu Tausenden, ein wahrer Ameisenhaufen, und ich kannte niemand.
»Geschlafen hab ich die verdammte Zeit. Ich war ja nur anderthalb Tage in Compiègne.«
»Und du warst müde.«
»Ich war nicht müde«, antworte ich, »nicht besonders. Hatte nichts anderes zu tun.«
»Und da konntest du schlafen, in Compiègne, in dem ganzen Rummel?«
»Ja, das konnte ich.«
Darauf erzählt er mir, er habe mehrere Wochen in Compiègne zugebracht. Da hatte er Muße genug, herumzuhorchen. Es war die Zeit der Massendeportationen in die Lager. Vage Gerüchte sickerten durch. Die polnischen Lager seien die schlimmsten, die deutschen Wachen sprachen von ihnen nur im Flüsterton. In Österreich war ein anderes Lager, wo man ebenfalls nur hoffen konnte, nicht hinzukommen. In Deutschland selber gab es eine ganze Menge Lager, die sich alle ziemlich glichen. Am Tage vor der Abfahrt erfuhren wir, unser Transport sei für eines von ihnen in der Nähe von Weimar bestimmt. Und das Moseltal war ganz einfach der Weg dorthin.
»Weimar ist eine Provinzstadt«, sage ich.
»Alle Städte sind Provinzstädte«, antwortet er, »außer den Hauptstädten.«
Wir lachen beide, denn nichts verbindet Menschen besser als der gesunde Menschenverstand.
»Ich meinte: eine Kleinstadt.«
»Ja, ja«, sagt er, »so was wie Semur, das wolltest du sagen.«
»Vielleicht größer als Semur, ich weiß nicht, wahrscheinlich größer.«

»Aber in Semur gibt es kein Lager«, entgegnet er feindselig.
»Warum nicht?«
»Was heißt da, warum nicht? Darum nicht. Oder willst du etwa behaupten, in Semur wäre so ein Lager möglich?«
»Warum nicht? Kommt ganz auf die Verhältnisse an.«
»Ich scheiße auf deine Verhältnisse.«
»Es gibt Lager in Frankreich«, erkläre ich ihm, »auch in Semur hätte es eins geben können.«
»Lager in Frankreich?«
Verwirrt schaut er mich an.
»Aber sicher.«
»Französische Lager in Frankreich?«
»Aber sicher«, wiederhole ich, »keine japanischen. Französische Lager in Frankreich.«
»Da ist Compiègne, das ist wahr. Aber für mich ist das kein französisches Lager.«
»Compiègne war ein französisches Lager in Frankreich, ehe es ein deutsches Lager in Frankreich wurde. Aber es gibt andere, die nie was anderes als französische Lager in Frankreich waren.«
Ich nenne ihm Argelès, Saint-Cyprien, Gurs, Châteaubriant.
»Scheiße, verdammte«, brummt er nur.
Das verschlägt ihm den Atem, was er da hört. Aber schnell faßt er sich wieder.
»Das mußt du mir schon erklären, du«, sagt er.
Er zweifelt nicht an meiner Behauptung, daß es französische Lager in Frankreich gibt. Aber er gibt auch nicht Hals über Kopf seine Position auf. Ich werde es ihm erklären müssen. Er zweifelt nicht an meiner Behauptung,

aber sie paßt nicht in seine bisherige Vorstellung von der Sache. Er hatte eine ganz einfache Vorstellung von der Sache, auf der einen Seite nur Gutes, auf der andern nur Schlechtes, äußerst praktisch so was. Mit wenigen Sätzen hatte er mir das im Nu klargemacht. Er ist der Sohn wohlhabender Bauern, wollte das Landleben aufgeben und Mechaniker werden, was weiß ich, Justierer, Dreher, Fräser, irgend etwas, gute Arbeit mit guten Maschinen, hatte er mir gesagt. Und dann kam der Befehl zur Zwangsarbeit. Klar, daß er sich nicht nach Deutschland verfrachten ließ. Deutschland, das war so weit weg und so ganz anders als Frankreich, und außerdem, alles was recht war, aber er würde doch nicht für ein Volk arbeiten, das sich in seinem eigenen Land als Besatzung breitgemacht hatte. Er hatte sich also dem Befehl widersetzt und war untergetaucht. Das übrige hatte sich dann ganz folgerichtig daraus ergeben. »Ich bin eben ein Patriot«, hatte er zu mir gesagt. Er interessierte mich, der Junge aus Semur, es war das erste Mal, daß ich einen wirklichen Patrioten aus Fleisch und Blut vor mir sah. Denn Nationalist war er nicht, keine Spur, er war Patriot. Nationalisten kenne ich zur Genüge. Der Architekt war Nationalist. Sein Blick aus blauen Augen war gerade und offen, immer auf die blaue Kammlinie der Vogesen gerichtet. Er war Nationalist, aber er arbeitete für Buckmaster und das War Office. Der Junge aus Semur dagegen war Patriot, keine Spur von Nationalist an ihm. Er war mein erster Patriot aus Fleisch und Blut.
»Ja«, sage ich, »nachher erkläre ich dir's.«
»Warum nachher?«
»Weil ich jetzt die Landschaft ansehen will«, antworte ich, »laß mich die Landschaft ansehen.«

»Weiter nichts als Felder«, sagt er geringschätzig. Aber er läßt mich die Felder ansehen.

Der Zug pfeift. Ein Pfiff der Lokomotive hat gewöhnlich einen bestimmten Sinn, denke ich. Eine ganz festumrissene Bedeutung. Aber nachts in den Hotelzimmern, wenn man sich in Bahnhofsnähe unter falschem Namen eingemietet hat und nicht schlafen kann, weil man noch zuviel denkt oder weil es ganz allein in einem weiterdenkt: da nehmen die Pfiffe der Lokomotiven eine seltsam fremde Klangfarbe an. Sie verlieren ihre spezielle, vordergründige Bedeutung und werden zu geheimnisvollen Rufen und Warnschreien. Die Züge pfeifen durch die Nacht, und man wälzt sich unruhig im Bett hin und her. Sicher sind nur schlechte Bücher an diesem Eindruck schuld, aber er ist trotzdem da. Mein Zug dagegen pfeift durchs Moseltal, und die Winterlandschaft zieht langsam an mir vorbei. Der Abend bricht an. Auf der Straße neben den Gleisen spazieren Leute. Sie gehen auf das kleine Dorf zu, über dem der Rauch in stillen Fahnen hängt. Vielleicht werfen sie einen Blick auf den Zug, einen gleichgültigen Blick, es ist ja nur ein Güterzug, wie ihrer viele vorbeifahren. Sie gehen auf ihre Häuser zu, was kümmert sie auch dieser Zug, sie haben ihr eigenes Leben, ihre eigenen Mühen und Sorgen. Plötzlich, während ich sie so auf der Straße dahingehen sehe, als sei gar nichts dabei, kommt mir zu Bewußtsein, daß ich drinnen bin und sie draußen. Eine tiefe, körperlich spürbare Traurigkeit befällt mich. Ich bin drinnen, seit Monaten schon, und die da sind draußen. Nicht nur, daß sie frei sind, darüber ließe sich viel sagen. Sondern ganz einfach, daß sie draußen sind, daß es für sie Straßen gibt, Hecken am Wegrand, Obst an den Bäumen, Trauben in den Wein-

bergen. Sie sind ganz einfach draußen, und ich bin drinnen. Dabei ist es nicht einmal so sehr die Tatsache, daß ich nicht frei gehen kann, wohin ich will, man hat ja eigentlich nie die Freiheit, zu gehen, wohin man will. Ich hatte nie die Freiheit, zu gehen, wohin ich wollte. Mir stand nur frei, zu gehen, wohin ich mußte, und ich mußte in diesen Zug gehen, denn ich mußte die Dinge tun, derentwegen ich jetzt in diesem Zug eingesperrt bin. Es stand mir frei, in diesen Zug zu gehen, völlig frei, und ich habe das Beste aus dieser Freiheit gemacht. Jetzt bin ich drin in diesem Zug. Ich bin aus freien Stücken darin, denn ich hätte nicht darin zu sein brauchen. Das also ist es nicht. Sondern ganz einfach ein körperliches Gefühl: drinnen zu sein. Es gibt ein Draußen und ein Drinnen, und ich bin darin. Ein körperlich spürbares Gefühl der Traurigkeit durchströmt einen, nicht mehr.
Später sollte dieses Gefühl an Heftigkeit noch zunehmen. Manchmal wurde es geradezu unerträglich. Jetzt schaue ich noch den Spaziergängern nach und ahne nicht, daß dieses Gefühl, drinnen zu sein, einmal unerträglich werden wird. Vielleicht sollte ich nur von diesen Spaziergängern und diesem Gefühl erzählen, so, wie ich es damals im Moseltal empfand, um meinen Bericht nicht durcheinanderzubringen. Aber diese Geschichte schreibe ja ich, und ich kann machen, was ich will. Ich hätte zum Beispiel auch den Jungen aus Semur übergehen können. Er hat diese Reise mit mir gemacht, er ist an ihr gestorben – eine Geschichte, die im Grunde niemand etwas angeht. Aber ich habe mir vorgenommen, über ihn zu schreiben. Nicht zuletzt wegen Semur-en-Auxois, wegen des Zufalls, daß ich eine solche Reise mit einem Jungen aus Semur gemacht habe. Ich liebe Semur, ich bin seither nie

wieder hingekommen. Vor allem im Herbst liebte ich Semur. Wir waren zusammen dort, Julien und ich, mit drei Koffern voll Plastiksprengstoff und STEN-Maschinenpistolen. Die Eisenbahner halfen uns, sie zu verstecken, bis wir mit den Kameraden aus dem Untergrund Kontakt aufgenommen hatten. Dann schleppten wir sie auf den Friedhof, und dort holten die Kameraden sie ab. Semur im Herbst war schön. Zwei Tage lang blieben wir bei den Kameraden auf dem Berg. Das Wetter war schön, September lag über dem ganzen Land. Wegen Semur und wegen dieser Reise habe ich mir vorgenommen, von dem Jungen aus Semur zu schreiben. Er starb an meiner Seite, als diese Reise zu Ende ging; ich hielt am Schluß dieser Reise seinen Leichnam aufrecht an mich gepreßt. Ich habe mir vorgenommen, über ihn zu schreiben, das geht niemand etwas an, niemand hat hier dreinzureden. Das betrifft uns ganz allein, den Jungen aus Semur und mich.

Und sowieso bin ich jetzt, da ich diesen Eindruck des Drinnenseins beschreibe, der mich im Moseltal beim Anblick der Spaziergänger auf der Straße überkam, ja nicht mehr im Moseltal. Sechzehn Jahre sind vergangen. Ich kann nicht mehr nur von diesem Augenblick allein reden. Andere haben sich dem ersten beigesellt und sind unauflöslich mit jenem schmerzenden Gefühl körperlich spürbarer Traurigkeit verschmolzen, das mich im Moseltal überkam.

Sonntags etwa konnte es geschehen. Wenn der Mittagsappell vorüber war, hatte man stundenlang Zeit. Die Lagerlautsprecher verbreiteten in allen Baracken schläfrige Musik. Und im Frühling konnte es geschehen, daß dieses Gefühl des Drinnenseins unerträglich wurde.

Mein Spaziergang führte mich immer jenseits der Isolierbaracken in das kleine Wäldchen neben dem Revier. Am Rande der Bäume blieb ich stehen. Weiter drüben gab es nur noch den kahlgeschlagenen Streifen Land, und dahinter waren die Wachttürme und der elektrische Stacheldraht. Von dort übersah man die thüringische Ebene, die reich und fruchtbar dalag. In der Ebene sah man das Dorf. Man sah die Straße, die etwa hundert Meter am Lager entlanglief. Es war Frühling, Sonntag, die Menschen gingen spazieren. Manchmal waren Kinder dabei. Sie liefen voraus und schrien. Auch Frauen waren dabei, die am Straßenrand stehenblieben und Frühlingsblumen pflückten. Und ich stand da am Rande des Wäldchens und starrte wie gebannt auf die Bilder des Lebens draußen. Ja, es gab ein Drinnen und ein Draußen. Im Frühlingswind wartete ich, bis die Spaziergänger zurückkamen. Sie gingen heim, die Kinder waren müde und liefen brav an der Seite ihrer Eltern. Die Spaziergänger kehrten heim. Ich blieb allein. Es gab nur noch das Drinnen, und ich war darin.

Später, ein Jahr später, und wieder war es Frühling, es war April, da bin auch ich auf dieser Straße gegangen und in das Dorf gekommen. Ich war draußen, aber es gelang mir nicht, mich über das Draußensein zu freuen. Alles war zu Ende, wir würden den Rückweg antreten, aber vielleicht gibt es von dieser Reise nie mehr einen Weg zurück, vielleicht löscht man diese Reise nie mehr aus. Ich weiß es nicht, wirklich nicht. Sechzehn lange Jahre habe ich versucht, diese Reise zu vergessen, und ich habe sie vergessen. Niemand um mich her denkt noch daran, daß ich diese Reise einmal gemacht habe. In Wirklichkeit jedoch war ich mir bei allem Vergessen dieser Reise immer bewußt, daß ich sie eines Tages noch einmal würde ma-

chen müssen. In fünf, in zehn, in fünfzehn Jahren muß ich diese Reise noch einmal machen. Alles ist da und wartet auf mich, das Moseltal und der Junge aus Semur und das Dorf in der thüringischen Ebene und jener Brunnen auf dem Dorfplatz, von dem ich noch einmal einen langen Schluck kühlen Wassers trinken will.
Vielleicht gibt es von dieser Reise nie mehr einen Weg zurück.
»Was schaust du denn immer noch hinaus?« fragt der Kamerad aus Semur. »Man sieht doch nichts mehr.«
Er hat recht, es ist Abend geworden.
»Ich hab nicht mehr hingeschaut«, gebe ich zu.
»Das ist schlecht«, sagt er kurz.
»Warum schlecht?«
»Ganz einfach schlecht«, erklärt er mir. »Hinschauen, ohne was zu sehen. Mit offenen Augen träumen. Das ist schlecht.«
»Und sich erinnern?«
»Auch sich erinnern. Das lenkt ab.«
»Wovon lenkt das ab?« frage ich.
Immer gibt der Junge aus Semur mir neue Rätsel auf.
»Von der Reise lenkt das ab, macht einen weich. Man muß hart bleiben.«
»Hart bleiben? Wofür? Um später von ihr zu erzählen?«
»Nein, um wieder zurückzukommen«, sagt er ernst.
»Wär doch zu blöd, findest du nicht?«
»Ein paar kommen immer wieder zurück, um den andern zu erzählen.«
»Hoffentlich bin ich dabei. Aber nicht zum Erzählen, darauf pfeif ich. Um zurückzukommen, ganz einfach.«
»Glaubst du nicht, daß man es auch erzählen sollte?«

»Ja Mensch, was willst du denn da erzählen? Hundertzwanzig Mann in einem Wagen. Tage und Nächte unterwegs. Alte, die überschnappen und zu brüllen anfangen. Ich frag mich, was es da zu erzählen gibt.«
»Und am Ende der Reise?« frage ich.
Sein Atem kommt auf einmal stoßweise.
»Am Ende?«
Er will nicht daran denken, das sieht man. Er konzentriert sich auf den Verlauf dieser Reise. An das Ende dieser Reise will er nicht denken.
»Alles zu seiner Zeit«, sagt er endlich. »Findest du nicht?«
»Freilich, du hast recht. Ich fragte nur so.«
»Du fragst andauernd nur so.«
»Das ist mein Beruf«, antworte ich.
Er sagt nichts mehr. Sicher überlegt er sich jetzt, was das für ein Beruf sein kann, der mich zwingt, andauernd nur so zu fragen.
»Idioten seid ihr«, sagt die Stimme hinter uns, »dreckige, verfluchte Idioten.«
Wir antworten nicht, wir sind's schon gewohnt.
»Da stehen sie, diese Idioten, diese dreckigen, verfluchten Scheißkerle, und erzählen sich die ganze Zeit Erlebnisse. Scheißkerle, dreckige Scheißkerle.«
»Ich höre Stimmen«, sagt der Junge aus Semur.
»Stimmen aus dem Jenseits«, füge ich hinzu.
Wir lachen beide.
»Ja, jetzt könnt ihr noch lachen, ihr Stumpfböcke, jetzt könnt ihr euer Maul noch vollnehmen. Aber ihr werdet's schon noch erleben. Von dieser Reise erzählen? Daß ich nicht lache! Verrecken werdet ihr, wie die Ratten verrekken.«

»Dann sind wir auch Stimmen aus dem Jenseits«, sagt der Junge aus Semur.
Wir lachen noch lauter.
Die Stimme überschlägt sich vor Wut und beschimpft uns nach allen Regeln der Kunst.
»Wenn ich mir überlege, daß ich wegen Kerlen wie euch hier stecke! Wegen solchen verfluchten Schweinen. Die spielen Soldaten, und wir können die Suppe auslöffeln. Elende Idioten!«
So geht es schon fast seit Beginn der Reise. Soviel wir verstanden haben, hatte der Alte einen Hof in einer Gegend, wo sich Leute aus dem Untergrund aufhielten. Bei einer Razzia, als die Deutschen die Gegend säubern wollten, wurde er festgenommen.
»Da machen sie die Straßen unsicher bei Nacht«, fährt die gehässige Stimme fort, »da lassen sie die Züge in die Luft gehen und stänkern in der ganzen Gegend herum, und wir können nachher die Suppe auslöffeln.«
»Der Kerl geht mir allmählich auf die Nerven«, sagt der Junge aus Semur.
»Und mir vorwerfen, ich hätte diesen Dreckskerlen noch Lebensmittel verschafft. Die rechte Hand hätt ich mir abschneiden lassen sollen, sie anzeigen hätt ich sollen, ja das hätt ich.«
»Jetzt reicht's aber«, sagt der Junge aus Semur. »Paß auf, daß man dir nicht noch was anderes abschneidet, daß man dir nicht noch scheibenweise die Eier abschneidet, du!«
Die Stimme brüllt auf vor Ekel, Wut, Unverstand.
»Halt's Maul«, sagt der Junge aus Semur. »Halt's Maul, oder ich schlag zu.«
Die Stimme schweigt.

Schon zu Anfang der Reise hatte der Junge aus Semur ihm eine Saftige geschmiert. Der Kerl weiß Bescheid. Es war wenige Stunden nach der Abfahrt. Wir wurden uns langsam bewußt, daß das Ganze nicht etwa nur ein übler Scherz war, sondern daß wir wirklich tage- und nächtelang so zusammengepfercht, erdrückt, fast erstickt aushalten müßten. Einige Alte begannen schon ganz verrückt zu schreien. Sie würden das nie aushalten, das sei ihr Tod. Übrigens hatten sie recht, für manche war es wirklich der Tod. Da kamen Stimmen, die um Ruhe baten. Einer – vermutlich gehörte er einer Gruppe an – sagte, seine Kameraden und er hätten Werkzeuge mit hereingeschmuggelt. Sobald es Nacht sei, wollten sie den Boden des Wagens aufsägen. Wer mit ihnen die Flucht wagen wolle, brauche nur an das Loch heranzukommen und sich dann flach zwischen die Schienen fallen zu lassen, wenn der Zug langsam fahre.
Der Junge aus Semur hatte mich angeschaut, und ich hatte ihm zugenickt. Da waren wir dabei, ganz klar, da machten wir mit.
»Die sind nicht schlecht«, hatte der Junge aus Semur gesagt. »Bei all den Durchsuchungen noch Werkzeuge durchschmuggeln, dazu gehört schon was.«
In der Stille, die darauf folgte, ergriff der Junge aus Semur das Wort.
»Geht in Ordnung, Jungens. Nur zu. Wenn's soweit ist, sagt Bescheid, und wir kommen.«
Aber da hatte sich ein Sturm der Entrüstung erhoben. Eine Ewigkeit stritt man hin und her. Alle mischten sich ein. Die Deutschen würden den Versuch merken und Vergeltungsmaßnahmen ergreifen. Und selbst wenn der Versuch gelänge, könnten nicht alle fliehen, und die, die

zurückblieben, würden erschossen werden. Manche flehten mit zitternder Stimme, man möge doch um Himmels willen keine solche Dummheit machen. Andere führten bebend ihre Kinder ins Feld, ihre armen Kinder, die zu Waisen würden. Die wurden jedoch zum Schweigen gebracht. Und mitten in diesem Streit hatte der Junge aus Semur dem Alten eine gelangt. Der kannte nämlich keine Rücksicht. Er erklärte uns rundheraus, wenn der Boden des Wagens angesägt würde, dann würde er beim nächsten Halt die deutschen Posten alarmieren. Der Kerl stand direkt hinter uns, und wir haben ihn uns angeschaut. Seinem Gesicht nach war ihm das zuzutrauen, da war kein Zweifel. Und da hat ihm plötzlich der Junge aus Semur eine reingehauen. Wir gerieten ins Schwanken und fielen übereinander. Blutüberströmt brach der Kerl zusammen. Als er wieder aufstand, sah er um sich herum ein halbes Dutzend feindseliger Gesichter.
»Hast du kapiert?« fragte ein Mann mit schon grauen Haaren. »Hast du kapiert, du Saukerl? Eine einzige verdächtige Bewegung, und ich erwürg dich, so wahr ich hier stehe.«
Der Kerl hatte kapiert. Er sah ein, daß er gar nicht Zeit hätte, einen deutschen Wachtposten zu rufen, daß er vorher tot wäre. Er wischte sich das Blut aus dem Gesicht, und auf diesem Gesicht lag Haß.
»Halt's Maul!« sagt jetzt der Junge aus Semur zu ihm. »Halt's Maul, oder ich schlag zu!«
Drei Tage sind vergangen seit diesem Streit, drei Tage und drei Nächte. Aus dem Fluchtversuch wurde nichts. Kameraden aus einem anderen Wagen kamen uns in der ersten Nacht zuvor. Plötzlich hielt kreischend der Zug. Man hörte das Rattern von Maschinenpistolen, und

Scheinwerfer tasteten die Gegend ab. Dann durchsuchten die SS-Männer Wagen um Wagen. Mit Knüppeln warfen sie uns hinaus, durchsuchten einen nach dem anderen und befahlen uns, die Schuhe auszuziehen. Die Werkzeuge mußten wir wegwerfen, noch ehe sie an unseren Wagen kamen.

»Hör mal«, flüstert der Junge aus Semur.
So habe ich seine Stimme noch nie gehört, so leise und rauh.
»Ja?« frage ich.
»Hör mal, wir sollten versuchen zusammenzubleiben. Findest du nicht?«
»Wir sind doch zusammen.«
»Ich meine, später, wenn wir angekommen sind. Wir sollten zusammenbleiben, wenn wir angekommen sind.«
»Wir wollen's versuchen.«
»Zu zweit ist's leichter, findest du nicht? Man hält besser durch«, sagt der Junge aus Semur.
»Wir sollten noch mehr sein, die zusammenhalten. Nur zu zweit, das ist ein bißchen wenig.«
»Vielleicht«, sagt der Kamerad. »Aber es ist besser als nichts.«
Die Nacht bricht an, die vierte Nacht, und ruft Gespenster wach. Im schwarzen Gewirr des Wagens findet sich jeder plötzlich allein, allein mit seinem Durst, seiner Müdigkeit, seiner Angst. Dumpfes Schweigen hat sich auf uns gelegt, nur unterbrochen von undeutlichem, lang hingezogenem Klagen. Jede Nacht das gleiche. Später werden die verzweifelten Schreie derer aufgellen, die zu sterben meinen. Schreie aus Alpträumen, die man mit allen Mitteln ersticken muß. Man schüttelt den Kerl, der

sich windet und krümmt und mit weitoffenem Munde brüllt. Wenn sonst nichts hilft, ohrfeigt man ihn. Aber vorderhand ist noch die verworrene Stunde der Erinnerungen. Sie steigen auf, schnüren einem die Kehle zu, legen den Willen lahm. Ich jage sie weg. Ich bin zwanzig Jahre alt, ich kümmere mich einen Dreck um Erinnerungen. Es gibt noch einen anderen Weg. Nämlich, diese Reise dazu zu benutzen, Bilanz zu machen. Einen Strich zu ziehen zwischen den Dingen, die in meinem Leben Gewicht haben, und denen, die wertlos sind. Der Zug pfeift durchs Moseltal, und die leichten Erinnerungen flattern im Winde davon. Ich bin zwanzig Jahre alt, ich kann mir noch erlauben, die Dinge in meinem Leben auszuwählen, die ich behalten und die ich verwerfen will. Ich bin zwanzig Jahre alt, ich kann noch vieles aus meinem Leben auslöschen. In fünfzehn Jahren, wenn ich diese Geschichte schreibe, wird es unmöglich sein. Vermutlich jedenfalls. Die Dinge werden ihr Gewicht nicht nur in meinem Leben haben, sondern auch in sich selber. In fünfzehn Jahren werden die Erinnerungen schwerer sein. Mein Leben wird vielleicht unrettbar schwer geworden sein. Aber heute nacht im Moseltal, mit dem pfeifenden Zug und dem Jungen aus Semur, bin ich noch zwanzig Jahre alt und kümmere mich einen Dreck um die Vergangenheit.

Was in deinem Leben am schwersten wiegt, sind Menschen, die du gekannt hast. Das wurde mir in dieser Nacht unumstößlich klar. Die leichten Dinge, angenehme, aber nur auf mich selber bezogene Erinnerungen, ließ ich im Wind davonflattern. Ein blauer Pinienhain in Guadarrama. Ein Sonnenstrahl in der Rue d'Ulm. Leichte Dinge voll flüchtigen, wenn auch absoluten

Glücks. Ja, eines absoluten. Was jedoch in deinem Leben erst richtig wiegt, sind Menschen, die du gekannt hast. Mit Büchern und Musik ist es anders. So bereichernd sie sind, sie stellen doch immer nur Zugänge zu den Menschen dar. Und selbst das nur, wenn sie ehrlich sind. Die anderen stumpfen auf die Dauer nur ab. In jener Nacht wurde mir das ein für allemal klar. Der Kamerad aus Semur quälte sich in traumschwerem Schlaf. Er murmelte Worte, die ich nicht wiederholen will. Es ist nicht schwer, aufrecht stehend zu schlafen, wenn man in der keuchenden Masse so vieler in einem Wagen zusammengepferchter Leiber steckt. Der Kamerad aus Semur schlief stehend und murmelte angstbeklommen im Schlaf. Ich spürte lediglich, daß sein Körper schwerer wog.

In meinem Zimmer in der Rue Blainville hatten wir stundenlang zu dritt zusammengesessen und mit den Dingen dieser Welt abgerechnet. Schon damals ahnte ich, daß das Zimmer in der Rue Blainville einst in meinem Leben zählen würde, aber in jener Nacht im Moseltal schrieb ich es endgültig auf die Plusseite meiner Bilanz. Auf einem weiten Umweg erst, über Haufen von Büchern und überkommenen Ideen waren wir zur Wirklichkeit gelangt. Systematisch, beharrlich durchsiebten wir die überkommenen Ideen. Und dann gingen wir, wenn wir uns etwas Besonderes leisten wollten, nach stundenlangem Gespräch in den »Coq d'Or« hinunter und aßen Kohlrouladen. Gierig bohrten sich die Zähne unserer achtzehn Lenze in den knusprigen Kohl. An den Nebentischen saßen weißrussische Oberste und Händler aus Smolensk über Zeitungen gebeugt und erblaßten vor Zorn über den Rückzug der Roten Armee im Sommer 1941. In der Praxis lagen die Dinge damals für uns schon sehr klar. Nur unsere Ideen kamen noch nicht mit. Wir mußten sie erst der Wirklichkeit des Sommers 1941 anpassen, die in krasser Deutlichkeit vor uns lag. So leicht es aussieht, überholte Ideen einer Wirklichkeit anzupassen, die in voller Entwicklung begriffen ist, so schwer fiel es uns. In der Vorbereitungsklasse für die École Normale Supérieure hatte ich Michel kennengelernt, und auch später waren wir Freunde geblieben, nachdem ich längst abgesprungen war, weil das abstrakte, totemistische Studentenleben sich nicht mehr mit der Notwendigkeit des Geldverdienens vereinigen ließ. Michel hatte mich mit Freiberg, einem deutschjüdischen Studenten, bekannt gemacht, dessen Vater in seiner Familie aus- und eingegangen war und dessen Spur sich in den Judenverfolgungen des Jahres 1940 verlor. Wir nannten ihn von Freiberg zu Freiberg, denn er hieß mit Vornamen Hans und erinnerte uns an den Dialog von Giraudoux. Alles erlebten wir nur durch Bücher. Später, wenn Hans manchmal allzusehr der Haarspalterei verfiel, schimpfte ich ihn, um ihn zu ärgern, einen österreichischen Marxisten. Das war natürlich nicht ernst gemeint, sondern sollte ihn nur ein wenig auf Touren bringen. Tatsächlich verdanken wir es vor allem ihm, daß wir mit unserem Zweifel an der Welt nicht auf halbem Wege stehengeblieben sind. Denn Michel fühlte sich von der Philosophie Kants angezogen wie ein Nachtfalter vom Lampenlicht. Das war damals nichts Ungewöhnliches unter den französischen Studenten. Auch heute noch braucht man sich nur umzuschauen und mit den Leuten ins Gespräch zu kommen. Da trifft man eine Menge kleiner Geschäftsleute, Friseure, Fremde in den Zügen, die Kantianer sind, ohne es zu wissen. Hans dagegen stürzte uns kopfüber in Hegels Schriften. Dann zog er aus seiner Mappe triumphierend Bücher hervor, von denen wir noch nie gehört hatten und von denen ich nicht einmal weiß, woher er sie bezog. Wir lasen Masaryk, Adler, Korsch, Labriola. »Geschichte und Klassenbewußtsein« hielt uns eine ganze Weile auf, und zwar wegen Michel, der trotz Hansens Erklärungen nicht mehr davon lassen wollte und die ganze Metaphysik zutage förderte, die Lukács' Thesen zugrunde lag. Auch erinnere ich mich an eine Sammlung von Heften der Zeitschrift »Unter dem Banner des Marxismus«, die wir wie Musterscholiasten zerpflückten. Ernst wurde es jedoch erst bei der Marx-Engels-Gesamtausgabe, die Hans natürlich auch besaß und die er die »Mega« nannte. Als wir dort angelangt waren, brach plötzlich wieder die Wirklichkeit in unseren Kreis. Seither sind wir in der Rue Blainville nicht mehr zusammengekommen. Wir reisten in Nachtzügen und brachten Nachtzüge zum Entgleisen. Wir verschanzten uns im Wald von Othe, im Untergrundnest »Tabu«; seidig öffneten sich in den burgundischen Nächten die Fallschirme. Unsere Ideen hatten sich so ziemlich geklärt, sie erwuchsen aus der Wirklichkeit des Alltags.

Der Zug pfeift, und der Junge aus Semur fährt hoch.
»Was?« fragt er.
»Nichts«, sage ich.
»Du hast nichts gesagt?«
»Kein Wort«, erwidere ich.
»Ich dachte«, sagt er.
Ich höre, wie er seufzt.
»Wieviel Uhr kann es sein?« fragt er.

»Keine Ahnung.«
»Die Nacht«, sagt er, und dann schweigt er.
»Was, die Nacht?« frage ich.
»Ist sie noch lang?«
»Sie hat erst begonnen.«
»Ja, richtig«, sagt er, »sie hat erst begonnen.«
Plötzlich brüllt jemand hinten am anderen Ende des Wagens auf.
»Da haben wir's«, sagt der Junge.
Das Brüllen verstummt. Vielleicht nur ein Alptraum, wer weiß, sie haben den Kerl wohl wachgerüttelt. Wenn es etwas anderes ist, wenn es Angst ist, dann dauert es länger. Wenn das Entsetzen brüllt, wenn die Todesfurcht brüllt, dann dauert es länger.
»Was ist das, die Nacht der Bulgaren?« fragt der Junge aus Semur.
»Was?«
»Die Nacht der Bulgaren, was ist das?« wiederholt er.
Ich erinnere mich nicht, von der Nacht der Bulgaren gesprochen zu haben. Ich glaubte, ich hätte nur daran gedacht, irgendwann einmal. Oder habe ich doch etwas von ihr gesagt? Oder denke ich laut? Ja, ich muß wohl laut gedacht haben in der erstickenden Nacht des Wagens.
»Nun?« fragt der Junge.
»Ach, das ist nur so 'ne Geschichte.«
»Was für 'ne Geschichte?«
»Im Grunde 'ne blödsinnige«, antworte ich. »Ganz einfach so 'ne Geschichte, ohne Hand und Fuß.«
»Du willst sie mir nicht erzählen?«
»Doch. Aber da gibt's praktisch gar nicht viel zu sagen. Sie handelt von einem Zug.«
»Paßt ja ausgezeichnet«, sagt der Junge aus Semur.

»Deshalb hab ich auch daran gedacht. Wegen dem Zug.«
»Und weiter?«
Er möchte sie wissen. Das heißt, vielleicht nicht einmal so sehr. Er möchte Unterhaltung.
»Es geht aber ziemlich wirr zu. Da sitzen Leute in einem Abteil, und plötzlich fangen ein paar ohne allen Grund an, die andern zum Fenster rauszukippen.«
»Das wär hier prima«, sagt der Junge aus Semur.
»Ein paar rauskippen oder selber rausgekippt werden?«
»Selber rausgekippt werden, natürlich. Im Schnee die Böschung hinabrollen, das wär prima.«
»Ja, siehst du, und jetzt ist die Geschichte eigentlich schon aus.«
»Aber warum gerade Bulgaren?« fragt er sofort.
»Warum keine Bulgaren?«
»Du wirst doch nicht behaupten wollen«, sagt der Junge aus Semur, »Bulgaren kämen so häufig vor.«
»Dafür, daß es Bulgaren sind, kommen sie wahrscheinlich schon häufig vor«, sage ich.
»Geh«, entgegnet er, »du wirst doch nicht behaupten wollen, Bulgaren seien häufiger als Burgunder.«
»Zum Kuckuck, in Bulgarien sind sie zweifellos häufiger als Burgunder.«
»Wer sagt denn was von Bulgarien?« fragt der Junge aus Semur.
»Nun, wenn man so von Bulgaren spricht, fällt einem doch auch Bulgarien ein.«
»Du willst mich bloß auf den Arm nehmen«, sagt der Junge. »Bulgarien, das laß ich mir noch gefallen. Aber daß in Geschichten so häufig Bulgaren vorkommen, das ist nicht wahr.«

»Doch, in den bulgarischen schon.«
»Ist es eine bulgarische?« will er wissen.
»Nein, eigentlich nicht«, muß ich zugeben.
»Siehst du«, sagt er triumphierend. »Es ist keine bulgarische Geschichte, und trotzdem ist sie voller Bulgaren. Gib zu, daß da was faul ist.«
»Wären dir Burgunder lieber gewesen?«
»Und ob.«
»Glaubst du, Burgunder seien so häufig?«
»Das kümmert mich einen Dreck. Aber schlecht wär so was nicht. Ein Güterwagen voll Burgunder, und sie würden alle anfangen, sich gegenseitig zum Fenster rauszukippen.«
»Glaubst du, das kommt so häufig vor, Burgunder, die sich zu einem Zugfenster rauskippen?«
»Jetzt reicht's aber«, sagt der Junge aus Semur. »Fang lieber zuerst bei deiner eigenen Lottergeschichte mit den blödsinnigen Bulgaren an. Wenn wir nur mal richtig dahinterstiegen, ich glaube, dann bliebe von deiner Nacht der Bulgaren nicht mehr viel übrig.«
Er hat recht. Ich gebe klein bei.
Plötzlich tauchen die Lichter einer Stadt auf. Häuser mit Vorgärten gleiten vorbei. Dann größere Gebäude. Immer mehr Lichter erglänzen, und schließlich fährt der Zug in einen Bahnhof ein. Ich blicke auf die Bahnhofsuhr, es ist neun. Auch der Junge aus Semur blickt darauf und sieht notgedrungen, wie spät es ist.
»Scheiße«, sagt er, »erst neun Uhr.«
Der Zug hält. Der Bahnhof schwimmt in blauverschleiertem, spärlichem Licht. Wie gut erinnere ich mich noch an dieses fahle, heute vergessene Licht. Seit 1936 kenne ich es, dieses Licht des Wartens. Es ist ein Licht, bei dem man

ängstlich auf den Augenblick harrt, da man alle Lichter ausmachen muß. Ein Licht vor dem Alarm, in das schon der Alarm seinen Schatten wirft.

Später, weiß ich – das heißt, in dem Augenblick, als wir in diesem deutschen Bahnhof sind, denke ich noch nicht daran, denn es ist ja noch nicht passiert –, später habe ich erlebt, daß man nicht nur die Lichter ausmachen mußte. Auch das Krematorium mußte man ausmachen. Durch die Lautsprecher kam die Meldung, feindliche Verbände seien über Deutschland eingeflogen. Wenn es abends geschah und die Bomber bis auf eine gewisse Entfernung herangekommen waren, gingen die Lagerlichter aus. Der Spielraum an Sicherheit war nicht groß, denn die Fabriken mußten weiterarbeiten und die Unterbrechungen so kurz wie möglich sein. Trotzdem, wenn ein bestimmter Punkt erreicht war, gingen die Lichter aus. Wir blieben im Dunkel und hörten darin das Dröhnen mehr oder weniger naher Flugzeuge. Nun kam es jedoch vor, daß das Krematorium mit Arbeit überladen war. Der Anfall an Leichen läßt sich nämlich nur schwer auf die Kapazität eines Krematoriums abstimmen, selbst wenn es noch so gut ausgestattet ist. Da lief das Krematorium dann immer auf Hochtouren, und riesige orangerote Flammen schossen in dichtem Rauchschwall zum Krematoriumsschornstein hinaus. »In Rauch aufgehen«, sagt man im Lager. Wenn dem Scharführer, dem brutalen Kerl, deine Nase nicht gefällt, bist du wegen der kleinsten Sache dran und gehst in Rauch auf. Ein Kamerad im Revier liegt im Sterben, gleich wird er in Rauch aufgehen. Die Flammen leckten also zum viereckigen Krematoriumsschornstein heraus. Da hörte man plötzlich die Stimme des wachhabenden SS-Mannes im Kontrollturm. Durch die Laut-

sprecher tönte sie: »Krematorium ausmachen, Krematorium ausmachen!« Gern taten sie's sicher nicht, das Feuer im Krematorium löschen, denn das drückte die Leistung herab. Der SS-Mann war deshalb auch gereizt und bellte mit eintöniger, gehässiger Stimme: »Krematorium ausmachen!« Wir saßen im Dunkel und hörten den Lautsprecher brüllen: »Krematorium ausmachen!« – »Hört ihr's«, sagte ein Kamerad, »die Flamme schlägt wieder heraus.« Und wir warteten weiter im Dunkel.
Aber das alles kommt erst später. Später auf dieser Reise. Jetzt sind wir noch auf diesem deutschen Bahnhof, und ich weiß noch nichts vom Vorhandensein der Krematorien und ihren Unannehmlichkeiten bei abendlichem Alarm. Auf dem Bahnsteig sind Leute, und auf einem Schild steht der Name des Bahnhofs: TRIER.
»Was ist das für 'ne Stadt?« fragt der Junge aus Semur.
»Trier, dort steht's«, antworte ich.
Ja aber Himmelkreuzdonnerwetterpotztürkensakrament! Ich habe laut »Trier« gesagt, und plötzlich geht mir ein Licht auf. Das ist ja ein ganz himmelkreuzdonnerwettersakramentiger Zufall, daß das Trier ist, ausgerechnet Trier. War ich denn blind, du lieber Gott, blind und taub und verbohrt und behämmert, daß ich nicht früher gemerkt habe, woher ich das Moseltal kenne?
»Du scheinst ja ganz aus dem Häuschen darüber zu sein, daß es Trier ist«, sagt der Junge aus Semur.
»Ja wahrhaftig, bei Gott, da hast du recht«, antworte ich.
»Warum? Kennst du die Stadt?«
»Nein, das heißt, ich bin nie hier gewesen.«
»Dann kennst du jemand von hier?« fragt er mich.
»Ganz richtig.«

»Was«, fragt er argwöhnisch, »du kennst solche deutschen Hunde, solche Boches?«
Ich kenne solche Boches, jawohl. Die Winzer der Mosel, die Holzhauer der Mosel, das Gesetz über die Holzdiebstähle an der Mosel. Das stand ja alles schon in der »Mega«. Da ist sie ja sozusagen eine Jugendfreundin, diese kreuzdonnerwettrige Mosel.
»Boches? Nie gehört. Was meinst du damit?«
»Oh, jetzt trägst du aber dick auf«, sagt der Junge. »Jetzt trägst du aber verdammt dick auf.«
Das scheint ihm ganz und gar nicht zu passen.
Auf dem Bahnsteig stehen Leute, und jetzt merken sie, daß wir kein gewöhnlicher Zug sind. Sie müssen gesehen haben, daß sich hinter den vergitterten Löchern Gestalten bewegen. Sie reden miteinander, zeigen mit den Fingern auf den Zug und gebärden sich ganz aufgeregt. Genau unserem Wagen gegenüber steht ein etwa zehnjähriger Junge mit seinen Eltern. Er horcht, was sie sagen, schaut zu uns herüber und nickt mit dem Kopf. Dann rennt er davon. Und kommt mit einem großen Stein in der Hand wieder angelaufen. Und nähert sich uns und schleudert mit aller Kraft den Stein gegen die Öffnung, neben der wir stehen. Blitzschnell werfen wir uns zurück, der Stein prallt vom Stacheldraht ab, um ein Haar hätte er den Jungen aus Semur ins Gesicht getroffen.
»Und jetzt«, sagt er, »kennst du die Boches immer noch nicht?«
Ich antworte nicht. Eine verdammte Sauerei, denke ich, daß das ausgerechnet in Trier passieren muß. Dabei gäbe es so viele andere deutsche Städte auf unserem Weg.
»Kennst du die Boches jetzt und die Kinder der Boches?«

Er frohlockt, der Junge aus Semur.
»Hat nicht das geringste miteinander zu tun.«
Im selben Augenblick fährt der Zug an. Auf dem Bahnsteig bleibt ein zehnjähriger Junge zurück, der uns die Faust nachschüttelt und unflätige Ausdrücke brüllt.
»Sind alles Boches, sag ich dir«, sagt der Junge aus Semur, »da braucht's keinen Grips, alles Boches, durch die Bank.«
Der Zug gewinnt an Schnelligkeit und taucht in die Nacht.
»Versetz dich mal an seine Stelle.«
Ich möchte, daß er begreift.
»Wessen Stelle?«
»Des Jungen«, antworte ich.
»Pfui Teufel, nein«, knurrt er. »Ich laß ihm seine Stelle, diesem Hurensohn eines Boche.«
Ich sage nichts mehr, mir ist nicht nach Diskutieren zumute. Ich frage mich, wie viele Deutsche noch umgebracht werden müssen, damit dieses deutsche Kind Aussicht hat, kein Boche zu werden. Er kann nichts dafür, der Junge, und doch kann er dafür. Er hat sich nicht selber zu einem kleinen Nazi gemacht, und doch ist er ein kleiner Nazi. Vielleicht hat er schon gar keine andere Wahl mehr, als jetzt ein kleiner Nazi zu sein und später ein großer Nazi zu werden. In diesem persönlichen Bereich verliert alles Fragen seinen Sinn. Ob dieser Junge aufhört, ein kleiner Nazi zu sein, oder ob er ein bewußter kleiner Nazi wird, ist ohne Belang. Das einzige, was uns vorderhand übrigbleibt, damit dieser Junge noch Aussicht hat, kein kleiner Nazi mehr zu sein, ist die Vernichtung der deutschen Armee – ist, noch ungezählte deutsche Männer umzubringen, damit sie keine Nazis mehr

sein müssen, oder Boches, wie der Junge aus Semur es primitiv und unüberlegt ausdrückt. Genau das ist es in gewissem Sinne auch, was der Junge aus Semur in seiner einfachen Sprache sagen will. Auf der anderen Seite jedoch versperren seine Redeweise und die verworrenen Gedanken, deren Ausdruck sie ist, ihm ein für allemal den Horizont des Problems. Denn wenn sie wirklich durch und durch Boches sind, werden sie nie etwas anderes sein. Ihr Boche-Sein ist wie etwas Wesenhaftes, das sich jedem menschlichen Zugriff entzieht. Sind sie Boches, so bleiben sie Boches, ein für allemal. Das ist dann nicht mehr etwas sozial Gegebenes, wie etwa, daß sie Deutsche und Nazis sind. Sondern es ist eine Wirklichkeit, die vor aller geschichtlichen Tatsächlichkeit liegt und gegen die man machtlos ist. Es wäre umsonst, die deutsche Armee zu vernichten, die Überlebenden wären immer noch Boches. Nichts bliebe mehr übrig, als sich ins Bett zu legen und auf bessere Zeiten zu warten. Aber es sind ja keine Boches. Es sind Deutsche und oft Nazis. Zur Zeit sogar ein wenig allzuoft. Ihr deutsches und allzuoft nazistisches Sein ist ein Teil einer gegebenen geschichtlichen Struktur, und nur die Verständigung unter den Menschen kann diese Fragen lösen.
Aber davon sage ich nichts zu dem Jungen aus Semur. Mir ist nicht nach Diskutieren zumute.
Ich kenne nicht viele Deutsche. Da ist Hans. Mit ihm gab's nie Probleme. Ich frage mich, was Hans jetzt wohl macht, und weiß nicht, daß er sterben wird. Daß er in einer dieser Nächte im Wald über Châtillon sterben wird. Auch Kerle von der Gestapo kenne ich, den Dr. Haas zum Beispiel mit seinen Goldzähnen. Aber was ist schon für ein Unterschied zwischen diesen Gestapoleuten und

den Vichy-Polizisten, die dich eine ganze Nacht lang im Pariser Polizeipräsidium verhört haben, damals, als du so unverschämtes Glück gehabt hast? Du trautest am Morgen deinen eigenen Augen nicht mehr in den grauen Straßen von Paris. Nicht der geringste Unterschied. Sie sind alle Boches, die einen so gut wie die andern, das heißt, die einen nicht mehr als die andern. Es mag gradmäßige, methodische, technische Unterschiede geben; wesensmäßige nicht. Das alles will ich doch noch dem Jungen aus Semur erklären, sicher versteht er es dann.
Ich kenne auch den deutschen Soldaten aus Auxerre, jenen deutschen Posten im Gefängnis von Auxerre. Die Einzelhöfe, in denen wir im Gefängnis von Auxerre spazierengingen, bildeten eine Art Halbkreis. Man betrat sie vom Korridor aus, der Wärter öffnete die Tür des Einzelhofs und riegelte sie hinter einem wieder zu. Da stand man nun allein in der Herbstsonne, während das Rasseln der Schlüssel hinter einem verhallte. Ringsum glatte Mauern, hoch genug, um einen Verkehr mit den Nebenhöfen unmöglich zu machen. Nach hinten zu wurde der umschlossene Raum immer enger. Am Ende lagen die beiden Mauern nur noch anderthalb Meter auseinander, und zwischen ihnen schloß ein Gitter den Raum ab. Der Wachtposten konnte so mit wenigen Schritten nach rechts oder links alles überschauen, was in den Höfen vorging.
Ich hatte bemerkt, daß dieser Posten oft auf Wache war. Er mochte etwa vierzig Jahre alt sein. Vor meinem Hof blieb er stehen und blickte herein. Ich lief auf und ab und ab und auf oder lehnte an der besonnten Wand des Hofes. Ich befand mich damals noch in Einzelhaft und war deshalb allein im Hof. Eines Tages, als wir gerade spazieren-

gingen – ich weiß noch, das Wetter war sehr schön –,
bleibt plötzlich einer der Unteroffiziere der Feldgendarmerie von Joigny vor dem Gitter meines Hofes stehen.
Neben ihm steht Vacheron. Durch Nachrichten, die bis
zu mir durchgesickert waren, wußte ich, daß Vacheron
weich geworden war und gestanden hatte. Er war jedoch
einer anderen Sache wegen bei Laroche-Migennes geschnappt worden und hatte offenbar nichts von mir erwähnt. Der Kerl von der Feldgendarmerie und Vacheron
stehen vor dem Gitter meines Hofes, und der Posten,
eben jener, von dem ich vorhin sprach, ein wenig dahinter. Da deutet Vacheron mit dem Kopf in meine Richtung.
»Ach so«, sagt der von der Feldgendarmerie und ruft
mich ans Gitter heran.
»Kennen Sie sich?« fragt er und zeigt mit dem Finger abwechselnd auf mich und auf ihn.
Vacheron steht fünfzig Zentimeter von mir entfernt. Sein
Gesicht ist ausgemergelt, unrasiert, gezeichnet. Gebückt
wie ein Greis steht er da, und sein Blick flattert.
»Nein«, brumme ich, »nie gesehen.«
»Doch, freilich«, preßt Vacheron hervor.
»Nie gesehen«, wiederhole ich.
Vacheron schaut mich an und zuckt mit den Achseln.
»Und Jacques?« fragt der von der Feldgendarmerie.
»Kennen Sie Jacques?«
Jacques, das ist natürlich Michel. Ich denke an die Rue
Blainville. Wie weit liegt das alles jetzt zurück. Absoluter
Geist, Verdinglichung, Objektivierung. Dialektik von
Herr und Knecht, das alles sind nur noch prähistorische
Daten, gemessen an der Gegenwart mit der Gestapo, den
Fragen des Kerls von der Feldgendarmerie und Vache-

ron. Ja, auch Vacheron gehört jetzt zu dieser Gegenwart. Schlimm genug.
»Welcher Jacques?« frage ich. »Wie heißt er weiter?«
»Jacques Mercier«, sagt der von der Feldgendarmerie.
Ich schüttele den Kopf.
»Kenn ich nicht«, sage ich.
»Doch, freilich«, preßt Vacheron hervor.
Er blickt mich an und macht eine hoffnungslose Geste.
»Hat keinen Zweck mehr«, murmelt er.
»Schleimscheißer«, fährt es mir zwischen den Zähnen hervor.
Ein wenig Blut steigt in sein von der Feldgendarmerie gezeichnetes Gesicht.
»Was? Was?« schreit der Kerl von der Feldgendarmerie, der nicht alle Feinheiten der Unterhaltung mitbekommen hat.
»Nichts.«
»Nichts«, sagt Vacheron.
»Sie kennen also niemand?« fragt der von der Feldgendarmerie noch einmal.
»Niemand«, sage ich.
Er blickt mich an und mißt mich von oben bis unten. Ein Lächeln verzieht sein Gesicht. Er sieht aus, als könnte er bewirken, daß ich plötzlich eine Menge Leute kenne.
»Wer kümmert sich um Sie?« fragt er dann.
»Dr. Haas.«
»Ach so«, sagt er.
Er scheint zu finden, daß, wenn Dr. Haas sich um mich kümmert, man sich gut und wirksam um mich kümmert. Schließlich ist er selber ja nur ein kleiner Unteroffizier der Feldgendarmerie, während Dr. Haas der Chef der Gestapo für den ganzen Bezirk ist. Er respektiert die Ob-

rigkeit, dieser Feldgendarm, er braucht sich nicht um einen Kunden von Dr. Haas zu kümmern. Da stehen wir, jeder auf seiner Seite des Gitters, und es sieht aus, als sprächen wir von einer Krankheit, die mich befallen hat und die Dr. Haas gerade wirksam auskuriert.
»Ach so«, sagt der von der Feldgendarmerie.
Und nimmt Vacheron mit.
Ich bleibe vor dem Gitter stehen und frage mich, ob das jetzt wohl alles ist oder ob nicht die ganze Geschichte später noch einmal von vorne anfängt. Der deutsche Posten steht auf der andern Seite des Gitters vor meinem Hof und schaut mich an. Ich habe nicht bemerkt, wie er nähergetreten ist.
Es ist ein Soldat in den Vierzigern, mit groben Gesichtszügen, vielleicht läßt auch nur der Helm sein Gesicht grob erscheinen. Denn sein Ausdruck ist offen und sein Blick gerade.
»Verstehen Sie Deutsch?« fragt er mich.
Ich erkläre ihm, daß ich Deutsch verstehe.
»Ich möchte Ihnen eine Frage stellen«, sagt der Soldat.
Er ist höflich, der Mann, er möchte mir eine Frage stellen und bittet mich um Erlaubnis, sie mir zu stellen.
»Bitte schön«, sage ich.
Er steht einen Meter vom Gitter entfernt und schiebt mit einer Bewegung seiner Hand den Gewehrriemen hoch, der ihm von der Schulter geglitten ist. Die Sonne scheint warm, wir sind furchtbar höflich. Mir geht es durch den Kopf, daß der Kerl von der Feldgendarmerie vielleicht jetzt gerade mit der Gestapo telefoniert, um sein Gewissen zu erleichtern. Man wird unsere Angaben vergleichen und es tatsächlich seltsam finden, daß ich nichts über Jacques ausgesagt habe und auch Vacheron nicht kenne.

Und dann fängt womöglich die ganze Geschichte von vorne an.
Das alles geht mir nur undeutlich durch den Kopf, auf jeden Fall kann ich jetzt nichts dazu tun. Außerdem soll man sich immer nur Aufgaben stellen, die man lösen kann. Das gilt genauso für das Privatleben, zu diesem Schluß waren wir damals im »Coq d'Or« gekommen.
Da ist also dieser deutsche Soldat, der mir eine Frage stellen möchte, ich sage »bitte schön« zu ihm, wir tun furchtbar höflich, alles ist eitel Freundlichkeit zwischen uns.
»Warum sind Sie verhaftet?« fragt der Soldat.
Treffend gefragt, das muß ich sagen. Diese Frage umfaßt in diesem Augenblick mehr als jede andere, die er hätte stellen können. Warum bin ich verhaftet? Sie zu beantworten bedeutet nicht nur zu sagen, wer ich bin, sondern auch, wer die anderen sind, die jetzt gerade verhaftet werden. Es ist eine Frage, die uns schnurstracks vom Einzelnen zum Allgemeinen führt. Warum bin ich verhaftet, das heißt, warum sind wir verhaftet, warum finden überhaupt Verhaftungen statt? Was ist all diesen so verschiedenen Menschen, die verhaftet werden, gemeinsam? Was ist das geschichtlich Bedeutende, das all diesen verschiedenen und meist unbedeutenden Menschen, die verhaftet werden, gemeinsam ist? Aber die Frage führt sogar noch weiter. Wenn man nach dem Grund meiner Verhaftung fragt, kommt man letztlich auf die andere Seite der Frage. Ich bin ja nur verhaftet, weil man mich verhaftet hat, weil es Verhaftende und Verhaftete gibt. Mit der Frage: Warum sind Sie verhaftet? fragt er mich also im gleichen Atemzug: Warum bin ich zu Ihrer Bewachung da? Warum habe ich Befehl, auf Sie zu schießen, falls Sie zu fliehen versuchen? Wer bin ich eigentlich? Das alles fragt

mich dieser deutsche Soldat. Mit anderen Worten: eine weitreichende Frage.
Aber natürlich kann ich ihm das nicht alles erklären. Das wäre der letzte Blödsinn. Sondern ich versuche, ihm in knappen Zügen die Gründe darzulegen, derentwegen ich hier bin.
»Dann sind Sie also ein Terrorist?« fragt er.
»Wenn Sie so wollen«, erwidere ich, »aber das führt Sie auch nicht weiter.«
»Was?«
»Dieser Ausdruck, der führt Sie auch nicht weiter.«
»Ich versuche zu verstehen«, sagt der Soldat.
Hans würde sich freuen, wenn er sehen könnte, was für Fortschritte ich in seiner Muttersprache mache. Er liebte sie über alles, Hans von Freiberg zu Freiberg. Ich lese nicht nur Hegel, ich spreche sogar mit einem deutschen Soldaten im Gefängnis von Auxerre. Es ist viel schwerer, mit einem deutschen Soldaten zu sprechen, als Hegel zu lesen. Vor allem wenn man über ganz schlichte Dinge, wenn man über Leben und Tod spricht, über das, wofür man lebt und wofür man stirbt.
Ich versuche, ihm zu erklären, warum der Ausdruck »Terrorist« ihn nicht weiterführt.
»Also, gehen wir's noch mal durch«, sagt er, als ich fertig bin.
»Wie Sie wollen.«
»Ihre Absicht ist, Ihre Heimat zu verteidigen.«
»Aber nein«, entgegne ich, »es ist ja nicht meine Heimat.«
»Wie?« ruft er aus. »Was ist nicht Ihre Heimat?«
»Frankreich natürlich. Frankreich ist nicht meine Heimat.«

»Das ist doch nicht möglich«, sagt er verwirrt.
»Doch. Ich verteidige auf jeden Fall meine Heimat, indem ich Frankreich verteidige, das nicht meine Heimat ist.«
»Welches ist denn Ihre Heimat?« fragt er.
»Spanien«, antworte ich.
»Aber Spanien ist doch unser Freund«, sagt er.
»Glauben Sie? Ehe Sie diesen Krieg hier angefangen haben, haben Sie Krieg gegen Spanien geführt, und Spanien war nicht Ihr Freund.«
»Ich habe keinen Krieg geführt«, sagt der Soldat dumpf.
»Finden Sie?« frage ich ihn.
»Ich meine, ich habe keinen Krieg gewollt«, verbessert er sich.
»Finden Sie?« wiederhole ich.
»Ganz bestimmt«, sagt er feierlich.
Er schiebt den Gewehrriemen wieder hinauf, der heruntergeglitten ist.
»Ich bezweifle das sehr.«
»Aber warum denn?«
Er scheint darüber beleidigt zu sein, daß ich an seiner Glaubwürdigkeit zweifle.
»Weil Sie hier stehen, mit Ihrem Gewehr. Sie haben es so gewollt.«
»Wo sollte ich sonst sein?« murmelt er.
»Sie könnten erschossen sein, in einem Lager sein, Deserteur sein.«
»Das ist nicht so einfach«, sagt er.
»Sicher. Aber glauben Sie, es sei einfach, sich von Ihren Landsleuten von der Feldgendarmerie oder der Gestapo verhören zu lassen?«
Er hebt abwehrend die Hand.

»Ich habe nichts mit der Gestapo zu tun.«
»Sie haben alles damit zu tun«, entgegne ich.
»Nichts, versichere ich Ihnen.« Er scheint ganz außer sich zu geraten.
»Alles, bis Sie mir das Gegenteil beweisen«, beharre ich.
»Ich möchte es nie, im Leben nie.«
Er scheint es ehrlich zu meinen und verzweifelt darüber zu sein, daß ich ihn mit seinen Landsleuten von der Feldgendarmerie und der Gestapo in einen Topf werfe.
»Und warum sind Sie dann hier?« frage ich ihn.
»Ja, das ist die Frage«, sagt er.
Aber da knirscht hinter mir der Schlüssel im Schloß, der Wärter holt mich ab.
Ja, das ist tatsächlich die Frage. Unausweichlich stößt man auf sie, selbst nach diesem zusammenhanglosen Gespräch, das wir wie Schwerhörige aneinander vorbei geführt haben. Und ich bin es, der die Frage stellen muß: Warum sind Sie hier? Denn ich habe die bessere Position. Diesem deutschen Soldaten gegenüber und im Hinblick auf die Fragen, um die es hier geht, habe ich die bessere Position. Denn das für die Geschichte Wesentliche, das uns allen Gemeinsame, die wir in diesem Jahre 1943 verhaftet werden, ist die Freiheit. Soweit wir an dieser Freiheit teilhaben, sind wir einander alle gleich und ebenbürtig, wir, die wir sonst oft so ungleich sind. Soweit wir an ihr teilhaben, setzen wir uns der Verhaftung aus. Sie ist deshalb auch der Punkt, bei dem das Fragen einsetzen muß, nicht unser Verhaftetsein und unsere Gefangenschaft. Dabei lasse ich ausdrücklich die Schwarzhändler und Söldner der Interessengruppen aus dem Spiel. Für sie ist das gemeinsam Wesentliche nicht die Freiheit, sondern das Geld. Dabei behaupte ich auch nicht, wir hätten

alle unbedingt gleichermaßen an dieser Freiheit teil, die uns gemeinsam ist. Manche, und sie sind zahlreich, haben nur zufällig an dieser Freiheit teil, die uns gemeinsam ist. Vielleicht sind sie aus freiem Entschluß in den Untergrund gegangen, aber seither leben sie von der Gewohnheit, die dieser freie Entschluß in ihnen ausgelöst hat. Sie leben ihre Freiheit nicht, sondern versteinern darin. Auf diese Einzelheiten und Irrwege will ich hier jedoch nicht eingehen. Ich kam ja nur zufällig auf die Freiheit; mein eigentliches Anliegen ist der Bericht von dieser Reise. Ich wollte nur zeigen, daß es auf die Frage des deutschen Soldaten in Auxerre: »Warum sind Sie verhaftet?« nur eine einzige Antwort gibt: Ich bin gefangen, weil ich ein freier Mensch bin, weil ich mich gezwungen sah, meine Freiheit zu leben, weil ich diesen Zwang auf mich genommen habe. Und ebenso gibt es nur eine einzige Antwort auf die zweite Frage: »Warum sind Sie hier?«, die ich an jenem Oktobertag dem deutschen Wachtposten gestellt habe und die sich noch als viel schwerwiegender erweist. Er ist hier, weil er nirgends sonst ist, weil er nicht die Notwendigkeit empfunden hat, anderswo zu sein. Weil er nicht frei ist.

Am nächsten Tage kam er wieder ans Gitter, und die bruchstückhafte Unterhaltung, die unversehens die schwierigsten Fragen aufwarf, setzte sich fort.

Ich denke an diesen Soldaten in Auxerre wegen des Jungen auf dem Bahnsteig in Trier. Er, der Junge, hat nicht teil daran. Er hat nur insofern teil, als man ihn beteiligt hat, von sich aus hat er sich kein Teil verschafft. Er hat den Stein gegen uns geworfen, weil die entmenschte und irregeführte Gesellschaft, in der er aufwächst, den Stein gegen uns werfen mußte. Denn wir sind die radikale Ver-

neinung dieser Gesellschaft, dieses geschichtlichen Phänomens von Ausbeutertum, das die deutsche Nation heute darstellt. Wir alle, die wir nur zu einem ganz geringen Teil überleben werden, sind samt und sonders die radikale Verneinung dieser Gesellschaft. Deshalb Unglück über uns, Schande über uns, Steine gegen uns. Das alles darf man sich nicht zu sehr zu Herzen nehmen. Freilich war es unangenehm, wie dieser Junge auf dem Bahnsteig den Stein schwang und uns Schimpfwörter nachbrüllte. »Schufte!« schrie er. »Banditen!« Aber man darf es sich nicht zu sehr zu Herzen nehmen.
Dieser deutsche Soldat in Auxerre jedoch, an den ich denke, ist anders. Er möchte verstehen. Er ist in Hamburg geboren, hat dort gelebt und gearbeitet und war oft arbeitslos. Und schon jahrelang versteht er nicht mehr, warum er ist, was er ist. Es gibt eine ganze Menge ehrenwerter Philosophen, die uns erzählen, das Leben sei kein »Sein«, sondern ein »Bilden«, besser ein »Sich-Bilden«. Sie sind sehr stolz auf diesen Satz, führen ihn ständig im Munde und tun, als hätten sie das Pulver erfunden. Fragt einmal diesen deutschen Soldaten aus Hamburg, der praktisch die ganze Zeit arbeitslos war, bis der Nazismus kam und das Räderwerk der Industrie für die Aufrüstung wieder in Gang gebracht hat. Fragt ihn, warum er sein Leben nicht »gebildet« hat, warum er nur dem »Sein« seines Lebens ausgeliefert war. Sein Leben war von jeher nur ein drückendes »Gebildetes«, ein ihm fremdes »Sein«, von dem er nie hat Besitz ergreifen können, um es wohnlich zu machen.
Da stehen wir, jeder auf seiner Seite des Gitters, und nie vorher habe ich so genau gewußt, wofür ich kämpfte. Es mußte wohnlich gemacht werden, das Sein dieses Men-

schen oder vielmehr das Sein der anderen Menschen gleich ihm, denn für ihn selber war es sicher zu spät. Das Sein der Söhne dieses Menschen mußte wohnlich gemacht werden, vielleicht waren sie so alt wie der Junge in Trier, der den Stein nach uns geworfen hatte. So leicht war das alles, das heißt, es ist das Schwerste, was es gibt. Denn es bedeutet nicht mehr und nicht weniger als die Verwirklichung der klassenlosen Gesellschaft. Für diesen deutschen Soldaten kam das nicht in Betracht, er würde leben und sterben in seinem unwohnlichen Sein, das dem eigenen Auge undurchsichtig und unverständlich blieb.

Aber der Zug fährt und läßt Trier hinter sich, und die Reise geht weiter, und ich lasse die Erinnerungen an den deutschen Soldaten im Gefängnis von Auxerre hinter mir. Oft habe ich mir vorgenommen, diese Geschichte über das Gefängnis von Auxerre zu schreiben. Eine ganz simple Geschichte: Stunde des Spaziergangs, Oktobersonne, und diese lange, bruchstückhafte Unterhaltung, bei der jeder auf seiner Seite des Gitters stand. Das heißt, ich stand auf meiner Seite, er wußte nicht, auf welcher Seite er stand. Und nun, da ich Gelegenheit hätte, diese Geschichte zu schreiben, kann ich diese Geschichte nicht schreiben. Sie gehört nicht hierher, mein Thema ist diese Reise, ich habe mich schon weit genug davon entfernt.

Ich habe diesen deutschen Soldaten noch bis Ende November gesehen. Seltener allerdings, denn es regnete dauernd, und die Spaziergänge fielen aus. Ende November sah ich ihn noch einmal, ehe er wegging. Ich war nicht mehr in Einzelhaft, sondern teilte meine Zelle und meinen Hof mit Ramaillet und dem jungen Widerstandskämpfer aus dem Wald von Othe, der zur Gruppe der

Brüder Hortieux gehörte. Gerade am Tage zuvor hatten sie den älteren der Brüder Hortieux erschossen. Vor dem Spaziergang, wo sonst immer alles ruhig war, war die »Maus« heraufgekommen, um den älteren Bruder zu holen, der schon seit sechs Tagen in der Todeszelle lag. Wir sahen die »Maus« durch den Spalt der angelehnten Tür heraufkommen. In Auxerre gab es nämlich eine sehr praktische Schließvorrichtung, die es ermöglichte, die Türen zu verriegeln und zugleich nur angelehnt zu lassen. Davon machten sie im Winter Gebrauch, außer wenn Kollektivstrafen verhängt wurden, damit von dem großen Ofen im Erdgeschoß ein wenig Wärme in die Zellen stieg. Wir sahen also die »Maus« kommen, die Treppe war gerade gegenüber unserer Tür, und ihre Schritte verloren sich nach links auf der Galerie. Am Ende dieser Galerie lagen die Todeszellen. Ramaillet lag auf seiner Pritsche. Er war wie gewöhnlich in eine seiner theosophischen Schriften vertieft. Der Kamerad aus dem Wald von Othe drängte sich neben mich an den Türspalt. Wenn ich mich recht erinnere – ich glaube nicht, daß dieser Eindruck erst nachträglich in meinem Gedächtnis entstanden ist –, breitete sich über das ganze Gefängnis tiefes Schweigen aus. Auch auf der Galerie gegenüber. Selbst der Kerl, der die ganze Zeit »Mein Schatz aus der Johannisnacht« gesungen hatte, schwieg. Seit Tagen hatten wir darauf gewartet, daß der ältere der Brüder Hortieux geholt würde, und nun geht die »Maus« auf die Todeszelle zu. Man hört das Geräusch des Riegels. Der ältere der Brüder Hortieux sitzt wohl gerade auf seiner Pritsche, die Hände gefesselt, ohne Schuhe, und hört das Geräusch des Riegels, der zu dieser ungewohnten Stunde zurückgeschoben wird. Aber die Todesstunde ist immer ungewohnt. Während mehrerer Minuten ist alles still, dann hört man, wie die Stiefel der »Maus« wieder näher kommen. Der ältere der Brüder Hortieux bleibt vor unserer Zelle stehen, er geht in Wollsocken, seine Hände sind gefesselt, seine Augen glänzen. »Aus ist's, Kameraden«, sagt er durch die angelehnte Tür. Wir strecken unsere Hände durch den Türspalt, wir drücken die von den Fesseln umschlossenen Hände des älteren der Brüder Hortieux. »Lebt wohl, Kameraden«, sagt er. Wir sagen nichts, wir drücken nur seine Hände, wir haben ihm nichts zu sagen. Die »Maus« steht hinter dem älteren der Brüder Hortieux und wendet den Kopf zur Seite. Der Kerl weiß nicht, was er tun soll, er rasselt mit den Schlüsseln, er wendet den Kopf zur Seite. Sein Kopf ist der eines braven Familienvaters, seine graugrüne Uniform ist zerknittert, er wendet seinen braven Familienvaterkopf zur Seite. Man kann einem Kameraden, der zum Sterben geht, nichts sagen, man drückt ihm nur die Hände, zu sagen hat man ihm nichts. »René, wo bist du, René?« Das ist die Stimme von Philippe Hortieux, dem jüngeren der Brüder Hortieux, der in einer Zelle der gegenüberliegenden Galerie in Einzelhaft sitzt. Da dreht René Hortieux sich um und ruft, gleichfalls laut: »Es ist aus, Philippe, ich gehe, es ist aus.« Philippe ist der jüngere der Brüder Hortieux, er hat noch fliehen können, als die SS und die Feldgendarmerie im Morgengrauen die Gruppe Hortieux im Wald von Othe festnahmen. Sie waren von einem Spitzel verraten worden, die SS-Leute und die Feldgendarmerie hatten sie überrascht, kaum, daß sie noch einen kurzen verzweifelten Widerstand leisten konnten. Aber Philippe Hortieux entging der Umzingelung. Zwei Tage lang versteckte er sich im Wald. Dann wagte er sich hervor, legte einen deutschen Kradfahrer um, der am Straßenrand stand, und brauste auf dem Motorrad des Toten in Richtung Montbard ab. Zwei Wochen lang tauchte das Motorrad von Philippe Hortieux an den unerwartetsten Stellen auf. Zwei Wochen lang jagten die Deutschen in der ganzen Gegend nach ihm. Philippe Hortieux hatte eine Smith-and-Wesson mit langem, rotgestrichenem Lauf, wir waren noch kurz vorher durch Flugzeuge mit einer ganzen Anzahl davon versorgt worden. In einem Rucksack hatte er eine STEN-Maschinenpistole, Handgranaten und Plastiksprengstoff. Er hätte entwischen können, er kannte Schlupfwinkel, er hätte die Gegend wechseln können. Aber er blieb. Nachts versteckte er sich in Bauernhöfen und führte zwei Wochen lang Krieg auf eigene Faust. In der Septembersonne ging er am hellen Mittag in das Dorf jenes Spitzels, der sie ans Messer geliefert hatte. Er stellte das Motorrad auf dem Platz vor der Kirche ab und fing mit der Maschinenpistole im Arm an, ihn zu suchen. Alle Fenster gingen auf, die Türen gingen auf, und Philippe Hortieux ging mitten durch ein Spalier düsterer und brennender Blicke auf das Wirtshaus zu. Der Schmied kam aus seiner Schmiede heraus, die Schlachtersfrau aus der Schlachterei, der Feldhüter blieb am Rand des Bürgersteigs stehen. Die Bauern nahmen die Zigaretten aus dem Mund, die Frauen faßten ihre Kinder bei der Hand. Niemand sprach ein Wort, das heißt, ein Mann sagte nur: »Die Deutschen sind auf der Straße nach Villeneuve.« Und Philippe Hortieux lächelte und ging weiter, dem Wirtshaus zu. Er lächelte, er wußte, daß er etwas tun würde, was getan werden mußte, er ging mitten durch ein Spalier verzweifelter und brüderlicher Blicke hindurch. Die Bauern wußten, daß der Winter für die

Widerstandskämpfer schrecklich sein würde, sie wußten, daß man uns mit der längst angekündigten und immer von neuem verschobenen Invasion wieder einmal an der Nase herumgeführt hatte. Sie sahen Philippe Hortieux dahingehen, und sie waren es selber, die da mit der Maschinenpistole im Arm gingen, um sich auf eigene Faust Gerechtigkeit zu verschaffen. Der Spitzel mußte die schwüle Stille im Dorf gespürt haben. Er trat auf die Stufen des Wirtshauses, ein Glas Rotwein in der Hand, fing wie Espenlaub an zu zittern und fiel tot um. Da gingen alle Fenster zu, alle Türen gingen zu, alles Leben erstarb im Dorf, und Philippe Hortieux fuhr weg. Zwei Wochen lang tauchte er bald hier, bald dort auf, schoß auf die Patrouillen der Feldgendarmerie und griff deutsche Wagen mit Handgranaten an. Jetzt liegt er in seiner Einzelzelle, sein Körper ist von den Knüppeln der Gestapo zerschlagen, und er ruft: »René, o mein René!« Und das ganze Gefängnis fing mit ihm zu rufen an, um dem älteren der Brüder Hortieux Lebewohl zu sagen. Das Stockwerk der Frauen rief, die vier Galerien der Widerstandskämpfer riefen, um dem älteren der Brüder Hortieux Lebewohl zu sagen. Ich weiß nicht mehr, was wir riefen, sicher lächerliche Dinge, die nicht in Einklang standen mit dem Tod, der auf den älteren der Brüder Hortieux wartete. »Mach dir nichts draus, René«, »Kopf hoch, René«, »Wir kriegen sie noch, René!« Und über all unseren Stimmen die Stimme von Philippe Hortieux, der unaufhörlich schrie: »René, o mein René!« Ich weiß noch, wie Ramaillet bei diesem Lärm von seiner Pritsche aufsprang. »Was ist denn los?« fragte er. »Was ist denn los?« Wir nannten ihn einen Idioten, wir sagten, er solle sich nur weiter um seinen eigenen Dreck scheren, dieser Idiot. Das ganze Gefängnis schrie, und die »Maus« war verzweifelt. Sie liebte keine Geschichten, die »Maus«, sie sagte »Los, los!« und stieß René Hortieux zur Treppe.

Am nächsten Tage schien die Sonne bleich. Morgens hatte der Kamerad, der die Kaffeebrühe verteilen mußte, uns zugeflüstert: »René ist gestorben wie ein Mann.« Das war freilich nur ein ungefährer, an sich ganz sinnloser Ausdruck. Denn der Tod ist immer nur für den persönlich, der mannhaft stirbt, das heißt für den und nur für den, der ihn freiwillig auf sich nimmt und bejaht. Es war nur ein ungefährer Ausdruck, aber er drückte aus, was er ausdrücken sollte. Er drückte aus, daß René Hortieux mit beiden Händen diese Möglichkeit ergriffen hatte, aufrecht zu sterben, dem Tod die Stirn zu bieten und sich ihn zu eigen zu machen. Ich habe René Hortieux nicht sterben sehen, aber es war nicht schwer, sich vorzustellen, wie er gestorben war. Damals, im Jahre 1943, hatten wir schon genügend Erfahrung vom menschlichen Sterben, um uns René Hortieux' Tod vorzustellen.

Später habe ich Menschen unter ganz ähnlichen Umständen sterben sehen. Wir waren zu dreißigtausend Mann reglos auf dem großen Appellplatz versammelt, und in der Mitte hatten die SS-Leute das Gerüst mit dem Galgen errichtet. Es war verboten, den Kopf wegzuwenden, verboten, die Augen zu senken. Wir mußten zusehen, wie der Kamerad starb. Wir sahen ihn sterben. Selbst wenn wir den Kopf hätten wegwenden, selbst wenn wir die Augen hätten senken dürfen, wir hätten zugesehen, wie der Kamerad starb. Wir hätten unsere verwüsteten Blicke auf ihn geheftet, hätten ihn mit unseren Blicken zum Galgen begleitet. Dreißigtausend standen wir da, in Reih und Glied ausgerichtet, die SS-Männer sind sehr auf Ordnung und Symmetrie bedacht. Der Lautsprecher brüllte: »Das Ganze, stillgestanden!« und man hörte dreißigtausend Paar Absätze zackig zusammenklappen. Die SS-Männer sind sehr auf zackiges Stillgestanden bedacht. Der Lautsprecher brüllte: »Mützen ab!« und dreißigtausend Sträflingskappen wurden von dreißigtausend rechten Händen gefaßt und gegen dreißigtausend strammstehende rechte Beine geknallt, das ging ruckzuck, wie *ein* Mann. Die SS-Männer haben es für ihr Leben gern, wenn alles ruckzuck geht wie *ein* Mann. Und dann führte man den Kameraden herbei, die Hände auf dem Rücken gefesselt, und stieß ihn das Gerüst hinauf. Die SS-Männer lieben Ordnung und Symmetrie und das schöne Ruckzuck einer Masse, die ihrem Willen untersteht, aber sie sind arme Tröpfe. Sie meinen, ein Exempel zu statuieren, und dabei wissen sie nicht, wie wahr sie reden, wie beispielhaft der Tod dieses Kameraden für uns ist. Wir sahen, wie der zwanzigjährige Russe auf die Plattform stieg, der wegen Sabotage in der MIBAU, wo die empfindlichsten Teile der V 1 hergestellt wurden, zum Strang verurteilt worden war. Die sowjetischen Kriegsgefangenen standen zu einem schmerzverzerrten Stillgestanden erstarrt, in regloser Massivität, Schulter gegen Schulter gepreßt und undurchdringlichen Blicks. Wir sehen, wie der zwanzigjährige Russe auf die Plattform steigt, und die SS-Männer glauben, wir erlitten nun mit ihm seinen Tod, fühlten ihn über uns hereinbrechen wie eine Drohung, ein warnendes Fanal. Wir aber nehmen diesen Tod für unsere letzte Stunde als unseren eigenen an, wählen ihn freiwillig für uns selber. Wir sterben mit diesem Kameraden seinen eigenen Tod, und dadurch verneinen wir ihn, löschen ihn aus, machen den Tod dieses Kameraden zum Sinn unseres Lebens. Ein vollgültiger Lebenszweck, der einzig gültige in diesem Augenblick. Aber die SS-Männer sind arme Tröpfe, sie werden das nie und nimmer begreifen.

Eine bleiche Sonne schien, es war Ende November, und ich war mit Ramaillet allein im Spazierhof. Der Kamerad aus dem Wald von Othe war zum Verhör geführt worden. Am Morgen hatten wir mit Ramaillet einen wüsten Krach gehabt, und Ramaillet hielt sich abseits.

Der deutsche Wachtposten lehnte am Gitter, und ich ging auf das Gitter zu.

»Gestern nachmittag?« frage ich ihn.

»Was?«

»Hatten Sie gestern nachmittag Dienst?« verbessere ich mich.

Er schüttelt den Kopf.

»Nein, ich war nicht dabei.«

Wir schauen uns an, ohne etwas zu sagen.

»Und wenn man es Ihnen befohlen hätte?«

Er antwortet nicht. Was sollte er auch antworten?

»Wenn man es Ihnen befohlen hätte, wären Sie dann auch beim Hinrichtungskommando gewesen?«

Er sieht aus wie ein gehetztes Tier, er hat Mühe, seinen Speichel hinunterzuschlucken.

»Sie hätten meinen Kameraden erschossen.«

Er sagt nichts. Was könnte er auch sagen? Er senkt den Kopf, er scharrt mit dem Fuß auf dem feuchten Boden und schaut mich an.

»Morgen gehe ich weg«, sagt er.

»Wohin?« frage ich.

»An die Ostfront«, sagt er.

»So«, sage ich. »Da werden Sie sehen, wie ein richtiger Krieg aussieht.«

Er schaut mich an, nickt mit dem Kopf, und seine Stimme ist tonlos.

»Sie wünschen mir den Tod«, sagt er.

Wünsche ich ihm den Tod? Ich habe nicht daran gedacht, ihm den Tod zu wünschen. Aber er hat recht, in gewissem Sinn wünsche ich ihm den Tod.

Soweit er fortfährt, ein deutscher Soldat zu sein, wünsche ich ihm den Tod. Soweit er in seinem Deutscher-Soldat-Sein beharrt, wünsche ich, daß er den Sturm aus Stahl und Feuer, daß er Tränen und Schmerz kennenlernt. Ich wünsche, sein Blut als deutscher Soldat der Naziarmee fließen zu sehen, ich wünsche ihm den Tod.

»Seien Sie mir nicht böse.«

»Nein«, sagt er, »das ist ja verständlich.«

»Ich wollte, ich könnte Ihnen etwas anderes wünschen«, sage ich.

Er lächelt gedrückt.

»Dazu ist es zu spät«, sagt er.

»Und warum?«

»Ich bin ganz allein«, sagt er.

Ich kann nichts tun, um seine Einsamkeit zu sprengen. Er allein könnte etwas tun, aber er bringt den Willen nicht auf. Er ist vierzig Jahre alt, sein Leben ist fertig geformt, er hat Frau und Kinder, niemand nimmt ihm die Wahl ab.

»Ich werde an unsere Unterhaltungen denken.«

Und wieder lächelt er.

»Ich wünsche Ihnen von Herzen Glück.«

Ich schaue ihn an, während ich das sage.

»Glück?« und er zuckt mit den Schultern.

Dann blickt er sich um und fährt mit der Hand in eine Tasche seines langen Rocks.

»Da«, sagt er, »zur Erinnerung.«
Und hastig reicht er mir durch das Gitter zwei Päckchen deutscher Zigaretten. Ich verstecke sie in meiner Jacke. Er entfernt sich ein wenig vom Gitter und lächelt wieder.
»Vielleicht hab ich Glück. Vielleicht komme ich durch«, sagt er.
Er denkt nicht nur ans Überleben. Er denkt wirklich ans Durchkommen.
»Ich wünsche es Ihnen.«
»Aber nein«, sagt er, »Sie wünschen mir doch den Tod.«
»Ich wünsche die Vernichtung der deutschen Armee. Und ich wünsche, daß Sie durchkommen.«
Er schaut mich an, er nickt mit dem Kopf, er sagt »danke«, rückt am Riemen seines Gewehrs und geht weg.
»Schläfst du?« fragt der Junge aus Semur.
»Nein«, antworte ich.
»Hast du auch solchen Durst?« fragt er.
»Und wie!«
»Ein bißchen Zahnpasta ist noch übrig«, sagt er.
»Her damit.«
Das ist auch so ein Kniff des Jungen aus Semur-en-Auxois. Er muß diese Reise vorbereitet haben, wie man eine Polarexpedition vorbereitet. An alles hat er gedacht, der Junge. Die meisten anderen hatten Wurstzipfel, Brot, Zwieback in ihren Taschen versteckt. »Blödsinn«, hatte der Junge aus Semur gesagt. Das Schlimmste sei nicht der Hunger, hatte er gesagt, sondern der Durst. Würste, trockner Zwieback, all diese festen und harten Lebensmittel, die die anderen versteckt hätten, würden den Durst nur verschlimmern. Man könne sehr gut ein paar Tage ohne

Essen auskommen, weil wir uns ja sowieso nicht bewegten. Aber der Durst, das sei das Schlimmste. Deshalb hatte er einige saftige, kleine Äpfel und eine Tube Zahnpasta in seine Taschen gesteckt. Das mit den Äpfeln war einfach, jeder wäre draufgekommen, wenn er von der Voraussetzung ausgegangen wäre, daß der Durst unser Hauptfeind werden würde. Aber die Zahnpasta war eine geniale Idee. Man strich sich eine dünne Schicht auf die Lippen, und beim Einatmen füllte der Mund sich mit herrlich frischem Pfefferminzgeschmack.
Die Äpfel sind schon lange ausgegangen, denn er hat sie mit mir geteilt. Er reicht mir die Zahnpastatube, und ich streiche mir ein wenig auf die ausgedorrten Lippen. Dann gebe ich sie ihm zurück.
Der Zug fährt jetzt schneller, fast so schnell wie ein richtiger Zug mit einem richtigen Ziel.
»Hoffentlich hält's so an«, sage ich.
»Was?« sagt der Junge aus Semur.
»Die Geschwindigkeit«, antworte ich.
»Scheiße«, sagt er, »mir reicht's langsam.«
Der Zug fährt, und der Wagen ist ein heiseres Gewirr von Klagen, erstickten Schreien, Unterhaltungen. Die eingepferchten und in der Nacht erschlafften Körper bilden eine dicke, breiige Masse, die bei jeder Kurve in brutales Schwanken gerät. Dann wieder treten plötzlich lange Augenblicke dumpfen Schweigens ein, als versänken wir alle miteinander in die Einsamkeit unserer Angst, ins Dämmern alpdurchwühlter Halbträume.
»Was hätte der Ramaillet, dieser Schuft, wohl dazu gesagt?« frage ich.
»Wer ist der Ramaillet?« fragt der Junge aus Semur.
Nicht, daß ich Lust hätte, von Ramaillet zu sprechen.

Aber seit die Nacht hereingebrochen ist, spüre ich bei dem Jungen aus Semur eine leise Veränderung. Ich glaube, er braucht Unterhaltung. Seit die Nacht hereingebrochen ist, spüre ich in seiner Stimme etwas wie einen Riß. Es ist die vierte Nacht dieser Reise.
»Er saß mit mir in der Zelle«, erläutere ich ihm.
Ramaillet hatte uns erzählt, er habe für den Nachschub der Untergrundleute gesorgt, aber wir hatten ihn in Verdacht, daß er ganz einfach Schwarzhandel getrieben hatte. Er war ein Bauer aus der Gegend von Nuits-Saint-Georges und schien von einer leidenschaftlichen Vorliebe für Theosophie, Esperanto, Homöopathie, Nudismus und vegetarische Lebensweise besessen zu sein. Was die letztgenannte betrifft, war sie allerdings rein platonischer Natur, denn sein Leibgericht waren gebratene Hähnchen.
»Dieses Schwein da«, sage ich zu dem Jungen aus Semur, »bekam riesige Freßpakete und wollte nie mit uns teilen.«
Man muß allerdings zugeben, daß er, als er und ich noch allein zusammen in der Zelle lagen, ehe der Kamerad aus dem Wald von Othe dazukam, nie einen Vorschlag zum Teilen abgelehnt hatte. Und zwar ganz einfach deshalb, weil nie einer an ihn ergangen war. Nie im Leben hätte ich es gewagt, ihn auch nur um das Geringste zu bitten. So etwas war ganz ausgeschlossen. Deshalb schlug er auch nie einen Vorschlag zum Teilen aus. Teilen gab's ganz einfach nicht. Da saßen wir und löffelten unsere Suppe aus den schmierigen, ungespülten Blechgeschirren. Wir saßen einander gegenüber auf den Eisenpritschen. Schweigend löffelten wir. Ich versuchte, die Suppe so lange wie möglich hinauszuziehen. Ich nahm nur ganz

kleine Löffel voll schaler Brühe in den Mund und versuchte, sie auszukosten. Die wenigen festen Teilchen, die mehr durch Zufall in der Brühe schwammen, legte ich sorgfältig für später beiseite. Aber es war schwer zu mogeln, schwer, die Suppe hinauszuziehen. Um mich abzulenken, um mich zu zwingen, langsam zu essen, erzählte ich mir Geschichten. Ich sagte mir den »Friedhof am Meer« vor und versuchte, nichts auszulassen. Ganz kam ich allerdings nie durch. Zwischen »Hinab mit allem und ins Spiel gemischt!« und dem Schluß blieb eine Lücke in meinem Gedächtnis, die sich einfach nicht ausfüllen ließ. Es war einfach unmöglich, das Loch zwischen »Hinab mit allem und ins Spiel gemischt!« und »Der Wind erhebt sich! Leben: ich versuch es!« in meinem Gedächtnis auszufüllen. Da saß ich, den Löffel in der Luft, und versuchte, mich an die Stelle zu erinnern. Manchmal fragen sich die Leute, warum ich beim Binden meiner Krawatte oder beim Öffnen einer Flasche Bier plötzlich anfange, den »Friedhof am Meer« herzusagen. Hier ist die Erklärung. Der Grund ist der, daß ich ihn unzählige Male hergesagt habe in jener Zelle des Gefängnisses von Auxerre, auf der Pritsche gegenüber Ramaillet. Es war wohl das einzige Mal, daß der »Friedhof am Meer« zu etwas nütze war. Es war wohl das einzige Mal, daß Valéry, dieser distinguierte Schwachkopf, zu etwas nütze war. Aber Mogeln war trotzdem nicht möglich. Selbst »Der Ansturm weißer Frauenkörper in der Sonne« ließ kein Mogeln zu. Immer war die Suppe zuwenig. Immer kam der Augenblick, da die Suppe ausgelöffelt war. Es gab keine Suppe mehr, nie hatte es eine Suppe gegeben. Ich blickte das leere Blechgeschirr an, kratzte das leere Blechgeschirr aus, aber es half alles nichts. Ramaillet hingegen schlang

seine Suppe hinunter, was das Zeug hielt. Für ihn war die Suppe nur eine Abwechslung. Unter seinem Bett hatte er zwei große Schachteln mit weit gehaltvolleren Lebensmitteln stehen. Er schlang seine Suppe hinunter, was das Zeug hielt, und dann rülpste er. »Tschuldigung«, sagte er und führte seine Hand zum Munde, und dann: »Aah, tut das gut!« Jeden Tag das gleiche. Man mußte sich mit anhören, wie er rülpste, »Tschuldigung, aah, tut das gut!« sagte, und dabei ruhig bleiben. Vor allem ruhig bleiben.
»Ich hätt ihn erwürgt«, sagt der Junge aus Semur.
»Ja«, antworte ich, »das hätt ich auch am liebsten getan.«
»Und nach der Suppe stopfte er sich dann ganz allein voll?« fragt der Junge aus Semur.
»Nein, das tat er nachts.«
»Wie, nachts?«
»Ja, nachts.«
»Aber warum nachts?« fragt der Junge aus Semur.
»Wenn er glaubte, ich schliefe.«
»Bei Gott«, sagt er, »den hätt ich erwürgt.«
Aber man mußte ruhig bleiben, vor allem ruhig bleiben, es ging um die Würde.
Er wartete nachts, bis ich schlief, und dann stopfte er sich mit seinen Vorräten voll. Aber ich schlief nicht, oder ich wachte auf, wenn er sich bewegte. Da blieb ich dann reglos im Dunkel liegen und hörte ihn essen. Ich erriet seine Gestalt, wie er auf der Pritsche saß, und hörte ihn essen. Am Geräusch seiner Zähne erriet ich, daß er Brathähnchen aß, hörte, wie die dünnen Knochen der knusprigen Hähnchen zerbrachen. Ich hörte, wie Zwieback unter seinen Zähnen zerbrach, aber nicht knirschend und sandig wie trockener Zwieback, sondern gedämpft und ein-

gehüllt in eine Schicht Schmelzkäse, die ich darauf erriet. Ich hörte ihn essen, was das Zeug hielt, und zwang mich, ruhig zu bleiben. Ramaillet aß nachts, weil er nicht in Versuchung kommen wollte, das Geringste mit mir zu teilen. Wenn er tagsüber gegessen hätte, hätte er das eine oder andere Mal nachgegeben. Wenn er mich vor sich gesehen hätte, wie ich ihm beim Essen zuschaute, wäre er vielleicht der Versuchung erlegen, mir einen Hühnerknochen, ein kleines Stück Käse oder sonst was abzutreten. Doch das hätte einen Präzedenzfall geschaffen. Und mit der Zeit hätte es eine Gewohnheit geschaffen. Er fürchtete die Möglichkeit einer solchen Gewohnheit, der Ramaillet. Denn ich erhielt kein einziges Paket, und es bestand keine Aussicht, daß ich ihm jemals den Hühnerknochen, das Stück Käse zurückgeben könnte. Deshalb aß er nachts.

»Daß so was möglich ist, hätt ich auch nie gedacht«, sagt der Junge aus Semur.

»Alles ist möglich.«

Er knurrt ins Dunkel hinein.

»Du hast auch auf alles eine fertige Antwort in der Tasche«, sagt er.

»Und doch stimmt's!«

Mir ist fast fröhlich zumute. Der Junge aus Semur gibt einem mächtig Auftrieb.

»Schon. Möglich ist alles, das ist wahr. Aber daß so was möglich ist, das hätt ich doch nicht geglaubt.«

Für den Jungen aus Semur hatte es kein Zögern gegeben. Er besaß sechs saftige kleine Äpfel, und drei davon gab er mir. Das heißt, er brach jeden der sechs saftigen kleinen Äpfel auseinander und gab mir sechs halbe saftige kleine Äpfel. So war's recht, da gab's für ihn nichts zu überlegen. Der Kamerad aus dem Wald von Othe war genauso. Als er sein erstes Paket bekam, sagte er: »Prima, teilen wir.« Ich gab ihm zu verstehen, daß ich nie was zum Teilen haben würde. Er hieß mich das Maul halten. Ich sagte zu ihm: »Gut, ich halte das Maul, aber ich wollte dir's nur sagen.« Er sagte zu mir: »Jetzt ist's aber höchste Zeit, daß du damit aufhörst, findest du nicht? Und jetzt teilen wir.« Darauf schlug er Ramaillet vor, die Vorräte zusammenzulegen und drei Teile daraus zu machen. Der jedoch sagte, das wäre nicht gerecht. Er sah zu mir herüber und sagte, das wäre nicht gerecht. Sie würden beide ein Drittel ihrer Pakete hergeben, damit ich genausoviel äße wie sie, und dabei trüge ich nie etwas für die Allgemeinheit bei. Er sagte, das wäre nicht gerecht. Der Kamerad aus dem Wald von Othe begann, ihn mit allen möglichen Schimpfnamen zu belegen, genau wie der Junge aus Semur es getan hätte. Schließlich sagte er, er solle sich mit seinen Scheißpaketen zum Teufel scheren, und teilte mit mir. Der Junge aus Semur hätte dasselbe getan.

Später habe ich Gefangene gesehen, die ihren Kameraden das letzte Stück Schwarzbrot vom Mund wegstahlen. Wenn das Leben eines Menschen nur noch von einer solchen dünnen Scheibe Schwarzbrot abhängt, wenn es nur noch an diesem schwärzlichen Faden feuchten Brotes hängt, dann bedeutet der Diebstahl dieses Stückes Schwarzbrot für den Kameraden den Tod. Dann bedeutet der Diebstahl dieses Stücks Brot, einen anderen Menschen dem Tod preiszugeben, um sein eigenes Leben zu retten, um ihm wenigstens noch eine kleine Aussicht auf Rettung zu verschaffen. Und trotzdem kamen solche Diebstähle vor. Ich habe gesehen, wie Kameraden erbleichten und zusammenbrachen, wenn sie feststellten, daß ihr letztes Stück Brot gestohlen worden war. Dabei war das nicht nur ihnen gegenüber ein Unrecht. Es war uns allen gegenüber ein nicht wiedergutzumachendes Unrecht. Denn damit schlichen sich Argwohn ein, Mißtrauen und Haß. Jeder konnte dieses Stück Brot gestohlen haben, wir waren alle schuldig. Jeder Brotdiebstahl machte aus jedem von uns einen möglichen Brotdieb. Im Lager wird der Mensch zu einem Tier, das fähig ist, einem Kameraden das letzte Brot wegzustehlen, das fähig ist, ihn in den Tod zu treiben.

Im Lager wird der Mensch andererseits aber auch zu jenem unbesiegbaren Wesen, das fähig ist, den letzten Zigarettenstummel, das letzte Stück Brot, den letzten Atemzug zu teilen, um seinen Kameraden zu helfen. Das heißt, nicht erst im Lager wird der Mensch zu diesem unbesiegbaren Wesen. Er ist es schon. Es ist eine Anlage, die seit jeher in seiner Natur als Gesellschaftswesen begründet liegt. Aber das Lager ist eine Grenzsituation, in der die Teilung zwischen den Menschen und den übrigen krasser zutage tritt als sonst. Allerdings hätte es keiner Lager bedurft, um zu beweisen, daß der Mensch zum Schönsten wie zum Häßlichsten fähig ist. Etwas Banaleres als diese Feststellung gibt es überhaupt nicht mehr.

»Und dabei ist's dann geblieben?« fragt der Junge aus Semur.

»Ja«, antworte ich.

»Und er hat weiterhin seine Pakete ganz allein aufgegessen, dieser Ramaillet?«

»Gewiß.«

»Ihr hättet ihn zwingen müssen zu teilen«, sagt der Junge aus Semur.

»Das ist leicht gesagt«, entgegne ich. »Er wollte einfach nicht, was konnten wir da machen?«
»Eben drum, ihr hättet ihn zwingen müssen. Drei Kerle in einer Zelle, und zwei verstehen sich, da gibt's doch tausend Mittel, den dritten rumzukriegen.«
»Sicher.«
»Nun also? Ich habe nicht den Eindruck, daß ihr beide besonders helle gewesen seid, der Kamerad aus dem Wald von Othe und du.«
»Daran haben wir nie gedacht.«
»Und warum nicht?«
»Ich glaube, das Essen wär uns im Hals steckengeblieben.«
»Welches Essen?« fragt der Junge aus Semur.
»Das Ramaillet uns hätte geben müssen.«
»Nicht euch geben. Mit euch teilen. Ihr hättet ihn zwingen müssen, alles zu teilen, seine Pakete und die des Kameraden aus dem Wald von Othe.«
»Darauf sind wir nicht gekommen«, gestehe ich.
»Ihr kommt mir hübsch zimperlich vor, alle beide«, sagt der Junge aus Semur.
Vier bis fünf Reihen hinter uns entsteht plötzlich ein Tumult, man hört Schreie.
»Was gibt's jetzt wieder?« fragt der Junge aus Semur.
Die eingekeilten Leiber schwanken hin und her.
»Luft, er braucht Luft«, ruft eine Stimme hinter uns.
»Macht Platz, zum Kuckuck, bringt ihn ans Fenster«, ruft eine zweite.
Die eingekeilten Leiber schwanken, öffnen sich, und aus der Schattenmasse stoßen Schattenarme den leblosen Körper eines Greises gegen das Fenster. Der Junge aus Semur auf der einen, ich auf der anderen Seite, halten wir

ihn in den Strom kalter Nachtluft, der durch die Öffnung bläst.

»Mein Gott«, sagt der Junge aus Semur, »der tut's nicht mehr lange.«

Das Gesicht des Greises ist eine verkrampfte Maske mit leeren Augen. Sein Mund starrt schmerzverzerrt.

»Was tun wir jetzt?« frage ich.

Der Junge aus Semur blickt auf das Gesicht des Alten und antwortet nicht. Plötzlich krampft sich der Körper des Alten zusammen. Seine Augen füllen sich mit Leben und starren in die Nacht vor ihm.

»Stellt euch das vor!« sagt er mit leiser, aber deutlicher Stimme. Dann bricht sein Blick, und sein Körper fällt uns kraftlos in die Arme.

»He, Alter«, sagt der Junge aus Semur, »noch nicht schlappmachen!«

Aber ich glaube, er hat für immer schlappgemacht.

»Muß was mit dem Herzen sein«, sagt der Junge aus Semur.

Als sei es beruhigend zu wissen, woran der Alte gestorben ist. Denn daß er tot ist, daran gibt es keinen Zweifel. Er hat noch die Augen aufgeschlagen und gesagt: »Stellt euch das vor«, und dann war er tot. In unseren Armen hängt nur noch ein Leichnam vor dem Strom kalter Nachtluft, der durch die Öffnung bläst.

»Er ist tot«, sage ich zu dem Jungen aus Semur.

Er weiß es ebensogut wie ich, aber er gibt noch nicht auf.

»Muß was mit dem Herzen sein«, wiederholt er.

Ein alter Mann hat es mit dem Herzen, das kommt vor. Wir aber, wir sind zwanzig Jahre alt und haben es nicht mit dem Herzen. Das will er sagen, der Junge aus Semur.

Er ordnet den Tod dieses Alten den unvorhergesehenen, aber durchaus logischen Unfällen zu, die bei alten Leuten nun mal vorkommen. Das ist tröstlich. Dieser Tod wird zu etwas, was uns nicht unmittelbar betrifft. Dieser schleichende Tod steckte schon vorher im Körper des Alten, hatte schon lange darin gesteckt. Man weiß ja, wie's bei solchen Herzkrankheiten zugeht, da kann es plötzlich aus sein, wo und wann es gerade ist. Wir aber sind zwanzig Jahre alt, uns betrifft dieser Tod nicht.
Wir halten den Leichnam unter seinen toten Armen und wissen nicht, was tun.
»Und?« ruft eine Stimme hinter uns. »Wie geht's ihm jetzt?«
»Dem geht's überhaupt nicht mehr«, antworte ich.
»Was?« kommt es zurück.
»Er ist tot«, präzisiert der Junge aus Semur.
Das Schweigen wird plötzlich drückend. Die Achsen knirschen in den Kurven, der Zug pfeift, er hält immer noch seine Geschwindigkeit. Und das Schweigen wird drückend.
»Wahrscheinlich hat er was mit dem Herzen gehabt«, sagt eine andere Stimme im drückend gewordenen Schweigen.
»Seid ihr denn auch sicher, daß er tot ist?« fragt die erste Stimme.
»Bestimmt«, sagt der Junge aus Semur.
»Schlägt sein Herz nicht mehr?« beharrt die Stimme.
»Nein, ich sag dir's doch«, antwortet der Junge aus Semur.
»Wie ist denn das gekommen?« fragt eine dritte Stimme.
»Wie gewöhnlich«, antworte ich.
»Was soll das heißen?« fragt die dritte Stimme gereizt.

»Das heißt, daß er lebendig war, und gleich darauf war er tot«, erkläre ich ihm.

»Wahrscheinlich hat er was mit dem Herzen gehabt«, sagt noch einmal die Stimme von vorher.

Ein kurzes Schweigen tritt ein, während dieser beruhigende Gedanke in den Köpfen kreist. Ein ganz gewöhnliches Unglück also, ein Herzanfall, das hätte ihm auch beim Angeln an der Marne passieren können. Tröstlich, diese Idee mit dem Herzanfall. Außer freilich für die, die selber herzkrank sind.

»Was machen wir jetzt mit ihm?« fragt der Junge aus Semur.

Denn wir halten immer noch den Leichnam unter seinen toten Armen in der kalten Nachtluft.

»Seid ihr auch ganz sicher, daß er tot ist?« beharrt die erste Stimme.

»Hör mal, du gehst uns langsam auf die Nerven«, sagt der Junge aus Semur.

»Vielleicht ist er nur ohnmächtig geworden«, sagt die Stimme.

»Zum Henker«, sagt der Junge aus Semur, »komm doch her und schau selber!«

Aber niemand kommt. Seit wir gesagt haben, der Alte sei tot, ist die Masse der am nächsten stehenden Körper zurückgewichen. Kaum merklich zwar, aber sie ist zurückgewichen. Die Körpermasse um uns herum klebt nicht mehr an uns, preßt nicht mehr so stark gegen uns. Wie der quallige Leib einer Auster hat sie sich zusammengezogen. Wir spüren nicht mehr den gleichen beständigen Druck gegen unsere Schultern und Rippen und Beine.

»Denkt ihr, wir wollen ihn noch die ganze Nacht so halten?« fragt der Junge aus Semur.

»Wir müssen die Deutschen bitten, den Zug anzuhalten«, sagt eine neue Stimme.
»Warum?« fragt einer.
»Damit sie den Leichnam herausnehmen und seiner Familie zurückschicken«, sagt die neue Stimme.
Schneidendes, fast brutales Lachen gellt auf.
»Noch einer, der an den Weihnachtsmann glaubt«, sagt eine Stimme mit Pariser Akzent.
»Komm«, sagt der Junge aus Semur, »wir wollen ihn neben der Wand auf den Boden legen. So nimmt er am wenigsten Platz weg.«
Wir machen uns daran, seinen Vorschlag auszuführen, und stoßen dabei notgedrungen ein wenig an die Nächststehenden.
»Heda, was macht ihr?« ruft eine Stimme.
»Wir wollen ihn neben der Wand auf den Boden legen«, sagt der Junge aus Semur. »So nimmt er am wenigsten Platz weg.«
»Paßt auf«, sagt einer, »da steht der Kübel.«
»Dann schiebt den Kübel eben weg!« sagt der Junge aus Semur.
»Bloß nicht«, sagt ein anderer. »Ihr werdet mir doch nicht den Kübel unter die Nase pflanzen wollen.«
»Sei du nur ruhig«, schreit ein dritter wütend. »Bis jetzt war ich es, der eure Scheiße unter der Nase gehabt hat.«
»Deine eigene auch«, witzelt ein anderer.
»Meine halt ich zurück«, sagt der von vorhin.
»Das ist ungesund«, sagt der Spaßmacher.
»Ihr haltet jetzt euer Maul«, sagt der Junge aus Semur. »Schiebt den gottverfluchten Kübel weg, daß wir den Kerl hinlegen können.«
»Der Kübel bleibt, wo er ist«, sagt der von vorher.

»Das wollen wir sehen, ob der bleibt«, schreit der andere, der ihn bis jetzt unter der Nase gehabt hat.
Man hört den Kübel über den Boden schlittern. Man hört Flüche, verworrene Schreie. Dann das blecherne Gerassel des Deckels, der heruntergeflogen sein muß.
»Ihr Schweinehunde!« schreit eine Stimme.
»Was ist denn los?«
»Sie haben den Kübel umgeschmissen mit ihrer blöden Streiterei«, sagt einer.
»Ist ja gar nicht wahr«, sagt der, der behauptet hat, den Kübel bis jetzt unter der Nase gehabt zu haben. »War ja bloß ein kleiner Spritzer.«
»Ja, du, ich hab ihn über die Füße gekriegt, deinen kleinen Spritzer«, sagt der von vorhin.
»Dann nimmst du eben ein Fußbad, wenn wir ankommen«, sagt der Spaßvogel.
»Du kommst dir wohl sehr geistreich vor?« sagt der, der den Spritzer über die Füße gekriegt hat.
»Aber sicher, ich war schon immer ein Witzbold«, sagt der andere versöhnlich.
Man hört Lachen, schlechte Witze, unterdrücktes Schimpfen. Auf jeden Fall ist der Kübel weg, ob umgeworfen oder nicht, und wir können den Leichnam des Alten hinlegen.
»Leg ihn nicht auf den Rücken«, sagt der Junge aus Semur. »So nimmt er zuviel Platz weg.«
Wir zwängen den Leichnam auf die Seite gelehnt gegen die Wagenwand. Er ist übrigens ganz mager, dieser Leichnam, viel Platz wird er nicht wegnehmen.
Dann richten wir uns wieder auf, der Junge aus Semur und ich, und von neuem schließt sich das Schweigen über uns.

»Stellt euch das vor«, hatte er gesagt und war gestorben. Was sollten wir uns vorstellen? Sicherlich hätte er Mühe gehabt, es uns genauer zu sagen. Er meinte: »Stellt euch das vor, so ein Leben. Stellt euch das vor, so eine Welt.« Aber ich stelle es mir ja vor. Dauernd stelle ich es mir und den andern vor. Es ist das einzige, was ich will. Oft während dieser letzten Jahre bin ich dem gleichen Blick abgrundtiefen Erstaunens begegnet, den dieser sterbende Alte hatte, ehe er starb. Dabei muß ich gestehen, daß ich nie so recht habe begreifen können, warum sich so viele Menschen dermaßen wundern. Vielleicht, weil ich es schon länger gewohnt bin, dem Tod auf den Straßen zu begegnen, Menschenknäuel die Straßen entlanghasten zu sehen, denen der Tod nachjagt. Vielleicht bringe ich es deshalb nicht mehr fertig, mich zu wundern, weil ich seit Juli 1936 nichts anderes mehr gesehen habe. Oft gehen sie mir sogar richtig auf die Nerven, diese ewig Verwunderten. Da kommen sie völlig sprachlos vom Verhör zurück. »Stellt euch vor, sie haben mich geprügelt.« – »Aber was sollten sie denn sonst, zum Kuckuck? Wußtet ihr denn nicht, daß es Nazis sind?« Sie schütteln den Kopf, das geht einfach über ihren Horizont. »Ja du lieber Gott, wußtet ihr denn nicht, mit wem wir es zu tun haben?« Oft gehen sie mir richtig auf die Nerven, diese ewig Erschrockenen. Vielleicht deshalb, weil ich gesehen habe, wie italienische und deutsche Jagdflieger im Tiefflug über die Straßen brausten und auf den Straßen meiner Heimat kaltblütig die Menge zusammenschossen. Mir das Wägelchen dort mit der schwarzgekleideten Frau und dem weinenden Kind. Mir den Esel mit der Großmutter drauf. Dir die Braut aus Schnee und Glut, die da wie eine Prinzessin auf der glühend heißen Straße stolziert. Vielleicht gehen mir diese ewig Verwunderten deshalb so auf die Nerven, weil ich die Menschen dörferweise auf den Straßen meiner Heimat habe dahinfliehen sehen und dieselben SS-Leute oder doch ihresgleichen, ihre Brüder, hinterher. Auf den Satz: »Stellt euch das vor«, habe ich die Antwort schon fix und fertig in der Tasche, wie der Junge aus Semur sagen würde. Ja, ich stelle es mir vor, immer und überall. Ich stelle es mir vor und versuche, es anderen vorzustellen, das ist mein Ziel.

Wir hatten den großen Raum verlassen, in dem wir uns ausziehen mußten. Eine Backofenhitze herrschte darin, unsere Kehlen waren ausgedörrt, und wir taumelten vor Erschöpfung. Wir waren einen Gang entlanggerannt, und unsere nackten Füße klatschten auf den Zementboden. Dann waren wir in einen zweiten, kleineren Raum gelangt, in dem sich alles in der Reihenfolge, wie wir ankamen, staute. Am Ende des Raumes saßen zehn oder zwölf Kerle in weißen Mänteln und hantierten mit elektrischen Scherapparaten, deren lange Schnüre von der Decke herabhingen. Sie saßen auf Schemeln, schienen sich furchtbar zu langweilen und scherten uns überall, wo Haare waren. Dichtgedrängt standen die Gefangenen, wußten nicht, was sie mit ihren nackten Händen auf den nackten Körpern machen sollten, und warteten, bis sie an die Reihe kamen. Die Scherer arbeiteten flink, man sah, daß sie verdammt gut in Übung waren. Im Handumdrehen scherten sie ihre Kunden, einen nach dem andern. Von allen Seiten geschoben, gestoßen und gedrängt, stand ich endlich in der ersten Reihe, genau vor den Scherern. Die linke Schulter und Hüfte schmerzten mir noch von den eben erhaltenen Kolbenschlägen. Neben mir standen zwei kleine, ziemlich krumm gewachsene Alte.

Und die hatten genau denselben staunend geweiteten Blick. Mit staunend geweiteten Augen sahen sie das Affentheater vor sich an. Als sie an der Reihe waren und der Scherapparat ihre empfindlichen Teile in Angriff nahm, gaben sie quiekende Schreie von sich. Sie blickten einander an, und aus ihren Augen sprach nicht nur Erstaunen, sondern heilige Entrüstung. »Stellen Sie sich das vor, Herr Minister, stellen Sie sich das nur vor«, sagte der eine. »Es ist ganz unglaublich, ab-so-lut unglaublich«, erwiderte der andere. Ja, so sprach er: ab-so-lut, jede Silbe getrennt. Sie sprachen mit belgischem Akzent und waren lächerlich und erbärmlich. Ich hätte gern die Bemerkungen des Jungen aus Semur dazu gehört. Aber der Junge aus Semur war tot, er war im Güterwagen geblieben. Nie mehr würde ich die Bemerkungen des Jungen aus Semur hören.
»Diese Nacht hört aber auch gar nicht auf«, sagt der Junge aus Semur.
Es ist die vierte Nacht, wohlgemerkt, die vierte Nacht dieser Reise. Wieder beschleicht mich das Gefühl, als seien wir unbeweglich. Als rege sich die Nacht, als schlinge sich die Welt um unsere nach Atem ringende Unbeweglichkeit. Immer stärker wird dieses Gefühl des Unwirklichen, wie ein Brand breitet es sich in meinem zermarterten Körper aus. Früher, wenn Hunger und Kälte zusammenkamen, war es mir immer leichtgefallen, mich in diesen Zustand der Unwirklichkeit zu versetzen. Ich ging dann gewöhnlich zum Boulevard Saint-Michel, zur Bäckerei an der Ecke der Rue de l'École de Médecine hinab, wo es Brötchen aus Buchweizenmehl gab. Wenn Hunger und Kälte zusammenkamen, war es leicht, mein glühendes Hirn bis an den Rand der Halluzination zu

treiben. Ein Spiel, das freilich zwecklos blieb. Anders dagegen heute. Nicht ich rufe dieses Gefühl des Unwirklichen hervor, sondern es liegt im äußeren Geschehen. Es liegt im Geschehen dieser Reise. Zum Glück war das Zwischenspiel mit der Mosel gekommen, diese sanfte, dämmrige, zärtliche, schneebedeckte, brennende Gewißheit der Mosel. Dort erst hatte ich wieder zu mir selber gefunden, war wieder zu dem geworden, was ich bin, was der Mensch ist, zu einem Wesen der Natur, dem Ergebnis einer langen Entwicklung aus Gemeinsinn und Gewalt, Scheitern und menschlichem Sieg. Nie haben sich bis jetzt die gleichen Bedingungen wieder eingestellt, nie habe ich noch einmal die gleiche Dichte dieses Augenblicks erlebt, diese gelassene, unbändige Freude des Moseltals, diesen Menschenstolz angesichts der menschlichen Natur. Manchmal, vor der reinen, durchbrochenen Silhouette einer Stadt, vor einem grauen Himmel über grauer Ebene, kann es vorkommen, daß die Erinnerung daran wieder erwacht. Aber dennoch war das Gefühl des Unwirklichen in der vierten Nacht dieser Reise noch nicht so stark wie das, was mich auf dem Rückweg überkam. Die Gefängnismonate hatten zwar eine Art Gewohnheit daraus gemacht. Das Unwirkliche, Sinnlose war alltäglich geworden. Der Organismus muß sich an eine Wirklichkeit klammern, um zu überleben, und unsere Wirklichkeit war eben diese absolut widernatürliche Welt von Gefängnis und Tod. Aber das eigentlich Bestürzende geschah erst auf der Rückreise.
Die zwei Autos hielten direkt vor uns, und heraus kletterten jene ganz unwahrscheinlichen Mädchen. Es war am 13. April, zwei Tage nach der Auflösung des Lagers. In den Buchen rauschte der Frühlingswind. Die Ameri-

kaner hatten uns entwaffnet, das war das erste gewesen, was sie sich hatten einfallen lassen. Fast sah es so aus, als hätten sie vor den paar hundert bewaffneten Skeletten, Russen und Deutschen, Spaniern und Franzosen, Tschechen und Polen, die auf den Straßen um Weimar herumstreiften, einen Heidenrespekt. Immerhin hatten sie uns die Bewachung der SS-Kasernen und der Lager der Division Totenkopf anvertraut, deren Bestandsaufnahme noch zu machen war. Vor jedem der Gebäude stand ein Posten ohne Waffen. Ich stand vor dem SS-Offiziersgebäude, die Kameraden rauchten und sangen. Wir besaßen zwar keine Waffen mehr, aber wir trieben noch immer auf der Woge des Hochgefühls, das uns zwei Tage zuvor ergriffen hatte, als wir hinter den in den Wäldern versprengten SS-Gruppen hergejagt und nach Weimar gezogen waren. Ich stand also vor dem SS-Offiziersgebäude, als plötzlich vor uns die zwei Autos hielten und jene ganz unwahrscheinlichen Mädchen herauskletterten. Sie hatten enganliegende blaue Uniformen mit einem Abzeichen, auf dem »Mission France« geschrieben stand. Sie hatten Haare, Lippenrot, Seidenstrümpfe. Unter den Seidenstrümpfen hatten sie Beine, unter dem Lippenrot lebendige Lippen, unter den Haaren, echten Haaren, lebendige Gesichter. Sie lachten und gackerten, es war der reinste Hühnerstall. Den Kameraden fiel plötzlich wieder ein, daß sie ja Männer waren, und sie begannen, um die Mädchen herumzustreichen. Die verdrehten die Augen und fingen zu plappern an, man hätte ihnen ein paar Saftige hinter die Löffel gegönnt. Aber sie wollten ja das Lager anschauen, die Schönen, es sei ganz schrecklich, einfach furchtbar, hatte man ihnen gesagt. Nun waren sie da, um dieses Schreckliche mit eigenen Augen kennenzu-

lernen. Ich machte mir meine Vorrangstellung zunutze, ließ die Kameraden vor dem SS-Offiziersgebäude zurück und führte die Süßen zum Eingang des Lagers.
Der große Appellplatz lag verlassen in der Frühlingssonne, und klopfenden Herzens blieb ich stehen. Nie hatte ich ihn leer gesehen, ja, ich hatte ihn überhaupt nie richtig gesehen. Man spricht so vom »Sehen«, aber eigentlich gesehen hatte ich ihn nie. Aus einer der gegenüberliegenden Baracken wehte weich und wie aus weiter Ferne eine schwebende Akkordeonmelodie. Da war diese unendlich zarte Musik, da waren die hohen Bäume jenseits des Stacheldrahts, da war der Wind in den Buchen und über Wind und Buchen die Aprilsonne. Ich sah dieses Bild, das zwei Jahre hindurch der Schauplatz meines Lebens gewesen war, und ich sah es zum erstenmal. Ich sah es plötzlich von außen, als befände sich dieses Bild, das noch bis vorgestern mein Leben gewesen war, jetzt auf der anderen Seite des Spiegels. Nur die Akkordeonmelodie verband noch mein einstiges Leben, mein Leben der letzten zwei Jahre bis vorgestern, mit meinem jetzigen. Diese von einem Russen in der Baracke gespielte Akkordeonmelodie – denn nur ein Russe vermag einem Akkordeon so zarte und ergreifende Töne zu entlocken, in denen die Birken im Wind zittern und in der endlosen Ebene das Getreide wogt – diese Melodie war wie das Band zu meinem Leben der zwei vergangenen Jahre, war wie ein Abschiedsgruß an diese zwei Jahre und an die vielen Kameraden, die während dieses Lebens gestorben waren. Ich blieb auf dem großen, verlassenen Appellplatz stehen, in den Buchen war der Wind und über Wind und Buchen die Aprilsonne. Und da war rechts auch das niedrige Gebäude des Krematoriums. Und da war links auch

die Reitschule, in der man die Offiziere, Kommissare und Kommunisten der Roten Armee hingerichtet hatte. Es war eine ganz gewöhnliche Reitschule, die SS-Offiziere machten darin ihre Reitübungen. Auch die Gattinnen der SS-Offiziere machten darin ihre Reitübungen. Nur war da im Umkleidegebäude ein besonderer Duschraum. Dort führte man den Sowjetoffizier hinein, gab ihm ein Stück Seife und ein Handtuch, und nun wartete der Sowjetoffizier, daß aus der Dusche Wasser käme. Es kam aber kein Wasser. Statt dessen schoß ihm ein SS-Mann durch eine in der Ecke verborgene Schießscharte eine Kugel durch den Kopf. Der SS-Mann saß in einem Nebenraum, zielte gelassen auf den Kopf des Sowjetoffiziers und schoß ihm eine Kugel durch den Kopf. Dann holte man den Leichnam heraus, hob das Stück Seife und das Handtuch auf und ließ das Wasser aus der Dusche laufen, um die Blutspuren zu beseitigen. Wer diese Scheinveranstaltung mit der Dusche und dem Stück Seife verstanden hat, der hat auch die Mentalität der SS verstanden.
Aber es ist völlig überflüssig, die SS-Leute verstehen zu wollen; sie ausrotten genügt.
Ich stand auf dem großen Appellplatz, es war April, und ich verspürte nicht die geringste Lust mehr, den Mädchen mit ihren glatten Seidenstrümpfen und den blauen Röcken, die sich über ihre appetitlichen Rundungen spannten, mein Lager zu zeigen. Nicht die geringste Lust verspürte ich mehr. Diese Akkordeonmelodie in der lauen Aprilluft war nicht für sie. Ich mußte sie so rasch wie möglich wieder aus dem Lager bringen.
»Aber das sieht ja gar nicht schlecht aus«, sagte in diesem Augenblick die eine.
Die Zigarette, die ich rauchte, bekam auf einmal einen

bitteren Geschmack, und ich beschloß, ihnen doch noch etwas zu zeigen.
»Folgen Sie mir«, sagte ich.
Und ging auf das Krematorium zu.
»Das ist wohl die Küche?« fragte ein anderes Mädchen.
»Sie werden gleich sehen«, antwortete ich.
Wir überqueren den großen Appellplatz, und die Akkordeonmelodie verklingt in der Ferne.
»Diese Nacht hört aber auch gar nicht auf«, sagt der Junge aus Semur.
Da stehen wir sterbensmüde in der Nacht, die nicht mehr aufhört. Unsere Füße können wir jetzt überhaupt nicht mehr rühren, denn vor uns liegt der Alte, der mit den Worten »Stellt euch das vor!« gestorben ist; wir können ihm doch nicht gut auf den Leib treten. Ich will dem Jungen aus Semur nicht sagen, daß alle Nächte einmal aufhören, seine Hand könnte aus Versehen ausrutschen. Außerdem wäre es nicht wahr. In diesem Augenblick hört diese Nacht nicht mehr auf. In diesem Augenblick hört die vierte Nacht dieser Reise nicht mehr auf.
Die erste Nacht dieser Reise habe ich – eine nicht leichte Abstraktionsübung – damit verbracht, in meinem Gedächtnis den Inhalt von »Unterwegs zu Swann« wieder zusammenzusuchen. Auch ich war einmal lange Zeit früh schlafen gegangen. Ich stellte mir den rostigen Klang der Glocke im Garten vor, wenn Swann abends zum Essen kam. Im Gedächtnis sah ich wieder die Farben des Glasfensters in der Dorfkirche vor mir. Und die Weißdornhecke, die war ja bei Gott auch meine eigene Kindheit. Die erste Nacht dieser Reise habe ich damit verbracht, in meinem Gedächtnis den Inhalt von »Unterwegs zu Swann« zusammenzusuchen und mich an meine Kind-

heit zu erinnern. Ich sann darüber nach, ob es in meiner Kindheit nicht etwas gegeben hatte, was jenem Thema aus der Sonate von Vinteuil gleichkäme. Ich suchte verzweifelt, aber ich fand nichts. Heute, denke ich, gäbe es mit ein wenig gutem Willen sehr wohl etwas, das jenem Thema aus der Sonate von Vinteuil, jenem für Antoine Roquentin so erschütternden »Some of these days« gleichkäme. Heute gäbe es das Thema aus »Summertime« von Sidney Bechet, ganz am Anfang von »Summertime«. Heute gäbe es auch jene unvergleichlich schöne Stelle aus dem alten Lied meiner Heimat. Die Worte des Liedes lauten etwa so: »Über Brücken geh ich, über Flüsse, immer waschend find ich dich, das klare Wasser spült sie weg, die Farbe deines Gesichts.« Und von diesen Worten ausgehend, schwingt sich die Melodie empor, so rein, so erschütternd rein. Aber während der ersten Nacht dieser Reise fand ich nichts in meinem Gedächtnis, was der Sonate von Vinteuil gleichkam. Später, Jahre später, brachte mir Juan aus Paris die drei kleinen, in havannafarbenes Leder gebundenen Bände der »Pléiade«-Ausgabe mit. Ich mußte das Buch ihm gegenüber erwähnt haben. »Du hast dich ja ruiniert«, sagte ich zu ihm. »Das gerade nicht«, sagte er, »aber du hast einen dekadenten Geschmack.« Wir lachten, und ich nannte ihn einen Flachkopf. Er jedoch fuhr hartnäckig fort: »Gesteh's nur, du hast einen dekadenten Geschmack.« – »Und ›Sartoris‹?« fragte ich ihn, denn ich wußte, daß er Faulkner schätzte. »Und ›Absalom, Absalom!‹?« Schließlich kamen wir überein, daß diese Frage ja nicht ausschlaggebend sei, und ließen sie fallen.
»Mensch, schläfst du?« fragt der Junge aus Semur.
»Nein.«

»Mir hängt's allmählich zum Halse raus«, sagt er.
Mir auch, entschieden. Mein rechtes Knie schmerzt mich von Stunde zu Stunde mehr und schwillt zusehends an. Das heißt, wenn ich es berühre, fühle ich, daß es zusehends anschwillt.
»Hast du eine Ahnung, was das für ein Lager ist, in das wir kommen sollen?« fragt der Junge aus Semur.
»Keinen blassen Dunst.«
Wir versuchen, uns vorzustellen, wie das Lager, in das wir kommen, sein wird, wie es aussehen wird.
Jetzt weiß ich es. Ich bin hineingegangen, es ist unendlich lange her, ich habe zwei Jahre darin gelebt, und jetzt gehe ich mit diesen unwahrscheinlichen Mädchen wieder hinein. Übrigens merke ich allmählich, daß sie nur insofern unwahrscheinlich sind, als sie überhaupt wirklich sind, als sie wirkliche Mädchen sind. Ihre Wirklichkeit ist es, die mir unwahrscheinlich vorkommt. Aber der Junge aus Semur wird nie genau wissen, wie das Lager aussieht, in das wir kommen und das wir uns im Dunkel der vierten Nacht dieser Reise vorzustellen versuchen.
Ich führe die Mädchen durch die kleine Tür des Krematoriums, die direkt in den Keller geht. Sie haben begriffen, daß es nicht die Küche ist, und verstummen plötzlich. Ich zeige ihnen die Haken, an denen die Kameraden aufgehängt wurden, denn der Keller des Krematoriums diente gleichzeitig als Folterkammer. Ich zeige ihnen die Ochsenziemer und die Keulen, die noch an der Wand hängen. Ich erkläre ihnen, wozu sie dienten. Ich zeige ihnen die Lastenaufzüge, die die Leichname in den ersten Stock brachten, direkt vor die Öfen. Wir steigen in den ersten Stock, und ich zeige ihnen die Öfen. Sie sagen kein Wort mehr, die Süßen. Sie folgen mir, und ich zeige ihnen

die Reihe elektrischer Öfen und die halbverkohlten Leichen, die noch in den Öfen stecken. Auch ich spreche kaum, ich sage nur »hier«, »dort«. Sie sollen selber sehen, sollen sich eine Vorstellung davon machen. Sie sagen kein Wort mehr, vielleicht können sie es sich vorstellen. Vielleicht können sogar diese jungen Damen aus Passy und von der »Mission France« es sich vorstellen. Vom Krematorium führe ich sie auf den inneren Hof, der mit einer hohen Bretterwand umgeben ist. Dort sage ich überhaupt nichts mehr, sie sollen selber sehen. Mitten auf dem Hof liegt ein Leichenberg, gut vier Meter hoch. Ein Berg vergilbter, verbogener Skelette mit entsetzten Gesichtern. Das Akkordeon spielt jetzt einen höllischen Gopak, und der Klang dringt bis zu uns. Bis zu uns dringt der Rhythmus des Gopak und tanzt über den Berg von Skeletten, die zu vergraben man noch keine Zeit gehabt hat. Eben erst wird das Grab ausgehoben, über das man ungelöschten Kalk streuen wird. Der höllische Rhythmus des Gopak tanzt über die Toten des letzten Tages, die liegengeblieben sind, weil die fliehenden SS-Leute das Krematorium haben ausgehen lassen. Ich denke daran, daß in den Baracken des Kleinen Lagers, bei den Alten, Kranken und Juden, der Tod weiter umgeht. Für sie ist das Ende des Lagers noch lange nicht das Ende des Sterbens. Beim Anblick dieser ausgemergelten Körper mit ihren eckigen Knochen und den hohlen Brustkörben, die vier Meter hoch im Krematoriumshof aufgehäuft liegen, denke ich daran, daß dies meine Kameraden waren. Ich denke daran, daß man ihren Tod erlebt haben muß, wie wir Überlebenden ihn erlebt haben, um sie mit reinem, brüderlichem Blick hier liegen zu sehen. Aus der Ferne höre ich den beschwingten Rhythmus des Gopak und

fühle, daß die Mädchen aus Passy hier fehl am Platze sind. Es war Blödsinn, ihnen das alles erklären zu wollen. Später, in einem Monat, in fünfzehn Jahren, werde ich es vielleicht jedem erklären können. Heute jedoch, unter der Aprilsonne, unter den rauschenden Buchen, brauchen diese schrecklichen Toten, unsere Brüder, keine Erklärung. Sie brauchen einen reinen, brüderlichen Blick. Sie brauchen nur unser Leben, unser mit aller Kraft neubegonnenes Leben.
Ich muß die Mädchen aus Passy wegbringen.
Ich drehe mich um, sie sind weg. Sie sind vor dem Anblick geflohen. Kein Wunder, es muß ja nicht gerade erfreulich sein, wenn man in einem schönen Auto und in schönen Uniformen ankommt, die sich prall um die Oberschenkel spannen, und dann unvermutet vor einem so wenig salonfähigen Leichenhaufen steht.
Ich gehe auf den Appellplatz hinaus und zünde mir eine Zigarette an. Eines der Mädchen ist stehengeblieben und wartet auf mich. Eine Brünette mit hellen Augen.
»Warum haben Sie das getan?« fragt sie.
»Es war Blödsinn«, gebe ich zu.
»Aber warum nur?« fährt sie fort.
»Sie wollten das Lager besichtigen«, entgegne ich.
»Ich möchte es noch weiter sehen«, sagt sie.
Ich schaue sie an. In ihren Augen glänzt es, ihre Lippen zittern.
»Ich habe nicht die Kraft dazu«, sage ich.
Sie schaut mich schweigend an.
Wir gehen zusammen zum Lagereingang zurück. Eine schwarze Fahne flattert halbmast vom Kontrollturm.
»Die ist wohl für die Toten?« fragt sie mit zitternder Stimme.

»Nein. Die ist für Roosevelt. Die Toten brauchen keine Fahne mehr.«
»Was brauchen sie?« fragt sie.
»Einen reinen, brüderlichen Blick«, antworte ich, »und unser Gedenken.«
Sie schaut mich an und sagt nichts.
»Auf Wiedersehen«, sagt sie.
»Servus«, antworte ich. Und gehe zu den Kameraden zurück.
»Meine Güte, diese Nacht hört aber auch gar nicht auf«, sagt der Junge aus Semur.
Acht Tage später habe ich die Brünette in Eisenach wieder getroffen, acht oder vierzehn Tage später, ich weiß nicht mehr genau. Denn die acht oder vierzehn Tage zwischen dem Ende des Lagers und dem Wiederbeginn des früheren Lebens vergingen wie im Traum. Ich saß mitten auf einem Rasenplatz zwischen den SS-Villen außerhalb des Stacheldrahts. Ich rauchte und lauschte auf das Raunen des Frühlings. Ich betrachtete die Grashalme und die Käfer auf den Grashalmen. Ich schaute den säuselnden Blättern rings auf den Bäumen zu. Plötzlich kommt Yves angerannt. »Mensch, da bist du ja endlich.« Mit einem französischen Wehrmachtslieferwagen war er soeben aus Eisenach gekommen. Eine Gruppe von drei Lastwagen sollte morgen geradewegs nach Paris abfahren, er hatte mir einen Platz reserviert und war aus Eisenach gekommen, um mich zu holen. Ich schaue zum Lager hin. Ich sehe die Wachttürme, den Stacheldraht, in dem kein Strom mehr fließt. Ich sehe die Gebäude der D. A. W., den Zoo, in dem die SS-Männer Rehe, Affen und Braunbären hielten.
Gut, gehen wir. Ich brauche nichts zu holen, ich kann ge-

hen, wie ich bin. Ich habe russische Stiefel mit weichen Schäften, Hosen aus grobem, gestreiftem Tuch, ein Wehrmachtshemd und eine Jacke aus grauer, holziger Wolle mit grünen Verzierungen an Kragen und Ärmeln und auf dem Rücken in großen, schwarzen Buchstaben: LK BU. Gut, gehen wir. Es ist aus, ich reise ab. Der Junge aus Semur ist tot, ich reise ab. Die Brüder Hortieux sind tot, ich reise ab. Hoffentlich leben Hans und Michel noch. Ich weiß nicht, daß Hans tot ist. Hoffentlich lebt Julien noch. Ich weiß nicht, daß Julien tot ist. Ich werfe die Zigarette weg, trete sie mit dem Absatz auf dem Rasen aus, bin zum Aufbruch bereit. Die Reise ist aus, ich kehre zurück. Nach Hause zwar noch nicht, aber in diese Richtung wenigstens. Das Ende der Lager ist das Ende des Nazismus, folglich auch das Ende des Falangismus, das ist doch sonnenklar. Ich werde mich endlich mit wichtigeren Dingen beschäftigen können, wie Piotr sagen würde, jetzt, da der Krieg zu Ende ist. Ich frage mich, mit was für wichtigeren Dingen ich mich beschäftigen werde. »Meine Fabrik wieder aufbauen, ins Kino gehen, Kinder zeugen«, hatte Piotr gesagt.
Ich laufe neben Yves zum Lieferwagen, und wir brausen über die Straße nach Weimar. Zu dritt sitzen wir auf der vorderen Bank, der Fahrer, Yves und ich. Yves und ich haben uns noch eine ganze Menge zu zeigen. »Schau, dort die Baracke der ›Politischen Abteilung‹.« – »Und dort die Villa der Ilse Koch.« – »Und dort der Bahnhof, dort sind wir damals angekommen.« – »Und dort die MI-BAU!« Schließlich gibt es nichts mehr zu sehen als Straße und Bäume und Bäume und Straße, und wir singen. Das heißt, Yves und der Chauffeur singen. Ich selber tue nur so, denn ich singe falsch.

Jetzt kommt die Kurve, in der wir am 11. April mit einer fliehenden SS-Gruppe zusammengestoßen waren. Wir Spanier rückten in der Mitte der Straße mit einer Anzahl von Panzerfäusten und Maschinenpistolen vor. Die Franzosen links, die Russen rechts. Die SS-Leute hatten einen Panzerspähwagen und waren gerade dabei, auf einem Waldweg im dichten Gehölz zu verschwinden. Von rechts hörten wir Kommandorufe und dann dreimal ein langgezogenes »Hurra«. Die Russen griffen die SS-Leute mit Handgranaten und Bajonetten an. Wir übrigen, Franzosen und Spanier, machten eine Schwenkung, um die SS-Leute zu überrunden und in der Flanke zu packen. Schließlich entstand jenes Gewirr, das man Schlacht nennt. Der Panzerspähwagen flammte auf, und plötzlich war alles still. Das Gewirr, das man Schlacht nennt, war aus. Wir waren gerade im Begriff, uns wieder auf der Straße zu sammeln, als ich zwei junge Franzosen mit einem verwundeten SS-Mann herankommen sah. Ich kannte sie ein wenig, es waren Häftlinge aus meinem Block.
»Gérard, Gérard«, riefen sie mir schon von weitem zu. Ich hieß bei ihnen Gérard.
Der SS-Mann war an der Schulter oder am Arm verletzt. Er hielt seinen verletzten Arm, und aus seinen Blicken sprach Todesangst.
»Wir haben ihn gefangengenommen, Gérard«, sagt einer der Jungen, »was sollen wir mit ihm tun?«
Ich sehe den SS-Mann an, ich kenne ihn. Es ist ein Blockführer, einer von denen, die ihre Häftlinge nicht genug schikanieren und anbrüllen konnten. Ich schaue die beiden Jungen an und will schon sagen: »Erschießt ihn und seid gleich wieder da, es geht weiter«, aber die Worte

bleiben mir im Hals stecken. Ich merke nämlich, daß sie dazu unfähig wären. An ihren Augen sehe ich, daß sie dazu unfähig wären. Sie sind zwanzig Jahre alt und wissen nicht, was sie mit dem Gefangenen tun sollen, aber sie brächten es nicht fertig, ihn zu erschießen. Ich weiß zwar, daß das, geschichtlich gesehen, ein Fehler ist. Ich weiß, daß das Gespräch mit einem SS-Mann erst möglich wird, wenn der SS-Mann tot ist. Ich weiß, daß unsere eigentliche Aufgabe darin besteht, die geschichtliche Struktur zu ändern, die einen SS-Mann überhaupt möglich gemacht hat. Einmal da, muß er jedoch ausgerottet werden, sooft sich während des Kampfes die Gelegenheit dazu ergibt. Ich weiß, daß die beiden Jungen eine Dummheit begehen, aber ich will sie nicht davon abhalten.
»Was denkt ihr?« frage ich sie.
Sie schauen sich an, schütteln die Köpfe.
»Er ist verwundet, der Hund«, sagt der eine von ihnen.
»Ja«, sagt der andere, »er ist verwundet, wir sollten ihn zunächst mal verbinden.«
»Also?« frage ich.
Sie sehen einander an. Sie wissen ebensogut wie ich, daß sie eine Dummheit begehen, aber sie werden sie begehen. Sie denken an ihre erschossenen, gefolterten Kameraden. Sie denken an die Bekanntmachungen der Kommandantur, an die Geiselerschießungen. Vielleicht ist es ganz in der Nähe ihrer Heimat passiert, daß SS-Männer einem dreijährigen Kind mit einer Axt die Hände abgeschlagen haben, um seine Mutter zum Sprechen zu bringen, um sie zu zwingen, eine Widerstandsgruppe zu verraten. Die Mutter sah die abgehauenen Hände ihres Kindes zu Boden fallen, aber sie verriet nichts, sie verlor nur den Ver-

stand. Die Jungen wissen, daß sie eine Dummheit begehen. Aber sie sind nicht freiwillig mit siebzehn Jahren in den Krieg gezogen, um verwundete Gefangene zu erschießen. Sie haben diesen Krieg gegen den Faschismus geführt, damit keine verwundeten Gefangenen mehr erschossen werden. Sie wissen, daß sie eine Dummheit begehen, aber sie begehen sie bewußt. Und ich werde sie nicht daran hindern.

»Wir wollen ihn ins Lager bringen«, sagt der eine, »dort sollen sie ihn verbinden, den Hund.«

Er betont dabei das Wort »Hund«, damit ich nicht etwa denke, sie seien weich geworden und begingen diese Dummheit aus Schwäche.

»Gut«, sage ich. »Aber eure Gewehre laßt ihr hier, die brauchen wir.«

»Was, die Gewehre dalassen?« fragt einer.

»Ihr kriegt statt dessen eine Pistole, damit ihr den Kerl abführen könnt. Aber eure Gewehre laßt ihr hier, die brauchen wir selber.«

»Aber kriegen wir sie auch wieder?«

»Klar kriegt ihr sie wieder, sobald ihr zurückkommt.«

»Versprichst du's uns?« fragen sie.

»Ich versprech's euch«, versichere ich ihnen.

»Das würdest du uns doch hoffentlich nicht antun, uns ohne Gewehre zu lassen?«

»Bestimmt nicht«, beruhige ich sie.

Wir tauschen die Waffen aus, und sie machen sich zum Weggehen bereit. Der SS-Mann hat die Unterhaltung mit dem Blick eines umstellten Wildes verfolgt. Er weiß, daß sein Schicksal auf dem Spiel steht. Ich schaue ihn an.

»Ich hätte dich erschossen«, sage ich.

Flehen tritt in seinen Blick.

»Aber die beiden hier sind zu jung, sie wissen nicht, daß du erschossen werden müßtest. Also, los, zum Teufel.«
Sie gehen davon. Ich schaue ihnen nach und weiß, daß wir eine Dummheit begangen haben. Aber ich bin froh, daß diese zwei Jungen diese Dummheit begangen haben. Ich bin froh, daß sie nach diesem Krieg noch eine solche Dummheit begehen können. Wenn es umgekehrt gegangen wäre, wenn die SS-Männer sie gefangengenommen hätten, hätten sie sich erschießen lassen und hätten dabei noch gesungen. Ich weiß, daß ich recht hatte, daß der SS-Mann hätte erschossen werden müssen, aber ich bereue nicht, geschwiegen zu haben. Ich bin froh, daß diese zwei Jungen mit einem so zarten und reinen Herzen aus diesem Krieg hervorgehen, sie, die freiwillig mit siebzehn Jahren die Möglichkeit des Todes auf sich genommen haben, die so oft dem Tod ins Auge geblickt haben in einem Krieg, der für sie ohne Gnade war.
Dann schauen wir die Bäume und die Straße an und singen nicht mehr. Das heißt, die beiden andern singen nicht mehr. Als wir in Eisenach ankommen, ist es schon Nacht.
»Guten Abend«, sagt die junge Brünette mit den blauen Augen.
Sie hat sich neben mir in dem großen, lüstergeschmückten Saal auf das Sofa gesetzt.
»Guten Abend«, sage ich.
An diesem Abend in dem Eisenacher Hotel wundert mich überhaupt nichts. Es muß wohl der Moselwein sein.
»Was machen Sie denn hier?« fragt sie.
»Ich weiß auch nicht so recht«, antworte ich.
»Fahren Sie morgen mit dem Transport ab?« fragt sie.

»Ja, richtig«, antworte ich.
Es gab weiße Tischtücher und Gläser in verschiedenen Farben. Es gab silberne Messer, silberne Löffel, silberne Gabeln. Und es gab Moselwein.
»Er hatte doch nicht recht.«
»Wie bitte?« fragt die junge Dame.
»Der Moselwein ist ganz ausgezeichnet«, verbessere ich mich.
»Von wem sprachen Sie gerade?« fragt sie.
»Von einem Kameraden, der tot ist. Einem Jungen aus Semur.«
Sie blickt mich ernst an. Ich kenne diesen Blick.
»Semur-en-Auxois?« fragt sie.
»Natürlich.« Ich zucke die Achseln. Was denn sonst?
»Meine Eltern haben dort ein Grundstück«, sagt sie.
»Mit großen Bäumen, einer langen Allee und welkem Laub«, sage ich.
»Woher wissen Sie das?« fragt sie.
»Große Bäume passen gut zu Ihnen«, entgegne ich.
Sie schüttelt den Kopf und blickt ins Leere.
»Jetzt liegt wohl kein welkes Laub dort«, sagt sie leise.
»Welkes Laub liegt immer irgendwo«, entgegne ich. Es muß wohl der Moselwein sein.
»Stell uns das Schätzchen mal vor«, ruft Yves.
Wir sitzen um einen niedrigen Tisch herum. Eine Flasche französischer Cognac steht auf dem Tisch. Es muß der Moselwein und der französische Cognac sein, aber die Kameraden kommen nicht mehr von ihren Lager-Erinnerungen los. Ich dagegen habe genug davon, ich sehe ihnen allen schon im Geist lange Veteranenbärte wachsen. Ich jedoch will kein Veteran werden. Ich bin kein Veteran. Ich bin etwas anderes, mein Kampf kommt erst

noch. Ich fühle, wie eine plötzliche Freude bei diesem Gedanken in mir erwacht, und der große Hotelraum mit den Kristallüstern ist weniger sinnlos. Durch ihn geht einer, dessen Kampf erst noch kommt.

Ich mache eine unbestimmte Handbewegung zu der jungen Brünetten mit den hellen Augen und sage: »Bitte.«

Sie schaut mich an, schaut Yves und die andern an und sagt:

»Martine Dupuy.«

»Richtig«, sage ich glücklich. Es muß der Moselwein sein oder die beruhigende Gewißheit, daß ich kein Veteran bin.

»Mademoiselle Dupuy, ich stelle Ihnen eine Gruppe von Veteranen vor.«

Die Kameraden grinsen, wie man bei einer solchen Gelegenheit grinst.

Martine Dupuy wendet sich mir zu.

»Und Sie?« fragt sie fast leise.

»Ich nicht. Ich werde nie ein Veteran sein.«

»Warum?« fragt sie.

»Soeben habe ich den Entschluß gefaßt.«

Sie holt ein Päckchen amerikanischer Zigaretten hervor und läßt es reihum gehen. Einige bedienen sich. Ich auch. Sie zündet sich eine Zigarette an und gibt mir Feuer.

Die Kameraden achten schon nicht mehr auf ihre Gegenwart, und Arnault erklärt den andern, die mit den Köpfen nicken, warum wir, die alten Veteranen, unsere Haut zu Markte getragen haben. Aber ich will nie ein Veteran sein.

»Was haben Sie für einen Beruf?« fragt die junge Dame mit den blauen Augen. Das heißt, Martine Dupuy.

Ich schaue sie an und antworte voll Ernst, als sei ihre

Frage äußerst wichtig. Es muß wohl der Moselwein sein.
»Ich verachte Charles Morgan, verabscheue Valéry und habe noch nie ›Vom Winde verweht‹ gelesen.«
Ihre Wimpern zucken, und sie fragt:
»Auch ›Sparkenbroke‹ nicht?«
»Das erst recht nicht«, antworte ich.
»Warum?« fragt sie.
»Das war noch vor der Rue Blainville«, erkläre ich ihr.
Die Erklärung kommt mir äußerst einleuchtend vor.
»Was ist das, die Rue Blainville?« fragt sie.
»Das ist eine Straße.«
»Ich weiß, an der Place de la Contrescarpe. Und?«
»Dort hab ich die Kinderschuhe abgestreift«, sage ich.
Sie schaut mich mit einem belustigten Lächeln an.
»Wie alt sind Sie?« fragt sie.
»Einundzwanzig«, sage ich. »Aber es steckt nicht an.«
Sie blickt mir fest in die Augen, während sich ihr Mund geringschätzig verzieht.
»Das war ein Veteranenwitz«, sagt sie.
Sie hat recht. Man sollte die Menschen nie unterschätzen, das müßte ich eigentlich allmählich wissen.
»Vergessen wir's«, sage ich, ein wenig beschämt.
»Gern«, sagt sie, und wir lachen beide.
»Auf unser Liebespaar«, ruft Arnault und hebt feierlich sein Glas Cognac.
Wir schenken uns von dem französischen Cognac ein und trinken ebenfalls.
»Auf deine Gesundheit, Arnault«, rufe ich. »Du warst auch einmal Dadaist.«
Arnault schaut mich unverwandt an und leert feierlich sein Glas. Auch die junge Brünette mit den blauen Augen

hat nicht begriffen, und ich bin froh darüber. Alles in allem ist sie doch nur ein Mädchen aus dem 16. Arrondissement. Ihr blauer Blick ist zwar tief wie der tiefste Traum, aber ihr Geist ist im Norden von der Avenue de Neuilly, im Süden vom Trocadéro, im Osten von der Avenue Kléber und im Westen von der Porte de la Muette begrenzt. Ich bin selber ganz entzückt von meinem Scharfsinn, es muß der Moselwein sein.
»Und Sie?« frage ich.
»Ich?«
»Ich meine, was machen Sie so?« frage ich.
Ihre Nase senkt sich über das Cognacglas.
»Ich wohne in der Rue Scheffer«, sagt sie leise.
Ich lache, diesmal allerdings allein.
»Wußt ich's doch.«
Verwunderung über meine bissige Art spiegelt sich in ihrem blauen Blick. Ich werde aggressiv, aber diesmal ist nicht der Moselwein schuld. Ich habe ganz einfach Lust auf dieses Mädchen. Schweigend trinken wir, während die Kameraden sich gegenseitig in Erinnerung rufen, wie sehr wir gehungert haben. Aber hatten wir auch tatsächlich Hunger? Dieses eine Essen heute abend hat zwei Jahre bittersten Hungers ausgelöscht. Ich kann mir das quälende Hungergefühl nicht einmal mehr vorstellen. Ein einziges richtiges Essen hat den Hunger zu etwas Abstraktem gemacht. Er ist nur noch ein Begriff, eine abstrakte Idee. Und trotzdem sind Tausende meiner Kameraden an dieser abstrakten Idee gestorben. Ich bin stolz auf meinen Körper, er muß eine ganz erstklassige Maschine sein. Ein einziges Essen hat genügt, dieses von nun an unnötige Etwas, den Hunger, an dem wir hätten sterben können, in ihm auszulöschen.

»Ich werde Sie nicht in der Rue Scheffer besuchen«, sage ich zu dem Mädchen.
»Warum, mögen Sie die Gegend nicht?« fragt sie.
»Nein, nicht deshalb. Das heißt, ich weiß nicht. Aber es ist zu weit weg.«
»Wo besuchen Sie mich dann?« fragt sie.
Ich schaue in ihre blauen Augen.
»Am Boulevard Montparnasse gab es ein Lokal, das ›Patrick's‹.«
»Sehe ich jemand ähnlich?« fragt sie mit belegter Stimme.
»Vielleicht«, sage ich. »Ihre blauen Augen.«
Ich scheine es selbstverständlich zu finden, daß sie das begriffen hat: ihre Ähnlichkeit mit jemandem von früher.
Ich scheine überhaupt alles selbstverständlich zu finden an diesem Abend in dem altmodischen Eisenacher Hotel.
»Dann besuchen Sie mich in Semur«, sagt sie. »Dort sind große Bäume mit einer Allee mittendurch, und vielleicht liegt sogar welkes Laub. Wenn wir Glück haben.«
»Ich glaube, ich besuche Sie lieber nicht in Semur«, sage ich.
»Du lieber Gott, diese Nacht hört aber auch gar nicht auf«, sagte der Junge aus Semur.
Ich nehme einen langen Schluck französischen Cognac, und es war die vierte Nacht auf der Reise in ein deutsches Lager bei Weimar. Plötzlich höre ich Musik, eine wohlbekannte Melodie, und weiß überhaupt nicht mehr, wo ich bin. Was hat hier bloß »In the shade of the old appletree« zu suchen?
»In meiner Jugend habe ich gern getanzt«, sage ich zu der jungen Brünetten.

Unsere Blicke begegnen sich, und wir lachen beide.
»Entschuldigen Sie«, sage ich.
»Das ist jetzt schon Ihr zweiter Veteranenwitz«, meint sie.
Die französischen Offiziere haben Schallplatten und einen Plattenspieler gefunden. Jetzt holen sie die deutschen, französischen, polnischen Mädchen zum Tanz. Die Engländer bleiben steif und unbeteiligt. Die Amerikaner sind ganz außer sich vor Freude und singen aus vollem Hals. Ich schaue die deutschen Oberkellner an. Sie scheinen sich vorzüglich an ihr neues Leben zu gewöhnen.
»Tanzen wir«, sagt die junge Brünette.
Ihr Körper ist geschmeidig, und die Lüster des Saales kreisen über unseren Köpfen. Wir halten uns umschlungen, während eine neue Platte aufgelegt wird. Es ist ein langsameres Stück, und erst jetzt nimmt die Gegenwart des Mädchens mit den blauen Augen richtig Gestalt an.
»Nun, Martine?« sagt eine Stimme in der Nähe, ungefähr mitten im Tanz.
Es ist ein französischer Offizier im Kampfanzug und mit einer Mütze auf dem Kopf. Er scheint sich als Besitzer zu fühlen, und das Mädchen aus der Rue Scheffer hört zu tanzen auf. Mir bleibt wohl nichts anderes übrig, als zu den Kameraden zurückzukehren und Cognac zu trinken.
»Servus, Alter«, sagt der Offizier und nimmt Martine beim Arm.
»Servus, junger Mann«, entgegne ich würdevoll.
Seine rechte Braue zuckt, aber er sagt nichts.
»Du kommst aus dem Lager?« fragt er.
»Wie Sie sehen«, antworte ich.

»War wohl hart, was?« fragt der Offizier mit der Mütze, während sein Gesicht sich strafft.
»O nein, wir haben uns köstlich amüsiert«, sage ich.
Er zuckt die Achseln und zieht Martine mit sich fort.
Die Kameraden waren immer noch da. Sie tranken Cognac und erzählten sich, was sie tun wollten, wenn sie daheim wären.
Später fragte mich Yves in dem Zimmer, das ich mit ihm teilte: »Warum hast du das Mädchen bloß sausen lassen? Es ließ sich doch ganz gut an?«
»Ich weiß auch nicht. Da kam so ein großes Rindvieh von einem Offizier mit einer bebänderten Mütze und nahm sie mir weg. Es sah aus, als gehörte sie ihm.«
»Pech gehabt«, sagte er lakonisch.
Später, noch später in dieser Nacht, als ich plötzlich, ohne es zu merken, laut den Anfang des alten Gedichtes herzusagen begann: »Du herzlos Mädchen ohne Lächeln – o Einsamkeit und deine grauen Augen...« knurrte er: »Wenn du Gedichte hersagen willst, mach's bitte auf dem Flur. Morgen müssen wir früh raus.«
Ich bin nicht auf den Flur hinausgegangen, und im Morgengrauen mußten wir raus. Eisenach lag noch in tiefem Schlaf, als die drei Lastwagen Kurs auf Paris nahmen.
»Mein Gott, diese Nacht hört aber auch gar nicht auf«, sagte der Junge aus Semur, und auch jene andere Nacht hörte nicht mehr auf, die Nacht in Eisenach, in dem deutschen Hotelzimmer in Eisenach. War es das ungewohnte Bett mit weißem Bettzeug und leichter, warmer Daunendecke? War es der Moselwein? War es die Erinnerung an das Mädchen, die Einsamkeit, waren es ihre blauen Augen? Die Nacht hatte kein Ende, Yves schlief den Schlaf des Gerechten wie in den Nächten der Kindheit, die auch

kein Ende hatten vor lauter Warten auf das Geräusch des Aufzugs, das mir die Rückkehr der Eltern anzeigen würde, vor ungeduldigem Lauschen auf die Gespräche im Garten, wenn Swann zum Abendessen kam. Jedesmal, wenn ich so in meiner traumdurchzogenen Schlaflosigkeit auf etwas Bekanntes, Abstraktes, Literarisches stieß, mußte ich voll belustigter Wachheit vor mich hinlachen. Ich konnte nicht schlafen, morgen begann wieder das Leben, und ich wußte nichts von diesem Leben. Das heißt, ich wußte nichts von dem Leben, das wieder begann. Aus dem Krieg meiner Kindheit war ich sofort in den Krieg meiner Jugend gezogen und hatte nur kurz auf einem Berg von Büchern haltgemacht. Bei jedem Buch, in jeder Theorie fühlte ich mich wohl. In den Restaurants jedoch übersahen die Kellner regelmäßig, wenn ich sie herbeiwinkte, in den Geschäften wurde ich anscheinend plötzlich unsichtbar, die Verkäuferinnen nahmen nie von meiner Anwesenheit Notiz, und selbst die Telefone gehorchten mir nicht, immer stellte ich fest, daß ich falsch verbunden war. Die Mädchen hatten entweder einen blauen und unnahbaren Blick oder waren so leicht zu haben, daß am Schluß nur noch schale Routine übrigblieb. Morgen würde das Leben wieder beginnen, und ich wußte nichts von diesem Leben. Unruhig wälzte ich mich im Bett herum. Die Nacht würde nie mehr aufhören, der Aufzug fuhr an unserem Stockwerk vorbei, und ich harrte vergebens auf den Augenblick, da Swann, der sich immer noch im Garten unterhielt, endlich ginge. Ich wälzte mich in dem deutschen Hotelzimmer in Eisenach im Bett herum und suchte in meinem Gedächtnis nach einem Trost. Und plötzlich kam mir die Jüdin aus der Rue de Vaugirard in den Sinn.

Vor dem Palais du Luxembourg wurde für die deutschen Wehrmachtsköche ein Lastwagen mit Bergen von Fleisch ausgeladen. Ich hatte einen kurzen, leicht angeekelten Blick hingeworfen und war dann weitergegangen. Ohne bestimmtes Ziel, nur weil es in meinem Zimmer zu kalt war. Ich hatte noch zwei Zigaretten und war ausgegangen, um mich durch Gehen und Rauchen ein wenig zu erwärmen. Das Gitter des Luxembourg lag hinter mir, als mir das Benehmen dieser Frau auffiel. Sie wandte sich nach allen Leuten um, die sie überholten, und musterte sie. Man hätte meinen können, das heißt, ich meinte, sie suche in den Augen der Vorübergehenden dringend eine Antwort auf irgendeine entscheidende Frage. Sie musterte die Leute und schien mit ihren Augen abzuschätzen, ob sie ihres Vertrauens würdig waren. Aber nie sagte sie etwas, sie wandte lediglich den Kopf und setzte ihren erschöpften Gang fort. Warum erschöpft? Warum war mir nur dieser Ausdruck »erschöpfter Gang« in den Kopf gekommen? Ich schaute die Frau an, wie sie ganz allein auf dem Bürgersteig der Rue de Vaugirard, einige Meter vor mir, zwischen der Rue Jean-Bart und der Rue d'Assas, dahinging. Der Ausdruck »erschöpfter Gang«, der mir so spontan gekommen war, paßte in der Tat ausgezeichnet auf sie. Mit ihrem leicht gekrümmten Rücken, den steifen Beinen, der ein wenig hängenden linken Schulter war sie der Inbegriff eines erschöpften Gangs. Meine Augen hatten mich nicht getäuscht. Gleich würde ich sie einholen, sie würde sich nach mir umdrehen und mich anreden müssen. Ja, sie würde gar nicht anders können, als die Frage, die sie quälte, an mich zu richten. Denn daß die Frage sie quälte, hatte ich an ihrem Gesichtsausdruck bemerkt, wenn sie sich nach den Passanten um-

drehte. Ich verlangsamte meine Schritte, um den Augenblick hinauszuschieben, da ich sie einholen würde. Sie konnte mich ja vorbeigehen lassen wie bis jetzt alle übrigen auch, und das wäre katastrophal gewesen. Wenn sie mich vorbeigehen ließ, war ich ein Mensch, der des Vertrauens einer gequälten, die endlose Rue de Vaugirard entlanggehenden Frau, die fast bei jedem Schritt stolperte, unwürdig war. Es wäre wirklich ein unwiederbringlicher Verlust, wenn sie mich vorbeigehen ließe, wenn sie auch mir nichts zu sagen hätte.
Schließlich hatte ich sie eingeholt. Sie wandte sich nach mir um und blickte mir ins Gesicht. Sie mochte etwa dreißig Jahre alt sein. Ihr Gesicht war wie verbraucht von dem erschöpfenden Gang, den sie nicht nur mit ihren Beinen, den sie mit ihrem ganzen Wesen gegangen war. Aber ihr Blick war unerbittlich.
»Bitte«, fragt sie mich, »zur Gare Montparnasse, können Sie mir sagen?«
Sie hat einen slawischen Akzent – was man so slawischen Akzent nennt –, und ihre Stimme ist leicht singend.
Auf alles andere wäre ich gefaßt gewesen, nur nicht darauf. Ich hatte gesehen, wie sie vor mindestens einem halben Dutzend Leute zurückgeschreckt war und die Frage, die sie zu stellen hatte, im letzten Augenblick doch nicht über die Lippen brachte. Ich war auf eine andere, viel wichtigere Frage gefaßt gewesen. Aber wie ich sie anschaue, merke ich an den auf mich gerichteten Augen, an dem unerbittlichen Licht ihrer Augen, daß es für sie die wichtigste Frage der Welt ist. Die Frage nach der Gare Montparnasse ist für sie eine Frage auf Leben und Tod.
»Ja«, antworte ich, »das ist leicht.«
Und bleibe stehen, um ihr den Weg zu erklären.

Unbeweglich steht sie da auf dem Bürgersteig der Rue de Vaugirard. Als ich ihr sagte, die Gare Montparnasse sei leicht zu finden, huschte ein flüchtiges Lächeln über ihr Gesicht. Noch weiß ich nicht, warum sie gelächelt hat, noch verstehe ich es nicht. Ich erkläre ihr den Weg, und sie hört aufmerksam zu. Noch weiß ich nicht, daß sie Jüdin ist, erst später, auf dem Weg zur Rue de Rennes, wird sie es mir sagen. Dann werde ich auch verstehen, woher das kurze, schmerzliche Lächeln kam. In der Nähe der Gare Montparnasse wohnt nämlich eine befreundete Familie, bei der sie sich vielleicht nach ihrem langen, erschöpfenden Gang ausruhen kann. Schließlich begleite ich sie noch bis vor das Haus in der Nähe der Gare Montparnasse.
»Danke«, sagt sie vor der Haustür.
»Ist es auch bestimmt das richtige Haus?« frage ich.
Sie wirft einen kurzen Blick auf die Nummer an der Tür.
»Ja«, sagt sie, »danke, daß Sie mir geholfen haben.«
Ich glaube, ich muß in diesem Augenblick gelächelt haben.
»Oh, das war keine Hexerei.«
»Hexerei?« Sie hebt fragend die Augenbrauen.
»Ich meine, es war nicht schwierig.«
»Nein«, sagt sie.
Sie blickt auf die Straße und die Passanten. Ich folge ihrem Blick.
»Sicher hätten Sie es auch allein gefunden.«
Sie schüttelt den Kopf.
»Vielleicht nicht«, sagt sie. »Mein Herz war wie tot, vielleicht hätte ich es nicht allein gefunden.«
Ich habe noch eine Zigarette, aber die möchte ich gerne für nachher behalten.

»Ihr Herz war wie tot?« frage ich.
»Ja«, sagt sie, »mein Herz, mein ganzer Leib. Mein ganzes Innere war wie tot.«
»Jetzt sind Sie ja da«, sage ich.
Wieder blicken wir auf die Straße und die Passanten, und wir lächeln.
»Aber es ist doch nicht das gleiche«, sagt sie leise.
»Was?« frage ich.
»Ob man es allein findet oder ob einem geholfen wird«, sagt sie, und ihr Blick senkt sich durch mich hindurch in die Vergangenheit.
Ich möchte sie gern fragen, warum sie unter den vielen Menschen gerade mich angesprochen hat, aber ich werde sie nicht fragen, das geht nur sie allein etwas an.
Ihr Blick kehrt zu mir, der Straße, zu den Passanten zurück.
»Sie sahen so aus, als hofften Sie, ich würde Sie anreden«, sagt sie.
Wir sehen uns an, ich fühle, daß wir uns nichts mehr sagen dürfen, es führt uns sonst zu weit. Sie streckt mir die Hand hin.
»Danke«, sagt sie.
»Ich danke Ihnen«, entgegne ich.
Sie sieht mich einen Augenblick lang fragend an, dann dreht sie sich um und verschwindet im Tor des Hauses.

»Mensch, du«, sagt der Junge aus Semur, »schläfst du nicht?«
Ich muß tatsächlich gedöst haben, ich habe das Gefühl, als hätte ich geträumt. Oder vielleicht entstehen die Träume ganz von selber um mich her, und ich glaube, die Wirklichkeit des Wagens sei ein Traum.

»Nein, ich schlafe nicht.«
»Glaubst du, die Nacht ist noch lang?« fragt der Junge aus Semur.
»Keine Ahnung.«
»Mir hängt's wirklich zum Hals heraus«, sagt er.
Seine Stimme klingt danach.
»Versuch, ein wenig zu schlafen.«
»O nein, dann ist's nur noch schlimmer«, sagt der Junge aus Semur.
»Warum?«
»Mir träumt, ich fiele, ich fiele immer tiefer.«
»Mir auch«, sage ich.
Ja, wir fallen, fallen unaufhaltsam. Wir fallen in einen Brunnen, von einer Klippe, ins Wasser. Aber in jener Nacht fiel ich gern ins Wasser, stürzte mich gern in das seidige Rauschen des Wassers und sog mir Mund und Lungen voll. Da war Wasser ohne Ende, Wasser ohne Grund, mütterlich umschließendes Wasser. Wenn mein Körper schlaff zusammensackte, wachte ich jäh wieder auf, und es war weit schlimmer. Der Wagen und die Nacht im Wagen waren weit schlimmer als ein Alptraum.
»Ich glaube, ich halte nicht durch«, sagt der Junge aus Semur.
»Geh, mach keine Witze«, antworte ich.
»Im Ernst, du, mein ganzes Innere ist wie tot.«
Das kommt mir bekannt vor.
»Tot? Wie?« frage ich.
»Einfach tot, nicht mehr lebendig.«
»Auch das Herz?« frage ich.
»Ja, auch mein Herz ist wie tot«, sagt er.
Hinter uns beginnt einer zu brüllen. Die Stimme bäumt

sich auf, schnappt dann wie ohnmächtig in ein winselndes Geflüster über und fängt von vorn wieder an.
»Wenn der nicht aufhört, werden wir noch alle verrückt«, sagt der Junge aus Semur.
Ich spüre, wie er ganz verkrampft ist, wie sein Atem stoßweise kommt.
»Ja, verrückt, das geschähe euch Rotzscheißern recht«, sagt die Stimme hinter uns.
Der Junge aus Semur wendet sich halb nach der Schattenmasse der eingekeilten Leiber um.
»Ist der Schuft noch nicht krepiert?« fragt er.
Eine Salve von Schimpfwörtern ist die Antwort.
»Sei anständig«, sagt der Junge aus Semur, »und red uns nicht dauernd dazwischen.«
Der Kerl lacht auf.
»Ja, ja, ihr Scheißmaulhelden«, sagt er, »reden könnt ihr noch wie geschmiert.«
»Das würzt die Reise«, sage ich.
»Wenn's dir nicht paßt«, fügt der Junge aus Semur hinzu, »kannst du beim nächsten Mal aussteigen.«
Der Kerl lacht auf.
»Beim nächsten Mal steigen wir alle aus«, sagt er.
Diesmal hat er recht.
»Keine Angst«, sagt der Junge aus Semur, »wir verlieren dich nicht aus den Augen.«
»Ja«, sagt eine andere Stimme weiter links, »auf Spitzel wird besonders aufgepaßt.«
Das hilft. Der Kerl sagt nichts mehr.
Das Brüllen von vorhin ist zu einem endlosen, klagenden, nervenaufreibenden Winseln geworden.
»Was soll das eigentlich heißen, das Herz sei einem wie tot?« frage ich den Jungen aus Semur.

Es war in der Rue de Vaugirard, etwa vor einem Jahr. »Mein Herz ist wie tot, mein ganzes Innere ist tot«, hatte sie gesagt. Ich frage mich, ob ihr Herz inzwischen wieder lebendig geworden ist. Sie wußte nicht, wie lange sie bei der befreundeten Familie bleiben konnte. Vielleicht mußte sie wieder weg. Vielleicht hat sie sogar noch vor uns diese Reise gemacht, die wir, der Junge aus Semur und ich, jetzt machen.
»Das ist schwierig zu sagen«, sagt der Junge aus Semur. »Man fühlt einfach nichts mehr, es ist, als habe man nur noch ein Loch oder einen schweren Stein an der Stelle, wo sonst das Herz ist.«
Ich frage mich, ob sie nicht am Ende doch diese Reise gemacht hat, die wir jetzt machen. Ich weiß noch nicht, daß sie, wenn sie diese Reise gemacht hat, sie auf eine andere Art gemacht hat als wir. Für die Juden gab es noch eine andere Art des Reisens, das sollte ich später erfahren. Unbestimmte Vorstellungen von der Reise, die sie vielleicht gemacht hat, tauchen in mir auf, denn noch weiß ich nicht genau, wie Juden reisen müssen. Später erst werde ich es genau wissen.
Ich weiß auch noch nicht, daß ich die Frau noch einmal treffen werde, wenn diese Reisen längst vergessen sind. Sie saß im Garten des Hauses in Saint-Prix, Jahre waren vergangen seit der Rückkehr von dieser Reise, und trotzdem fand ich es ganz selbstverständlich, daß sie plötzlich in der fröstelnden Frühlingssonne vor mir saß. Am Eingang des Dorfes, wo der Weg zum »Lapin Sauté« hinauf abzweigt, hatte man den großen Park, der sanft nach Saint-Leu abfällt, in einzelne Grundstücke aufgeteilt. Ich war in der aufgehenden Sonne durch den Wald gestreift und trug auf den Schultern noch die ganze Müdigkeit ei-

ner durchwachten, vertanen Nacht. Die anderen hatte ich bei ihren ewig gleichen Jazzplatten zurückgelassen und war lange durch den Wald gestreift, ehe ich nach Saint-Prix hinunterging. Das Haus war erst vor kurzem neu verputzt worden. Die Tür stand angelehnt, ich stieß sie auf. Rechts führte der Gang in den Garten, und fröstelnd in der Frühlingssonne nach der durchwachten Nacht überschritt ich den Rasen. Oben im Wald, während ich umhergestreift war, hatte mich das Verlangen überkommen, wieder einmal die Glocke im Gärtchen anschlagen zu hören. Mehrere Male öffnete und schloß ich jetzt die Tür des Gärtchens und lauschte dem altvertrauten Klang, diesem rostigen, blechernen Klang der Glocke, an die der Flügel des kleines Tores streift. Dann wandte ich mich um und sah eine Frau, die mich anschaute. Sie lag in einem Liegestuhl in der Nähe der alten Hütte, in der wir früher das Brennholz aufgestapelt hatten. »Hören Sie?« frage ich sie. – »Was?« fragt die Frau. – »Den Klang«, sage ich, »den Klang der Glocke.« – »Ja«, sagt sie. – »Ich habe ihn gern«, sage ich. Die Frau schaut mich an, während ich quer über den Rasen auf sie zugehe. »Ich bin eine Freundin von Frau Wolff«, sagt sie, und ich finde es ganz natürlich, daß sie da ist und daß sie eine Freundin von Frau Wolff ist und daß es wieder Frühling ist. Ich frage sie, ob das Haus immer noch Frau Wolff gehört, und sie schaut mich an. »Sie sind wohl schon lange nicht mehr hiergewesen«, sagt sie. Es sind schätzungsweise fünf oder sechs Jahre her, seit meine Eltern weggezogen sind. »Ungefähr sechs Jahre«, sage ich. – »Und Sie liebten den Klang der Glocke im Gärtchen?« – »Ja«, sage ich, »ich liebe ihn immer noch.« – »Ich auch«, sagt sie, aber ich habe den Eindruck, als wäre es ihr lieber, wenn ich sie allein ließe. »Sind Sie durch Zufall hereingekommen?« fragt sie, und ich habe den Eindruck, daß sie es gern hätte, wenn ich durch Zufall hereingekommen wäre, wenn ich ohne wirklichen Grund gekommen wäre. »Im Gegenteil«, sage ich und erkläre ihr, ich hätte wieder einmal den Garten sehen und die Glocke des Gärtchens hören wollen. »Ich bin sogar eigens von weit her gekommen«, sage ich. – »Kennen Sie Frau Wolff?« fragt sie hastig, als wolle sie um jeden Preis verhindern, daß ich den wahren Grund meines Kommens nenne. »Natürlich«, sage ich. Neben dem Liegestuhl steht ein Sessel mit einem geschlossenen Buch und einem halbvollen Glas Wasser darauf. Ich nehme das Buch und das Glas weg und setze mich. »Rauchen Sie?« frage ich. Sie schüttelt den Kopf und ich habe den Eindruck, als wolle sie gleich davonlaufen. Ich zünde mir eine Zigarette an und frage sie, warum sie den Klang der Glocke liebe. Sie zuckt mit den Achseln. »Weil es wie früher ist«, sagt sie kurz. – »Richtig«, sage ich und lächle ihr zu. Sie jedoch richtet sich im Liegestuhl auf und beugt sich vor. »Das verstehen Sie nicht«, sagt sie. Ich schaue sie an. »Doch«, sage ich, »auch für mich ist es ja eine Erinnerung an früher.« Ich beuge mich zu ihr hinab und fasse ihren rechten Arm am Handgelenk, drehe den Arm um, und meine Finger streifen über die weiße, zarte Haut und die blaue Nummer von Oswiecim, die auf die weiße, zarte, schon ein wenig verblühte Haut tätowiert ist. »Ich habe mich oft gefragt, ob Sie diese Reise nicht am Ende doch noch gemacht haben«, sage ich. Aber da entzieht sie mir mit einem plötzlichen Ruck ihren Arm, preßt ihn an ihre Brust und weicht so weit wie möglich auf ihrem Liegestuhl zurück. »Wer sind Sie?« fragt sie. Ihre Stimme kommt erstickt. »Im Moseltal habe ich mich gefragt, ob

Sie diese Reise nicht am Ende doch noch gemacht haben«, sage ich. Sie schaut mich atemringend an. »Und auch später, wenn ich die Züge der Juden aus Polen ankommen sah, habe ich mich gefragt, ob Sie diese Reise nicht am Ende doch noch gemacht haben.« Sie beginnt zu weinen, lautlos. »Aber wer sind Sie denn nur?« fleht sie mich an. Ich schüttle den Kopf. »Ich habe mich gefragt, ob Sie in dem Haus in der Rue Bourdelle, hinter der Gare Montparnasse, wohl für immer in Sicherheit waren oder ob es nur eine Pause vor der Weiterreise war.« – »Ich kenne Sie nicht«, sagt sie. Ich sage ihr, ich hätte sie sofort wiedererkannt, das heißt, ich hätte sofort gewußt, daß ich sie kenne, noch ehe ich sie erkannt habe. Sie weint noch immer lautlos. »Ich weiß nicht, wer Sie sind«, sagt sie, »lassen Sie mich allein.« – »Sie wissen nicht, wer ich bin, aber einmal haben Sie mich erkannt«, sage ich. Ich denke an ihren Blick von früher, in der Rue de Vaugirard, aber es ist nicht mehr der gleiche, unerbittliche Blick. »In der Rue de Vaugirard«, sage ich, »im Jahre 41 oder 42, ich weiß es nicht mehr genau.« Sie nimmt ihren Kopf in die Hände. »Sie wollten wissen, wie man zur Gare Montparnasse kommt, und wagten nicht, die Passanten zu fragen. Da haben Sie mich gefragt.« – »Ich erinnere mich nicht«, sagt sie. – »Eigentlich suchten Sie die Rue Antoine-Bourdelle. Ich habe Sie hingeführt.« – »Ich erinnere mich nicht.« – »Sie waren auf dem Weg zu Bekannten in der Rue Antoine-Bourdelle, erinnern Sie sich?« frage ich. – »Ich erinnere mich an die Straße und an das Haus«, sagt sie. – »Sie trugen einen blauen Mantel«, sage ich. – »Ich erinnere mich nicht«, sagt sie. Aber ich gebe noch nicht auf, ich klammere mich an die Hoffnung, daß sie sich vielleicht doch noch erinnert. »Sie hatten sich verlaufen«,

sage ich. »Sie wußten nicht, wie Sie zur Gare Montparnasse kommen sollten. Ich habe Ihnen geholfen.« Da schaut sie mich an und schreit beinahe auf: »Mir hat niemand geholfen, nie.« Ich fühle, daß es jetzt aus ist, daß es Zeit wird zu gehen. »Mir ist immer geholfen worden«, sage ich. »Mir nie«, sagt sie, »nie.« Ich schaue sie an und sehe, daß sie es völlig ernst meint, daß sie völlig überzeugt ist von dem, was sie sagt. »Vielleicht habe ich Glück gehabt«, sage ich, »das ganze Leben über bin ich Menschen begegnet, die mir geholfen haben.« Wieder schreit sie auf. »Sie sind kein Jude, deshalb.« Ich trete meinen Zigarettenstummel im Gras aus. »Das ist wahr«, sage ich, »ich habe nie erfahren, was es heißt, Jude zu sein. Manchmal bereue ich es.« Aber da lacht sie gellend auf, es ist, als wolle sie mich verhöhnen mit ihrem verschlossenen Blick, der offenen Wunde in ihrem steinernen Gesicht. »Sie wissen nicht, wovon Sie reden«, ruft sie aus. – »Ich weiß nicht«, sage ich, »ich weiß, daß Hans tot ist.« Schweigen entsteht, ich muß jetzt gehen. »Wissen Sie bestimmt, daß Sie mich in der Rue de Vaugirard gesehen haben, im Jahre 42?« Ich mache eine Bewegung mit der Hand. »Wenn Sie es vergessen haben, ist es, als hätte ich Sie nie gesehen.« – »Wie?« fragt sie. – »Wenn Sie es vergessen haben, dann habe ich Sie wirklich nicht gesehen. Dann kennen wir uns wirklich nicht.« Ich stehe auf. »Es war ein Mißverständnis«, sage ich, »entschuldigen Sie.« – »Ich erinnere mich nicht«, sagt sie, »es tut mir leid.« – »Macht nichts«, sage ich und gehe.
Aber ich weiß noch nicht, daß sie diese Reise gemacht hat und daß sie tot, in ihre Einsamkeit eingemauert, zurückgekommen ist.
»Wie spät mag es sein?« fragt eine Stimme hinter uns.

Niemand antwortet, denn niemand weiß, wie spät es ist. Es ist ganz einfach Nacht. Eine Nacht, deren Ende man nicht sieht. Übrigens ist die Nacht in diesem Augenblick ohne Ende, sie ist ewig, ihr Nachtsein ohne Ende hat sich für immer auf uns gesenkt. Selbst wenn wir noch unsere Uhren besäßen, selbst wenn die SS-Männer uns nicht alle Uhren abgenommen hätten, selbst wenn wir nachsehen könnten, wie spät es ist, hätte diese Zeit keine konkrete Bedeutung mehr für uns. Vielleicht wäre sie nur noch ein abstrakter Hinweis auf die Außenwelt, in der die Zeit wirklich vergeht, in der sie noch Gewicht und Dauer besitzt. Für uns ist die Nacht im Wagen nur noch dumpfes Dunkel, von allem, was nicht Nacht ist, losgelöste Nacht.

»Wir kommen einfach nicht weiter, schon stundenlang stehen wir auf dem gleichen Fleck«, sagt eine Stimme hinter uns.

»Dachtest du, wir hätten Vorfahrt?« fragt ein anderer.

Seine Stimme kommt mir bekannt vor. Ich glaube, sie gehört dem, der sich bei der Geschichte mit dem Kübel als Witzbold bezeichnet hat. Ja, sicher, er muß es sein. Ich beginne, die Stimmen dieser Reise zu unterscheiden.

Später, ein paar Monate später, werde ich wissen, wie sie die Juden haben reisen lassen. Um die Zeit der großen russischen Winteroffensive in Polen werde ich ihre Züge im Lagerbahnhof ankommen sehen. Wenn die Zeit nicht gereicht hatte, sie umzubringen, verlegten die Nazis sie aus den polnischen Lagern ins Hinterland, vielleicht dachten sie auch, sie könnten sie zuerst noch ein wenig arbeiten lassen. Es war ein strenger Winter, der Winter des nächsten Jahres. Ich sah, wie die Judenzüge aus Polen ankamen. In jedem der verriegelten Wagen waren zwei-

hundert Juden zusammengepfercht, achtzig Mann mehr als wir. In jener Nacht neben dem Jungen aus Semur habe ich mir nicht vorzustellen versucht, wie es ist, wenn man zu zweihundert in einem Wagen wie dem unseren steckt. Später, als ich die Judenzüge aus Polen ankommen sah, habe ich es versucht. Und es war ein strenger Winter, der Winter des nächsten Jahres. Die Juden aus Polen mußten sechs, acht, manchmal zehn Tage lang in der eisigen Kälte reisen. Ohne Essen und Trinken natürlich. Wenn sie angekommen waren und man die Schiebetüren aufstieß, regte sich in den Wagen zunächst überhaupt nichts. Man mußte die gefrorene Leichenmasse der stehend gestorbenen, stehend zusammengefrorenen polnischen Juden, die wie Kegel auf den Lagerbahnsteig fielen, mit Gewalt auseinanderbrechen, um die paar Überlebenden zu finden. Denn es gab tatsächlich noch Überlebende. Eine taumelnde Gruppe setzte sich mühselig auf den Lagereingang zu in Marsch. Manche brachen zusammen und standen nicht wieder auf, andere krochen auf allen vieren dem Eingang des Lagers zu. Eines Tages fanden wir in der zusammengeklebten Leichenmasse eines Wagens drei jüdische Kinder. Das älteste war fünf Jahre alt. Die deutschen Kameraden vom »Lagerschutz« schnappten sie den SS-Männern vor der Nase weg. Sie lebten mit uns und kamen davon, die drei jüdischen Waisen, die wir in der gefrorenen Leichenmasse gefunden hatten. Ja, im strengen Winter des folgenden Jahres werde ich zur Genüge erfahren, wie sie die Juden haben reisen lassen.
Jetzt jedoch, neben meinem Kameraden aus Semur, dessen Herz plötzlich wie tot war, dachte ich nur, daß die jüdische Frau aus der Rue de Vaugirard vielleicht auch schon diese Reise gemacht hatte. Vielleicht hatte auch sie

schon mit ihren unerbittlichen Augen das Moseltal erblickt.
Draußen hört man Befehle, eilige Schritte, das Knirschen von Stiefeln zu beiden Seiten des Bahndamms.
»Es geht weiter«, sage ich.
»Glaubst du?« fragt der Junge aus Semur.
»Sieht so aus, als riefen sie die Wachen.«
Wir warten unbeweglich im Dunkel.
Der Zug pfeift zweimal und fährt dann mit einem harten Ruck an.
»Du, Mensch, sieh doch mal«, ruft der Junge aus Semur ganz aufgeregt.
Ich sehe hin, und es ist Morgen. Ein grauer, sich verbreiternder Saum schwimmt am Horizont. Es ist Morgen, wieder eine Nacht gewonnen, wieder eine Nacht dieser Reise weniger. Die Nacht hatte kein Ende gehabt, kein Ende war in ihr abzusehen gewesen. Aber jetzt taucht der Morgen empor, er ist zwar erst ein schmaler, grauer Streif am Horizont, aber nichts hält seine Entfaltung mehr auf. Aus sich selber, aus seiner eigenen Nacht steigt er in feuriger Vernichtung zu sich selbst empor.
»Endlich, Mensch, endlich«, jubelt der Junge aus Semur.
Alle im Wagen fangen gleichzeitig zu sprechen an. Und der Zug rollt.

Die Rückreise habe ich in den Bäumen gemacht. Das heißt, meine Augen waren voller Bäume, Blätter, grüner Zweige. Ich lag hinten im überdeckten Lastwagen und schaute zum Himmel hinauf, und der Himmel war voller Bäume. Es war einfach unglaublich, wie viele Bäume es von Eisenach bis Longuyon am Frühlingshimmel gab.

Von Zeit zu Zeit tauchten auch Flugzeuge auf. Der Krieg war ja noch nicht zu Ende, aber sie sahen aus, als seien sie unwirklich, gehörten nicht mehr her, die lächerlichen Flugzeuge am Frühlingshimmel. Ich hatte Augen nur für die Bäume, die grünen Zweige der Bäume. Von Eisenach bis Longuyon bin ich in den Bäumen gereist. Es war schön, so zu reisen.

Am zweiten Tag der Reise, es war gegen Abend und ich döste mit offenen Augen, wurde ich plötzlich von lauten Stimmen geweckt.

»Jungens, endlich! Endlich wieder zurück!«

Einer stimmte gellend die Marseillaise an. Das war sicher der Kommandant, nur ihm konnte so etwas einfallen.

Ich lag bequem und hatte keine Lust, mich zu rühren. Ihre ganze Aufregung ließ mich kalt.

»Wir haben's geschafft, Jungens, wir sind zu Hause!«

»Habt ihr gesehen, Jungens? Wir sind wieder in Frankreich!«

»Es lebe Frankreich!« schrie die gellende Stimme des Kommandanten mitten in die Marseillaise hinein. Was ihn jedoch nicht hinderte, sofort wieder weiterzuschmettern; da war auf den Kommandanten Verlaß.

Ich schaute die Bäume an, und die Bäume hatten mir von nichts gesagt. Dem Lärm meiner Kameraden nach waren es vorher deutsche Bäume gewesen, und jetzt waren es französische Bäume. Aber sie waren genau gleich grün. Der Kommandant freilich hätte sicher den Unterschied erkannt. Der hätte sich bei den französischen Bäumen nicht getäuscht.

Einer rüttelt mich an der Schulter.

»Mensch«, sagt er, »hast du denn nicht gesehen? Wir sind zu Hause!«

»Ich nicht«, sage ich, ohne mich zu rühren.
»Was?« fragt der andere.
Ich richte mich halb auf und schaue ihn an. Mißtrauen liegt in seinem Blick.
»Du weißt doch, ich bin kein Franzose.«
Sein Gesicht hellt sich auf.
»Richtig, ich hab's ganz vergessen. Bei dir vergißt man's leicht. Du sprichst wie wir.«
Ich habe keine Lust, ihm zu erklären, warum ich spreche wie sie, wie der Kommandant, ohne Akzent, das heißt, nur mit ihrem eigenen Akzent. Es ist das sicherste Mittel, mein Fremdsein zu bewahren, das mir wichtiger als alles andere ist. Wenn ich einen Akzent hätte, würde mein Fremdsein in jedem Augenblick, bei jeder kleinsten Gelegenheit offenbar. Es würde zu etwas Alltäglichem, Äußerlichem. Mir selber würde es zur Alltäglichkeit werden, als Fremder zu gelten. Und dann hätte mein Fremdsein keinen Sinn und keine Bedeutung mehr. Deshalb habe ich keinen Akzent, habe sorgfältig jede Möglichkeit verwischt, auf Grund meiner Aussprache als Fremder erkannt zu werden. Das Fremdsein ist für mich sozusagen nur noch eine innere Eigenschaft.
»Ach was«, sagt der andere, »das ist heute egal. Wegen so einer Kleinigkeit gehörst du an einem so schönen Tag trotzdem zu uns. Außerdem ist Frankreich ja deine Wahlheimat.«
Die gute Laune lacht aus seinem freundschaftlichen Gesicht.
»Nein, danke«, sage ich, »eine Heimat reicht mir. Ich will mir nicht auch noch eine zweite aufladen.«
Beleidigt wendet er sich ab. Er hat mir das schönste Geschenk gemacht, das er mir machen kann, das er glaubt

mir machen zu können. Er hat mich zum Wahlfranzosen gemacht. Er hat mich sozusagen auf die gleiche Stufe erhoben wie sich selber, und ich weise sein Geschenk zurück.
Beleidigt rückt er von mir ab.
Eines Tages werde ich doch noch einmal ernstlich über diese Manie so vieler Franzosen nachdenken müssen, die glauben, ihr Land sei jedermanns zweite Heimat. Ich werde versuchen müssen, mir klarzumachen, warum so viele Franzosen so froh darüber sind, Franzosen zu sein.
Im Augenblick jedoch habe ich keine Lust, mich mit diesem Problem zu beschäftigen. Ich schaue die Bäume an, die zwischen dem Himmel und mir dahinflitzen. Ich schaue die grünen Blätter an, es sind französische Blätter. Die Jungens sind zu Hause, sollen sie sich freuen!
Ich muß daran denken, wie ich vor ein paar Jahren, im Winter, in einem großen Saal des Polizeipräsidiums wartete. Ich wollte meine Aufenthaltsgenehmigung erneuern lassen, und der große Saal war voller Ausländer, die aus demselben oder einem ähnlichen Grunde gekommen waren.
Ich wartete in einer Schlange, es war eine lange Schlange, und ganz am andern Ende des Saales stand ein Tisch. Hinter dem Tisch saß ein kleiner Mann, dessen Zigarette dauernd ausging. Dauernd war er dabei, sich die Zigarette wieder anzuzünden. Der kleine Mann prüfte die Papiere der Leute oder die Vorladungen, die sie ihm zeigten, und verwies sie dann an die einzelnen Schalter. Manchmal schickte er auch in einem Anfall von Wut den einen oder andern kurzerhand wieder zurück. Offenbar wollte der kleine, lumpige Mann vor allem nicht falsch eingeschätzt und für das gehalten werden, was er äußer-

lich war, nämlich ein kleiner, lumpiger Mann, dem dauernd die Zigarette ausging. Da schrie er dann und warf den Leuten Schimpfwörter an den Kopf, vor allem den Frauen. Was wir uns eigentlich einbildeten, wir Hergelaufenen? Er, der kleine Mann, war die Verkörperung der Macht, sein Auge reichte überallhin, er war der Eckpfeiler der Regierungsgewalt. Was bildeten wir uns bloß ein, so mir nichts dir nichts einen Tag später zu kommen, als auf der Vorladung geschrieben stand? Die Leute entschuldigten sich. Zuviel Arbeit, die Frau krank, Ärger mit den Kindern. Aber bei dem kleinen Mann kamen sie schlecht an mit ihren lächerlichen Ausflüchten, ihren zum Himmel stinkenden Lügen. Er würde uns beibringen, mit wem wir es zu tun hatten, wartet nur, ihr Zigeuner, ich werde euch beibringen, mit wem ihr es zu tun habt, er würde uns zeigen, daß man ihn nicht falsch einschätzen durfte, daß er den Arsch am rechten Fleck hatte. Er würde uns dreckige Ausländer schon zurechtstauchen. Dann plötzlich vergaß er wieder, daß er die umwerfende Verkörperung der Macht darstellte, und lutschte minutenlang an seinem Zigarettenstummel. Still wurde es wieder in dem Saal, man hörte nur noch flüsterndes Stimmengewirr und das Scharren der Füße auf dem Parkett. Gebannt schaute ich dem kleinen Mann zu. Die Zeit wurde mir nicht einmal lang. Schließlich war ich an der Reihe und stand vor dem kleinen Tisch und dem kleinen Mann mit seinem Zigarettenstummel, der gerade wieder einmal ausgegangen war. Er packt meine Bescheinigung, dreht sie angewidert hin und her und wirft mir einen durchbohrenden Blick zu. Ich zucke mit keiner Wimper, ich schaue ihn nur unbeweglich an, der Kerl fasziniert mich.

Er legt die Bescheinigung auf den Tisch, zündet sich den Zigarettenstummel wieder an und prüft dann die Bescheinigung.

»Na so was«, ruft er mit Donnerstimme, »ein Rotspanier!«

Er scheint vor Freude ganz außer sich zu sein. Er hat wohl lange keinen Rotspanier mehr zwischen den Zähnen gehabt.

Undeutlich erinnere ich mich an den Hafen von Bayonne, an die Ankunft des Fischkutters im Hafen von Bayonne. Der Kutter hatte genau neben dem großen Platz angelegt, wir erblickten Blumenbeete und Feriengäste. Gebannt schauten wir auf dieses Bild früheren Lebens. Daß wir Rotspanier waren, erfuhren wir dort zum erstenmal.

Ich sehe den kleinen Mann an und sage kein Wort, sondern erinnere mich dunkel an jenen Tag in Bayonne. Einem Polizisten gegenüber läßt sich ja sowieso nie etwas sagen.

»Sieh mal an«, ruft er, »ein Rotspanier!«

Er sieht mich an, ich sehe ihn an. Ich weiß, daß aller Augen auf uns ruhen. Da richte ich mich ein wenig auf. Gewöhnlich ist mein Rücken nämlich leicht gekrümmt. Man konnte mich noch so oft ermahnen: »Geh gerade«, da war einfach nichts zu wollen, meine Schultern hingen nach wie vor ein wenig herab. Ich kann nichts dafür, ich fühle mich so einfach wohler in meiner Haut. Jetzt jedoch richte ich mich auf, so hoch ich kann. Man soll nicht denken, meine normale Haltung sei ein Zeichen von Unterwürfigkeit. Das wäre schlimm.

Ich sehe den kleinen Mann an, er sieht mich an. Plötzlich legt er los:

»Dir werd ich's zeigen, du Lump, du, wart nur! Wagst es, mich hier unverschämt anzugaffen! Als erstes stellst du dich hinten wieder an und wartest, bis du wieder an der Reihe bist.«
Ich sage nichts, ich nehme meine Bescheinigung vom Tisch und drehe mich um. Der Zigarettenstummel ist ihm wieder ausgegangen, aber diesmal zerdrückt er ihn wütend in einem Aschenbecher.
Ich gehe die lange Reihe der Wartenden entlang nach hinten und denke an die Manie der Polizisten, einen immer zu duzen. Offenbar meinen sie, sie könnten einen damit beeindrucken. Aber dieser kümmerliche Hurensohn dort vorne ahnt nicht, was er in Wirklichkeit fertiggebracht hat. Er hat mich einen Rotspanier geschimpft, und plötzlich bin ich in dem grauen, kahlen Raum nicht mehr allein. In der ganzen Reihe der Wartenden hellen sich die Gesichter auf, aus der düsteren Einöde schlägt mir herzliches Lächeln entgegen. Noch immer halte ich meine Bescheinigung in der Hand, wenig fehlt, und ich zerrisse sie in Fetzen. Am Ende der Reihe stelle ich mich wieder an. Die Leute umringen mich, lächeln. Sie waren allein gewesen, ich auch, nun gehören wir zusammen. Der kleine Mann hat gewonnen.
Ich liege im Lastwagen und sehe mir die Bäume an. In Bayonne, am Kai neben dem großen Platz in Bayonne, hatte ich zum erstenmal erfahren, daß ich ein Rotspanier war. Der folgende Tag hatte die zweite Überraschung gebracht, da hatten wir nämlich in der Zeitung gelesen, es gebe Rotspanier und Nationalspanier. Warum sie Nationalspanier hießen, wo sie doch mit marokkanischen Truppen, der Fremdenlegion, deutschen Flugzeugen und der Division Littorio kämpften, war schwer erfindlich.

Es war eines der ersten Geheimnisse, die mir die französische Sprache zu enträtseln gab. Auf jeden Fall war ich in Bayonne, am Kai von Bayonne, zu einem Rotspanier geworden. Da waren Blumenbeete, und hinter den Polizisten drängten sich die Feriengäste, die herbeigeströmt waren, um die Ankunft der Rotspanier zu sehen. Wir wurden geimpft, dann ließ man uns an Land. Die Feriengäste sahen sich die Rotspanier und wir uns die Schaufenster der Bäckereien an. Weißbrote lagen darin und goldgelbe Hörnchen, Dinge aus einer vergangenen Welt. Wir fühlten uns fremd in dieser vergangenen Welt.
Seither bin ich den Rotspanier nicht mehr losgeworden. Er war wie eine innere Eigenschaft, die überall Gültigkeit besaß. Selbst im Lager war ich Rotspanier. Ich sah die Bäume an und war mit meinem Los zufrieden. Je mehr die Jahre vergingen, desto zufriedener war ich damit, Rotspanier zu sein.
Plötzlich hören die Bäume auf, und der Lastwagen hält. Wir sind im Heimkehrerlager von Longuyon. Wir springen vom Lastwagen, meine Beine sind ganz steif. Krankenschwestern kommen auf uns zu, und der Kommandant küßt sie sämtlich ab. Wohl aus Freude über die Rückkehr. Dann fängt der Zirkus an. Wir kriegen Fleischbrühe zu trinken und müssen eine Menge dummer Fragen beantworten.
Während ich all diese Fragen hörte, faßte ich plötzlich einen Entschluß. Das heißt, der Entschluß war schon vorher in mir gereift. Schon in den Bäumen zwischen Eisenach und hier hatte ich ihn aufkeimen spüren. Ich glaube, er war in mir gereift, als ich die Kameraden unter den Lüstern des Eisenacher Hotels zu Veteranen werden sah. Vielleicht hatte er sogar noch früher zu reifen begonnen.

Vielleicht steckte der Keim zu diesem Entschluß schon vor der Rückkehr von dieser Reise in mir. Wie dem auch sei, während ich jetzt wie ein Automat auf all die blöden Fragen: Habt ihr großen Hunger gehabt? Habt ihr sehr gefroren? Wart ihr sehr schlecht dran? antwortete, faßte ich den Entschluß, nie mehr von dieser Reise zu sprechen, mich nie mehr in eine Lage bringen zu lassen, wo ich Fragen über diese Reise zu beantworten gezwungen wäre. Ich wußte zwar, daß das nicht für alle Zeit möglich war. Aber ich nahm mir wenigstens eine lange Ruhepause, lange Jahre des Schweigens über diese Reise vor, denn das war bei Gott der einzige Weg, mit ihr fertigzuwerden. Später, wenn niemand mehr von diesen Reisen sprach, dann war vielleicht meine Stunde gekommen, von ihr zu sprechen. Diese Möglichkeit zeichnete sich nebelhaft am Horizont meines Entschlusses ab.
Von links und rechts waren wir mit Fragen bombardiert worden und befanden uns schließlich in einem Raum, von dem aus man uns einen nach dem anderen zur ärztlichen Untersuchung führte.
Als ich an der Reihe war, wurde ich geröntgt, auf Herzfehler, auf Zahnschäden untersucht. Man wog mich, man maß mich, man fragte mich über alle möglichen Kinderkrankheiten aus. Am Ende der Prozedur stand ich schließlich vor einem Arzt, der die gesamten Unterlagen mit den Einzelergebnissen der verschiedenen Spezialisten vor sich hatte.
»Das ist ja unerhört«, sagt der Arzt, nachdem er einen Blick auf meine Unterlagen geworfen hat.
Ich sehe ihn an, und er reicht mir eine Zigarette.
»Ganz unglaublich«, sagt der Arzt. »Ihnen fehlt anscheinend ja gar nichts.«

Ich mache eine halb interessierte Bewegung, an sich verstehe ich nicht so recht, wovon er spricht.
»Lungen in Ordnung, Herz in Ordnung, Blutdruck normal. Ganz unglaublich«, wiederholt der Arzt.
Ich rauche die Zigarette, die er mir angeboten hat, und versuche mir vorzustellen, daß es ganz unglaublich ist, versuche mir deutlich zu machen, daß ich ein ganz unglaublicher Fall bin. Am liebsten würde ich dem Arzt sagen, daß es vor allem unglaublich ist, noch am Leben zu sein. Selbst mit einem unnormalen Blutdruck wäre es ganz unglaublich, noch am Leben zu sein.
»Sicher«, sagt der Arzt, »zwei oder drei kariöse Zähne. Aber das ist schließlich ganz verständlich.«
»Ja, Kleinigkeit«, sage ich, um ihn nicht ganz allein sprechen zu lassen.
»Seit Wochen schon untersuche ich jetzt Lager-Häftlinge«, sagt er, »aber Sie sind der erste Fall, bei dem alles in Ordnung ist.«
Er schaut mich einen Augenblick an und fügt hinzu:
»Anscheinend.«
»So?« bemerke ich höflich.
Er blickt mich aufmerksam an, als fürchte er, es könnten plötzlich die Anzeichen einer unbekannten Krankheit an mir auftauchen, die den Augen der Spezialisten entgangen sind.
»Soll ich Ihnen mal was sagen?« fragt er dann.
Eigentlich möchte ich nicht, daß er mir etwas sagt, ich will keineswegs wissen, was er mir zu sagen hat. Aber er hat mich ja nicht gefragt, damit ich ihm sage, ob er mir etwas sagen soll, sondern ist auf jeden Fall entschlossen, mir etwas zu sagen.
»Ihnen kann ich es sagen, Sie sind ja gesund«, sagt er.

Und nach einer kurzen Pause fügt er hinzu: »Anscheinend.«
Immer dieser Zweifel, dieser wissenschaftliche Zweifel. Der Mann hat offensichtlich gelernt, vorsichtig zu sein.
»Ihnen kann ich es sagen«, fährt er fort. »Die meisten, die bis jetzt durch unsere Hände gegangen sind, werden nicht durchkommen.«
Er gerät in Eifer, sein Thema reißt ihn mit. Er beginnt mit einer langen Erklärung über die voraussichtlichen Nachwirkungen der Gefangenschaft. Ich fange an, mich zu schämen, daß ich bei – anscheinend – so guter Gesundheit bin. Wenig fehlt, und ich käme mir selber verdächtig vor. Wenig fehlt, und ich würde ihm sagen, das sei wirklich nicht meine Schuld. Wenig fehlt, und ich würde mich entschuldigen, daß ich noch am Leben bin, daß ich Aussicht habe, am Leben zu bleiben.
»Glauben Sie mir, die meisten von Ihnen bleiben auf der Strecke. In welchem Verhältnis, wird sich erst zeigen. Aber ich glaube nicht fehlzugehen, wenn ich behaupte, daß sechzig Prozent der Überlebenden in den nächsten Monaten und Jahren noch an den Folgen der Gefangenschaft sterben werden.«
Am liebsten würde ich ihm sagen, mich gehe diese ganze Geschichte überhaupt nichts mehr an, ich hätte Schluß mit ihr gemacht. Am liebsten würde ich ihm sagen, es gehe ihn einen Dreck an, ob ich sterbe oder am Leben bleibe. Am liebsten würde ich ihm sagen, der Junge aus Semur sei ja doch gestorben. Aber der Mann tut schließlich nur seine Pflicht, ich kann ihn doch nicht gut daran hindern, seine Pflicht zu tun.
Endlich entläßt er mich, und nun weiß ich also, daß ich ein verdammtes Schwein gehabt habe. Fast muß ich froh

sein, diese Reise überhaupt gemacht zu haben. Hätte ich sie nicht gemacht, dann hätte ich nie gewußt, was für ein verdammter Glückspilz ich bin. Ich muß gestehen, die Welt der Lebenden bringt mich in diesem Augenblick ein wenig aus der Fassung.
Draußen wartet Haroux auf mich.
»Nun, wie steht's?« fragt er. »Was hat er bei dir gesagt?«
»Dem Medizinmann nach muß es das reinste Sanatorium gewesen sein; ich sei glänzend in Schuß, hat er gesagt.«
»Ich nicht«, sagt Haroux und lacht, »mein Herz macht offenbar nicht mehr ganz mit. Muß mich in Paris mal gründlich untersuchen lassen.«
»Wenn's nur das Herz ist, das ist weiter nicht schlimm. Mußt nur so tun, als hättest du keins.«
»Meinst du, ich schere mich drum, Mensch?« sagt Haroux. »Wir leben, die Sonne scheint, wir könnten ja längst in Rauch aufgegangen sein.«
»Ja«, sage ich.
Eigentlich müßten wir sogar wirklich in Rauch aufgegangen sein. Wir lachen. Haroux kommt aus der gleichen Situation, wir haben das Recht, darüber zu lachen, wenn es uns Spaß macht. Und es macht uns eben Spaß.
»Komm mit«, sagt Haroux, wir müssen uns provisorische Ausweise ausstellen lassen.«
»Richtig, Herrgott, das fängt auch schon wieder an.«
Wir gehen auf die Verwaltungsbaracke zu.
»Ja, mein Lieber«, sagt Haroux, »du willst doch nicht, daß man dich ohne Papiere herumlaufen läßt? Es könnte ja sein, du wärst ein anderer.«
»Und wie kann mir einer beweisen, daß ich kein anderer bin? Wir rücken da so mir nichts, dir nichts an. Wir könnten ja ganz andere sein.«

Haroux freut sich.
»Und die eidesstattliche Erklärung? Wir werden an Eides Statt erklären, wer wir sind. Findest du, daß eine eidesstattliche Erklärung nicht in Ordnung ist?«
Er freut sich, der Haroux. Sein Herz tut zwar nicht mehr ganz mit, sicher zählt ihn der Arzt zu den sechzig Prozent, die noch sterben werden, aber die Sonne scheint, und wir könnten längst in Rauch aufgegangen sein.
»Du scheinst ja wirklich gut in Form zu sein, Haroux.«
»In Form? Das kann man wohl sagen. Wie ein Fisch im Wasser fühle ich mich.«
»Wenn ich das nur auch von mir sagen könnte! Diese Krankenschwestern und die blöden Fragen und die Ärzte und mitleidigen Blicke und Kopfschütteln, das ist mir mächtig an die Nieren gegangen.«
Haroux platzt heraus, wildes Gelächter überkommt ihn.
»Junge, du nimmst aber auch alles zu ernst, das hab ich dir schon immer gesagt. So ein Griesgram! Nimm's doch auf die leichte Schulter, mach's wie ich, lach dir eins. Findest du sie nicht zum Wiehern, all diese windigen Zivilisten?«
Wir sind in der Verwaltungsbaracke angelangt, und Haroux läßt seinen Blick über die windigen Zivilisten schweifen.
»Jedenfalls ist man noch nicht wieder in allem drin«, sagt er.
Das wird es wohl sein.
Mit Hilfe der eidesstattlichen Erklärung sind die Formalitäten der Personalangabe ziemlich schnell vorüber. Schließlich stehen wir vor einer blonden jungen Frau in weißem Kittel, die Haroux' Zettel in Empfang nimmt

und etwas darauf schreibt. Dann reicht sie Haroux einen Tausendfrancschein und acht Päckchen Zigaretten. Das ist die Heimkehrerprämie. Jetzt nimmt sie meinen Zettel und meinen provisorischen Ausweis. Sie schreibt etwas auf den Zettel und reiht acht Päckchen Zigaretten auf dem Tisch aneinander. Ich fange an, sie in meinen Taschen zu verstauen, aber es sind zu viele, ich muß die Hälfte in der Hand behalten. Dann gibt sie mir den Tausendfrancschein. Haroux bietet mir eine Zigarette an, und wir rauchen. Die blonde junge Frau will mir gerade meinen Ausweis zurückgeben, da wirft sie noch einen Blick darauf.
»Ach«, sagt sie, »Sie sind ja gar kein Franzose!«
»Nein«, sage ich.
»Wirklich nicht?« fragt sie und sieht sich meinen Ausweis an.
»Frankreich ist zwar meine Wahlheimat, aber ein wirklicher Franzose bin ich nicht.«
Sie sieht zuerst mich und dann den Ausweis genauer an.
»Was sind Sie denn?« fragt sie.
»Spanischer Flüchtling, wie Sie sehen.«
»Und Sie sind nicht naturalisiert?« fährt sie fort.
»Lassen Sie mir bitte mit dem Ausstopfen Zeit, bis ich tot bin«, sage ich.
Gleich darauf schäme ich mich ein wenig. »Schon wieder ein Veteranenwitz«, würde die junge Brünette aus Eisenach sagen.
»Das ist durchaus ernst gemeint«, sagt sie in verwaltungsmäßigem Ton. »Sie sind also tatsächlich kein Franzose?«
»Tatsächlich nicht.«
Haroux neben mir wird langsam ungeduldig.

»Das ist doch völlig egal, ob mein Freund Franzose oder Hottentotte ist«, sagt er.
»Ich bin kein Hottentotte«, sage ich sanft.
Nur, um die Sache richtigzustellen.
»Das kann doch scheißegal sein, ob er Franzose ist oder nicht«, sagt Haroux.
Die junge Dame kommt ein wenig aus dem Konzept.
»Verstehen Sie doch, es ist wegen der Heimkehrerprämie. Nur französische Staatsbürger haben ein Anrecht darauf.«
»Ich bin kein französischer Staatsbürger«, erkläre ich ihr. »Ich bin ja überhaupt kein Bürger.«
»Sie wollen mir doch nicht weismachen, er hätte kein Anrecht auf diesen schäbigen Tausendfrancschein?« poltert Haroux los.
»Genau das ist es«, sagt die blonde junge Dame. »Er hat kein Anrecht darauf.«
»Wer, zum Donnerwetter, hat sich denn diesen Blödsinn ausgedacht?« schreit Haroux.
Die blonde junge Dame kommt mehr und mehr aus dem Konzept.
»Regen Sie sich nicht auf, mein Herr, ich kann auch nichts dafür, die Behörde will es so.«
Haroux bricht in donnerndes Lachen aus.
»Scheißbehörde«, sagt er. »Finden Sie das richtig?«
»Ich habe hier nichts zu befinden«, sagt sie.
»Sie haben dazu keine persönliche Meinung?« fragt Haroux bissig.
»Wenn ich zu allem eine persönliche Meinung haben wollte, wo käme ich da hin?« sagt sie ernstlich aufgebracht. »Ich führe nur aus, was mir von der Behörde vorgeschrieben wird«, fügt sie hinzu.

»Deine Großmutter...« knurrt Haroux.
»Meine Großmutter war auch schon in der Verwaltung«, sagt sie mit wachsendem Ärger.
»Laß gut sein«, sage ich zu Haroux, »du siehst doch, die Dame hat ihre Vorschriften.«
Haroux wirft mir einen vernichtenden Blick zu.
»Halt's Maul«, knurrt er, »du bist kein Franzose, das hier geht dich gar nichts an. Mir geht's ums Prinzip.«
»Die Vorschriften sind bindend, mein Herr. Sie können sie einsehen. Nur französische Staatsbürger haben ein Anrecht auf die Heimkehrerprämie«, sagt die junge Dame.
»Dann hätten wir diesen Krieg ja umsonst geführt«, sagt Haroux.
»Jetzt komm schon!«
»Halt's Maul«, sagt er, »mir geht's ums Prinzip.«
»Übrigens habe ich gar keinen Krieg geführt«, füge ich eigensinnig hinzu.
»Was quatschst du da?« braust Haroux auf.
»Ich wollte nur sagen, daß ich keinen Krieg geführt habe.«
»Was soll der Seich denn nun bedeuten?« fragt er.
Er hat sich zu mir umgedreht, und die blonde junge Frau schaut uns an. In der Hand hält sie immer noch meinen Ausweis.
»Das bedeutet, daß ich kein Veteran bin. Das bedeutet, daß ich keinen Krieg geführt habe.«
»Du bist wohl bescheuert? Was hast du dann geführt?«
»Ich war nur Widerstandskämpfer«, entgegne ich.
»Hör endlich mit dem Käse auf. Und deshalb glaubst du, du hättest kein Anrecht auf diese elende Prämie?«
»Entschuldigen Sie«, sagt die junge Dame aufgebracht,

»das ist noch nicht die Heimkehrerprämie, das ist nur ein Vorschuß. Die genaue Höhe der Prämie ist noch nicht festgesetzt.«
Die junge Dame möchte nicht, daß eine Unklarheit entsteht. Unklarheiten haben die Behörden nicht gern.
»Scheißvorschuß«, brummt Haroux.
»Werden Sie doch nicht gleich ordinär«, sagt die junge Dame.
Haroux bricht von neuem in donnerndes Lachen aus.
»Also, willst du jetzt diesen Scheißvorschuß oder nicht?«
»Ich bin ja gar kein Heimkehrer«, sage ich mit unschuldigem Gesicht.
»Bescheuert bist du«, sagt Haroux.
»Aber, mein Herr«, sagt die junge Dame, »es geht ja nicht darum, ob der Herr will oder nicht, sondern es geht einfach darum, daß er kein Anrecht darauf hat. Verstehen Sie? Die Frage ist, ob er ein Anrecht darauf hat.«
»Die Frage ist, ob Sie mich am Arsch lecken können«, versetzt Haroux in abschließendem Ton.
Unsere geräuschvolle Auseinandersetzung hat die Aufmerksamkeit aller Anwesenden auf uns gelenkt. Ein Mann nähert sich uns. Er trägt keinen weißen Kittel, sondern einen blauen Anzug. Er ist wohl der Vorsteher dieser Behörde, die behördlich für unsere Rückkehr in diese Welt sorgt. Höflich erkundigt er sich nach dem Grund unserer Unterhaltung. Mit kräftigen Ausdrücken und einigen Seitenblicken auf die allgemeinen Zustände in Frankreich erklärt ihm Haroux die Ursache. Auch die blonde junge Frau gibt in behördlichem und neutralem Ton ihre Erläuterungen dazu. Die Sache betrifft sie ja nur behördlich, sie braucht nicht Partei zu ergreifen.

Der Vorsteher im blauen Anzug erklärt uns mit höflichen Worten die Bestimmungen der Behörde. Keine Frage, ich muß den Tausendfrancschein zurückgeben. Ich habe kein Anrecht auf ihn. »Ich kann Ihnen jedoch versichern, daß der Herr zu einem späteren Zeitpunkt doch noch prämienberechtigt wird, wenn nämlich die Frage der Heimkehrerprämie und des Heimkehrerstatus eine gesetzliche Regelung erfährt. Diese Frage wird sich zwangsläufig in ihrer Gesamtheit stellen, denn es gibt ja sehr viele Ausländer, die wie dieser Herr für Frankreich gekämpft haben.« Ich habe keine Lust, ihm zu sagen, daß ich nicht für Frankreich gekämpft habe und daß ich sowieso kein Heimkehrer bin. Ich habe keine Lust, die Dinge noch komplizierter zu machen. Ich gebe den Tausendfrancschein zurück, auf den ich kein Anrecht habe.
»Der Herr hat jedoch im ganzen französischen Gebiet Anrecht auf kostenfreie Beförderung und Unterkunft bis zu seinem Heimatort. In seinem Heimatort kann dann sein Status als Heimkehrer noch einmal in seiner Gesamtheit überprüft werden.« Ich sage ihm nicht, daß ich keinen Heimatort habe. Ich fürchte, das würde nur noch meine kostenlose Beförderung und Unterkunft im ganzen französischen Gebiet in Frage stellen. Haroux sagt überhaupt nichts mehr. Er scheint von all diesen behördlichen Erwägungen ganz erdrückt zu sein. Wir schicken uns an zu gehen.
»Und die Zigaretten?« fragt die blonde Frau.
Bei dieser plötzlich aufgeworfenen Frage nach den Zigaretten quellen die Augen des Vorstehers im blauen Anzug kugelrund hervor.
»Ja, die Zigaretten«, sagt er.
Haroux steht hilflos da, er ist platt.

Doch da faßt der Vorsteher einen raschen und mutigen Entschluß.

»Dem Wortlaut der Bestimmung nach«, sagt er, »gehören die Zigaretten und der Vorschuß von tausend Francs eigentlich zusammen. Aber ich glaube den Geist der Bestimmung nicht falsch zu interpretieren, wenn wir dem Herrn die Zigaretten lassen. Es sei denn, der Herr wäre Nichtraucher?«

»Eigentlich bin ich eher Raucher«, antworte ich.

»Dann behalten Sie die Zigaretten, behalten Sie sie. Der Geist der Bestimmung berechtigt Sie dazu.«

Haroux schaut mit leerem Blick nach links und rechts. Er versucht wohl den Geist der Bestimmung auszumachen.

»Und nun viel Glück, meine Herren«, sagt der Vorsteher, »und gute Heimkehr.«

Die kleinen Hausgötter meiner Familie haben sich in diesem Augenblick wohl tüchtig ins Fäustchen gelacht. Haroux und ich stehen im Hof.

»Nicht zu glauben«, sagt Haroux.

Ich habe nicht den Mut, ihm zu sagen, daß mir die ganze Geschichte typisch erscheint, er sieht zu niedergeschlagen aus. Wir gehen die große Allee des Heimkehrerlagers entlang. Aber ich bin ja gar kein Heimkehrer, fast bin ich der blonden Frau dafür dankbar, daß sie mich daran erinnert hat. Ich komme nur aus einem fremden Land in ein anderes. Fast bin ich froh darüber, daß man mich gleich zu Anfang wieder in meine Stellung als Ausländer gedrängt hat, das hilft mir, Distanz zu wahren. Haroux freilich geht von einem anderen Gesichtspunkt aus. Die Feststellung, daß der Behördenapparat in seinem Land so starr ist wie eh und je, scheint ihn traurig zu stimmen.

Sonntags im Lager, wenn wir Zeit zum Träumen hatten, hat er wohl von einem ganz neuen Frankreich geträumt. Jetzt, nach diesem Zusammenstoß mit der Wirklichkeit, blutet ihm das Herz. Er sagt kein Wort mehr. Mir jedoch sind solche Zusammenstöße mit der Wirklichkeit schon immer höchst fruchtbar vorgekommen. Sie zwingen zum Nachdenken. Wir gehen die große Allee des Lagers von Longuyon entlang und bleiben an einem Brunnen stehen, um zu trinken. Haroux trinkt als erster und wischt sich mit dem Handrücken den Mund.
»Zum Verrecken blöde ist das alles«, knurrt er.
Ich finde, er übertreibt; wegen eines solchen Blödsinns zu verrecken wäre noch viel blöder. Ich trinke auch, das Wasser ist kühl. Ich denke daran, daß diese Reise jetzt zu Ende ist. Das kühle Wasser läuft mir die Kehle hinab, und ich muß an jenen anderen Brunnen auf dem Platz in dem deutschen Dorf denken. Haroux war auch dabeigewesen. Wir waren die weiße Straße entlanggegangen, Sonne wechselte mit Schatten. Die Gebäude des Kleinen Lagers blieben rechts zwischen den Bäumen zurück. Wir wollten trinken. Die SS-Männer hatten gestern noch die Wasserleitung gesprengt, ehe sie geflohen waren. Aber auf dem Dorfplatz mußte ein Brunnen sein. Sicher war ein Brunnen dort, da würden wir trinken.
Unsere Stiefel knirschen auf den Steinen der weißen Straße, und wir unterhalten uns laut. Auf dem Dorfplatz muß ein Brunnen sein. Wie oft hatten wir sonntags zu dem Dorf in der grünen Ebene hinübergeblickt. Wir standen in dem Gehölz jenseits der Baracken des Kleinen Lagers und blickten zum Dorf hinüber. Über den Häusern des Dorfes hing still der Rauch. Heute jedoch sind wir draußen, wir gehen auf der steinigen Straße dahin

und unterhalten uns laut. Fast scheint es, als erwarte uns das Dorf, es liegt am Ende unseres erobernden Gangs, ist selber nichts anderes als das Ziel unseres Gangs.
Ich sehe die Bäume an, und die Bäume bewegen sich. Aprilwind streicht über sie hin. Die Landschaft ist nicht mehr unbeweglich. Früher, im langsamen, eintönigen Rhythmus der Jahreszeiten, war die Landschaft unbeweglich gewesen. Das heißt, wir selber waren unbeweglich gewesen in einer Landschaft, die nur Kulisse war. Jetzt dagegen fängt die Landschaft an, sich zu bewegen. Jeder Pfad, der sich links zwischen den Bäumen verliert, ist ein Weg in die Tiefe der Landschaft, in ihr ständig wechselndes Bilderspiel. Ich muß lachen angesichts der vielen möglichen Freuden, die in unserer Reichweite liegen. Haroux ist stehengeblieben und wartet auf mich, er war ein Stück vorausgegangen. Er sieht, wie ich ganz allein lache.
»Warum lachst du denn so allein?« fragt er.
»Komisch, so auf einer Straße zu gehen.«
Ich drehe mich um und blicke in die Runde. Er tut das gleiche.
»Ja«, sagt er, »ziemlich komisch.«
Wir zünden uns Zigaretten an. Es sind Camels, ein amerikanischer Soldat hat sie mir geschenkt. Er kam aus Neu-Mexiko und sprach Spanisch mit einem singenden Akzent.
»Im Frühling, auf dem Land«, sage ich zu Haroux, »da habe ich schon immer lachen müssen.«
»Warum?« fragt er.
Er hat weiße, ganz kurze Haare und möchte gern wissen, warum ich schon immer im Frühling auf dem Land habe lachen müssen.

»Ich weiß auch nicht, es freut mich irgendwie. Da muß ich dann immer lachen.«
Wir wenden die Köpfe und blicken zum Lager zurück. Die Baracken des Quarantänelagers, die Gebäude des Reviers sind teilweise durch Bäume verdeckt. Darüber, am Hang, reihen sich die Zementblöcke aneinander, und um den Appellplatz stehen unsere Holzbaracken in frühlingshaftem Grün. Links, ganz im Hintergrund, ragt der Schornstein des Krematoriums empor. Wir betrachten den abgeholzten Hügel, auf dem Menschen ein Lager errichtet haben. Ringsum ist es still, und über dem Lager, das Menschen errichtet haben, hängt der Aprilhimmel.
Ich versuche mir zu vergegenwärtigen, daß dies ein einmaliger Augenblick ist, daß wir mit der letzten Kraft ausgehalten haben, um diesen einmaligen Augenblick zu erleben, das Lager von außen zu sehen. Aber es gelingt mir nicht. Es gelingt mir nicht zu begreifen, was dieser einmalige Augenblick Einmaliges hat. Ich sage mir: jetzt sieh doch her, das ist ein einmaliger Augenblick, eine Menge Kameraden sind gestorben, die alle auch von diesem Augenblick geträumt haben, da sie das Lager so wie wir jetzt von außen sehen könnten, da sie nicht mehr drinnen, sondern draußen wären – das alles sage ich mir vor, aber es gelingt mir trotzdem nicht. Offenbar bin ich nicht dafür geschaffen, einmalige Augenblicke in ihrer reinen Durchsichtigkeit zu erfassen. Ich sehe das Lager, höre das stille Raunen des Frühlings, und das alles reizt mich nur zum Lachen, wie jedesmal auf dem Land und im Frühling, und die engen Wiesenpfade bis ins zartgrün lockende Unterholz entlangzulaufen.
Ich habe den einmaligen Augenblick verpaßt.
»He, kommt ihr?« ruft Diego weiter unten.

Wir kommen.
Wir hatten Durst, wir hatten uns gesagt, auf dem Dorfplatz müsse ein Brunnen stehen. Immer stehen auf Dorfplätzen Brunnen. Frisch sprudelt das Wasser über den vom Alter geglätteten Stein. Mit großen Schritten holen wir Diego und Pierre ein, die uns an der Einmündung in die geteerte Straße zum Dorf erwarten.
»Was habt ihr bloß getrieben?« fragt Diego.
»Er muß immer lachen, wenn's Frühling ist. Da bleibt er dann stehen und grinst vor sich hin«, antwortet Haroux.
»Das setzt ihm wohl zu, der Frühling«, stellt Pierre fest.
»Nein«, sage ich, »das nicht. Aber es ist komisch, so auf einer Straße zu gehen. Bis jetzt waren es nur die andern, die auf den Straßen gingen.«
»Welche andern?« fragt Diego.
»Alle andern, die nicht drin waren.«
»Waren ganz hübsch viele drin«, lacht Pierre bitter.
Allerdings, es waren ganz hübsch viele drin.
»Also, gehen wir jetzt in dieses dämliche Dorf oder nicht?« fragt Diego.
Unwillkürlich blicken wir alle zu dem dämlichen Dorf, das am Ende unserer Straße liegt. Eigentlich ist es nicht einmal so sehr der Durst, der uns in das Dorf treibt. Wir hätten genausogut von dem Wasser trinken können, das die Amerikaner in Tankwagen herbeigeschafft haben. Sondern das Dorf selber lockt uns. Das Dorf bedeutet das Draußen, das Leben draußen, das weitergegangen ist. Nach diesem Leben hatten wir sonntags vom Rande der Bäume jenseits des Kleinen Lagers Ausschau gehalten. Wir sind auf dem Wege zum Leben draußen.
Ich lache nicht mehr, ich singe.
Diego dreht sich ärgerlich um.

»Was soll das denn darstellen?« fragt er.
»›La Paloma‹ natürlich!«
Er geht mir bald auf die Nerven. Man hört doch, daß ich ›La Paloma‹ singe.
»Ach nee!« sagt er und zuckt die Achseln.
Jedesmal, wenn ich singe, heißt man mich still sein. Selbst wenn wir im Chor singen, muß ich sehen, wie sich die Kameraden entrüstet die Ohren zuhalten. Deshalb öffne ich jetzt, wenn wir im Chor singen, nur noch den Mund, lasse jedoch keinen Ton mehr heraus. Nur so kann ich mir helfen. Es kommt aber noch schlimmer. Selbst wenn ich gar nichts Bestimmtes singe, wenn ich nur so improvisiere, muß ich hören, es sei falsch. Dabei ist mir rätselhaft, wie etwas falsch sein kann, das doch gar nichts ist. Aber Falsch und Richtig sind in der Musik offenbar absolute Begriffe. Das Ende ist, daß ich nicht einmal mehr unter der Dusche aus vollem Hals singen kann. Selbst da ruft man mir zu, ich solle still sein.
Wir gehen die geteerte Straße entlang und sprechen nicht mehr. Das Land ringsum ist schön, aber verlassen, eine grüne, fruchtbare Ebene, in der man niemand arbeiten sieht, in der sich kein einziges menschliches Wesen blicken läßt. Vielleicht ist jetzt gerade nicht die richtige Zeit, auf den Feldern zu arbeiten, ich verstehe ja nichts davon, ich bin Stadtmensch. Oder vielleicht ist es auf dem Land immer so an dem Tage, nachdem feindliche Truppen eingerückt sind. Vielleicht ist jedes Land am Tage, nachdem die Eroberer eingerückt sind, so verlassen, so voll angespannter Stille. Für uns fängt das Leben von vorher, das Leben von vor dieser Reise wieder an. Für diese thüringischen Bauern jedoch, denn es muß ja doch schließlich welche geben, beginnt heute das Leben von nachher, das

Leben nach der Niederlage, nach dem Zusammenbruch. Vielleicht sitzen sie jetzt daheim und warten, welche Wendung ihr Leben nach dem Zusammenbruch nehmen wird. Ich will nur sehen, was für Gesichter sie im Dorf machen, wenn wir auftauchen.

Wir erreichen die ersten Häuser des Dorfes. Es ist noch keine richtige Dorfstraße, sondern nur die Fortsetzung der Landstraße, um die sich allmählich Häuser erheben. Die Häuser sind schön verputzt und hübsch anzusehen. Hinter einer leuchtend weißen Mauer hört man Hühnergegacker. Wir sagen nichts, wir gehen an dem Hühnergegacker vorbei. Noch wenige Schritte, und wir haben den Dorfplatz erreicht. Da ist er tatsächlich, wir haben ihn nicht nur geträumt. Und mitten darauf steht ein Brunnen, umrahmt von Bänken und zwei Buchen, die ihren Schatten über einen Teil des Platzes breiten.

Das Wasser fällt in ein steinernes, von den Jahren geglättetes Becken, das sich auf einem runden, durch zwei Stufen gegliederten Erdwall erhebt. In gleichmäßigem Strahl schießt es hervor, nur manchmal fängt sich zerstäubend der Aprilwind darin, und sein Plätschern auf der Wasserfläche des Beckens verstummt. Wir stehen und sehen dem fließenden Wasser zu.

Diego nähert sich der Röhre und tut einen langen Zug. Als er sich wieder aufrichtet, ist sein Gesicht mit glänzenden Tropfen überperlt.

»Gut ist's«, sagt er.

Pierre tritt heran und trinkt auch.

Ich betrachte die Häuser rings um den verlassenen Platz. Fast könnte man meinen, das Dorf sei leer, aber ich fühle, wie uns hinter den verriegelten Türen und verschlossenen Fenstern Menschen beobachten.

Auch Pierre richtet sich auf. Sein Gesicht strahlt.
»Mensch, endlich wieder richtiges Wasser«, sagt er.
Das Lagerwasser war schlecht gewesen, man durfte nur wenig davon trinken. Ich erinnere mich noch, wie es in der Nacht, nachdem wir angekommen waren, vielen hundeelend wurde, weil sie zuviel von der lauwarmen, widerlichen Brühe in sich hineingetrunken hatten. Der Junge aus Semur war im Wagen zurückgeblieben. Seit er tot war, hatte ich ihn in meinen Armen gehalten, seinen Leichnam dicht an mich gepreßt. Dann hatten die SS-Männer die Schiebetüren aufgerissen, ihre Schreie und Schläge prasselten auf uns nieder, und die Wachhunde vollführten einen Höllenlärm. Wir sprangen auf den Bahnsteig, barfuß in den Schneematsch hinunter, und ich ließ meinen Kameraden aus Semur im Wagen zurück. Ich bettete seinen Leichnam neben den des Alten, der mit den Worten »Stellt euch das vor« gestorben war. Ja, ich begann es mir vorzustellen.
Auch Haroux hat von dem guten Wasser getrunken.
Ich muß daran denken, seit wie vielen Jahren dieser Brunnen wohl schon sein lebenspendendes Wasser verströmt. Vielleicht jahrhundertelang, wer weiß. Vielleicht geht die Entstehung des ganzen Dorfes auf diesen Brunnen zurück, vielleicht fing es damit an, daß die Bauern ihre Häuser um diese einstige Quelle bauten. Auf jeden Fall, denke ich, floß ihr lebenspendendes Wasser schon zu der Zeit, als der Ettersberg noch nicht abgeholzt war, als die Buchenzweige noch den ganzen Hügel umwogten, auf dem jetzt das Lager steht. Auf dem freien Platz zwischen der Küche und der »Effektenkammer« haben die SS-Leute die Buche stehengelassen, von der es heißt, schon Goethe habe sich in ihrem Schatten ausgeruht. Ich

stelle mir Goethe und Eckermann vor, wie sie unter der Buche zwischen der Küche und der Effektenkammer sitzen und sich für die Nachwelt unterhalten. Dann denke ich, daß sie jetzt kaum noch kommen können, der Baum ist im Innern verkohlt, er ist nur noch ein leeres, morsches Gerippe, eine amerikanische Brandbombe hat der Buche Goethes bei dem Angriff auf die Lagerfabrik den Garaus gemacht. Ich sehe Haroux zu, wie er sich das kühle, reine Wasser über das Gesicht laufen läßt, und frage mich, was er wohl für ein Gesicht machen würde, wenn er erführe, daß er das gleiche Wasser trinkt wie Goethe, daß Goethe sicher auch schon bis zu diesem Dorfbrunnen kam, um seinen Durst zu löschen, wenn er sich lange genug mit Eckermann für die Nachwelt unterhalten hatte. »Behalte deinen Scheiß für dich«, würde er nur sagen.
Haroux hat getrunken, und die Reihe ist an mir.
Das Wasser ist wirklich gut, da gibt es nichts. Zwar nicht so gut wie das Wasser von Guadarrama, die Quellen des Paular oder Buitrago, aber es ist wirklich gut. Es hat einen eisenartigen Nachgeschmack. Auch das Wasser der Quelle in Yerres, hinten im Gemüsegarten, hatte diesen eisenartigen Geschmack.
Alle haben wir getrunken und stehen jetzt in der Mitte des Platzes.
Wir sehen uns um und schleppen unsere Stiefel über das Pflaster des Platzes. Ob das Dorf wohl Angst vor uns hat, ob uns die Bauern wohl fürchten? Jahrelang hatten sie ringsum auf den Feldern gearbeitet und bei der Feldarbeit die Gebäude des Lagers vor sich gehabt. Sonntags sahen wir sie mit Frauen und Kindern auf der Straße vorbeigehen. Es war Frühling wie heute, und sie gingen spazieren.

Für uns waren es Leute, die nach einer Woche harter Arbeit mit ihren Familien spazierengingen. Ihr Wesen war uns zugänglich, ihr Tun offenkundig. Es war das Leben von früher. Gebannt sahen wir sie in ihrer jahrhundertealten Ursprünglichkeit. Sie waren Bauern, die sonntags mit ihren Familien auf der Straße spazierengingen. Was für eine Vorstellung mochten sie dagegen von uns haben? Wir mußten ja allerhand verbrochen haben, daß wir in einem Lager eingesperrt waren, daß wir Sommer und Winter vor Tagesanbruch zur Arbeit getrieben wurden. Wir waren Verbrecher, die wohl etwas ganz besonders Schlimmes auf dem Kerbholz hatten. So mußten sie uns sehen, wenn sie uns überhaupt sahen, wenn sie überhaupt von unserem Dasein Notiz nahmen. Wahrscheinlich hatten sie sich jedoch die Frage nach unserem Dasein, die Frage, die unser Dasein an sie stellte, nie in ihrem ganzen Ernst vorgelegt. Wir gehörten ganz einfach zu den Erscheinungen der Welt, nach denen sie nicht fragten, nach denen sie nicht fragen konnten oder wollten, deren Charakter als an sie gerichtete Frage ihnen überhaupt nicht zum Bewußtsein kam. Der Krieg, die Verbrecher auf dem Ettersberg (noch dazu Ausländer, ein Grund mehr, sich keine Fragen zu stellen, sich nicht unnötig das Leben schwer zu machen), die Luftangriffe, der Zusammenbruch, vorher die Siege, all diese Ereignisse gingen buchstäblich über ihren Verstand. Sie arbeiteten auf ihren Feldern, hörten am Sonntag dem Pfarrer zu und gingen dann spazieren, vom übrigen sahen sie nichts. Freilich sahen sie nur deshalb nichts, weil sie nichts sehen wollten.
»Wohnt denn niemand in diesem Dorf?« fragt Pierre.
»Aber ja, das siehst du doch«, sagt Haroux.
Tatsächlich, man sieht, es sind Leute da. Vorhänge bewe-

gen sich hinter den Fenstern. Blicke folgen uns. Wir sind ausgezogen, das Leben von früher, das Leben von draußen zu finden. Aber an uns hängt noch das Drohende alles Unbekannten, einer bis gestern verbrecherischen und strafbaren Wirklichkeit. Das Dorf weicht vor uns zurück.

»Schön«, sagt Pierre, »da bleibt uns nichts anderes übrig, als wieder abzuhauen.«

Er hat recht, aber wir bleiben noch, schleppen weiter unsere Stiefel über das Pflaster, blicken weiter an den Häusern hinauf, deren Inneres sich vor uns verschließt. Was haben wir eigentlich von diesem Dorf erwartet?

»Was soll da schon sein«, sagt Diego, »es ist ein deutsches Dorf, deshalb braucht ihr doch keine solchen Gesichter zu machen!«

Da haben wir's, wir machen also Gesichter. Wenn Diego das sagt, muß es stimmen. Das heißt, auch ich mache ein Gesicht, denn daß die andern, einschließlich Diego, eines gemacht haben, das habe ich selber gesehen.

Wir grinsen dumm und sehen einander an.

»Also los, gehen wir«, sagt Haroux.

Ja, gehen wir. Das Dorf verstößt uns, vertreibt den Lärm unserer Stiefel, unsere Gegenwart, die seine Ruhe, sein gutes Gewissen stört, verjagt unsere gestreifte Kleidung, unsere kahlgeschorenen Schädel, unsere Blicke, mit denen wir sonntags das Leben im Dorf draußen entdeckt hatten. Nun sehen wir, daß auch das nicht das Leben draußen ist, daß es nur eine andere Art ist, drinnen zu sein, inmitten derselben Welt grausamer, unerbittlicher Unterdrückung zu sein, deren Ausdruck das Lager war. Wir gehen. Immerhin, das Wasser war gut, da gibt es nichts. Es war kühl, es war lebendiges Wasser.

»Mensch, komm zu dir«, sagt der Junge aus Semur.
Seit der Tag angebrochen ist, bin ich in eine Art stumpfen Dösens versunken.
»Was?« frage ich.
»Jetzt fahren wir bei Gott schon stundenlang, und du stehst da und siehst nichts. Interessiert dich denn die Landschaft nicht mehr?«
Ich sehe mir mit trüben Augen die Landschaft an. Nein, im Augenblick interessiert sie mich nicht mehr. Außerdem ist sie lange nicht so schön wie gestern das Moseltal im Schnee.
»Die Landschaft hier ist nicht schön«, sage ich.
Der Junge aus Semur lacht. Das heißt, ich habe den Eindruck, er tut es ein wenig gezwungen.
»Was hast du erwartet?« fragt er. »Eine Touristenrundreise?«
»Ich habe überhaupt nichts erwartet. Nur war gestern die Landschaft schön, und heute ist sie nicht mehr schön.«
Seit es Tag ist, habe ich das Gefühl, als wolle mein Körper in Stücke zerbersten. Jedes dieser Stücke fühle ich einzeln für sich, als sei mein Körper schon kein Ganzes mehr. Bis an den Horizont strahlen die Schmerzen meines Körpers aus. Ich muß daran denken, wie wir als Kinder immer in den großen Friseursalon nicht weit vom »Bijenkorf« in Den Haag geführt wurden und ich dort jedesmal versucht hatte, die Erschütterungen der elektrischen Haarschneidemaschine oder das Kitzeln, das die Zuleitungsschnur auf Backenknochen und Nacken hervorrief, in meinem Ebenbild nachzuempfinden, das aus dem riesigen Spiegel zu mir herüberblickte. Es war ein großer Herrensalon mit gut zehn Stühlen vor dem langen Spiegel, der die ganze gegenüberliegende Wand einnahm. Die

Schnüre der Haarschneidemaschinen glitten in Führungen auf einer Art Stange hin und her, die sich in Höhe einer ausgestreckten Hand befand. Jetzt, da ich daran denke, kommt mir in den Sinn, daß im Desinfektionsraum des Lagers genau das gleiche System auf einer Stange hin- und hergleitender Schnüre war. Nur gab es dort keine Stühle. In jenem Friseursalon neben dem »Bijenkorf« setzte ich mich also auf einen Stuhl und vergaß alles rings um mich her. Die Wärme des Raumes, das Surren der Haarschneidemaschinen und meine absichtliche Zerstreutheit ließen mich in eine Erstarrung versinken, die an Abstumpfung grenzte. Schließlich schüttelte ich mich innerlich ein wenig und begann, in dem Spiegel, der die ganze gegenüberliegende Wand einnahm, mein Ebenbild zu fixieren. Zuerst mußte ich immer scharf aufpassen, daß ich nur mein Spiegelbild fixierte und es säuberlich von allen anderen Reflexen im Spiegel trennte. Das kupferrote Gesicht jenes Holländers zum Beispiel, der sich gerade seinen roten Bart scheren ließ, durfte nicht dazwischentreten und meinen Versuch stören. Nach einer Weile fast schmerzhaften Fixierens hatte ich dann das Gefühl, als löse sich mein Spiegelbild aus der glatten Fläche heraus und nähere sich mir oder weiche hinter den Spiegel zurück, sei jedoch gleichzeitig von einer Art leuchtendem Saum umgeben, der es von allen anderen Spiegelbildern abhob, die ihrerseits nur noch in ungewissem Dämmer schwammen. Nach einer weiteren Anstrengung fühlte ich das Schwingen der Haarschneidemaschine in meinem Nacken nicht mehr im Nacken, das heißt, im Nacken schon noch, aber jetzt dort drüben, mir gegenüber, in dem Nacken, der sich hinter dem Bild meines Kopfes im Spiegel befinden mußte. Heute jedoch bedarf es keines solchen schmerzlichen Spiels, um meine Körperempfindungen aus mir heraustreten zu lassen, heute zerstreuen sich die zerbrochenen, zertrampelten Stücke meines Körpers ganz von selber bis zu dem durch den Wagen beschränkten Horizont. In mir, in meinem Innern, bleibt nur noch ein schwammiger, brennender Feuerball, irgendwo hinter den Augen, in dem sich manchmal weich, manchmal plötzlich stechend alle Schmerzen zu sammeln scheinen, die von meinem in Stücke zerborstenen, ringsum verstreuten Körper auf mich einstürzen.

»Wenigstens fahren wir«, meint der Junge aus Semur.

Kaum hat er die Worte gesprochen, da spiegelt sich die Sonne bleich in den Scheiben eines Stellwerks, und der Zug hält an einem Bahnsteig.

»Scheiße«, sagt der Junge aus Semur.

Die, die neben den mit Stacheldraht versperrten Öffnungen stehen, werden mit Fragen überschüttet. Jeder möchte wissen, wo wir sind, was man sieht, ob es ein Bahnhof ist oder ob wir wieder einmal auf freier Strecke halten.

»Es ist ein Bahnhof«, sage ich zu denen hinter uns.

»Sieht es wie eine größere Stadt aus?« fragt einer.

»Nein«, sagt der Junge aus Semur, »eher wie eine kleine.«

»Sind wir angekommen?« fragt ein anderer.

»Wie soll ich das wissen, Mensch?« fragt der Junge aus Semur.

Ich schaue den Bahnhof und die Umgebung an, und es sieht tatsächlich eher wie eine Kleinstadt aus. Der Bahnsteig ist leer, nur Posten stehen da, und auch vor den Türen, die zu den Wartesälen und Durchgängen für die

Reisenden führen, stehen Posten. Hinter den Scheiben der Wartesäle und hinter der Sperre sieht man Leute sich bewegen.
»Hast du gesehen?« frage ich den Jungen aus Semur.
Er nickt mit dem Kopf. Er hat es auch bemerkt.
»Sieht fast aus, als würden wir erwartet.«
Der Gedanke, die Reise könne zu Ende sein, taucht wie ein Schatten im Nebel meiner verzweifelten Müdigkeit auf. Aber die Vorstellung, diese Reise könne zu Ende sein, läßt mich gleichgültig.
»Vielleicht ist es Weimar«, sagt der Junge aus Semur.
»Du bist immer noch überzeugt, daß es nach Weimar geht?«
Es läßt mich völlig gleichgültig, ob wir in Weimar sind, ob das jetzt Weimar ist oder nicht. Ich bin nur noch wie ein stumpfsinniges, von galoppierenden Schmerzen zertrampeltes ödes Land.
»Natürlich«, sagt der Junge aus Semur versöhnlich.
Und er sieht mich an. Ich sehe schon: er denkt, daß es besser wäre, wenn das jetzt Weimar wäre, wenn wir angekommen wären. Ich sehe: er denkt, daß ich es nicht lange mehr machen werde. Aber auch das rührt mich nicht mehr, ob ich es noch lange mache oder nicht, ob ich bald aus dem letzten Loch pfeife oder nicht.
Zwei Jahre später, ungefähr zwei Jahre später, habe ich in Ascona wieder an diesen Aufenthalt auf dem kleinen Bahnhof im bleichen Winterlicht gedacht. Ich war an der Straßenbahnhaltestelle in Solduno ausgestiegen, aber statt sogleich den Weg zum Haus hinauf einzuschlagen, überquerte ich die Brücke und ging bis zur Uferstraße von Ascona. Es war wieder Winter, aber die Sonne schien, und ich trank eine Tasse Kaffee im Freien, in der

Sonne, vor einem der Lokale an der Uferstraße von Ascona, mit dem in der Wintersonne glitzernden See vor mir. Um mich her waren schöne Frauen, Sportwagen und junge Leute in tadellosem Flanell. Die Landschaft war schön, zart, es war noch ganz zu Beginn der Nachkriegszeit. Um mich herum wurden verschiedene Sprachen gesprochen, die jungen Leute lachten, die Sportwagen hupten und brausten davon, flüchtigem Glück entgegen. Ich saß da, trank echten Kaffee und dachte an nichts, das heißt, ich dachte daran, daß ich jetzt schon bald wieder Abschied nehmen müsse, daß meine dreimonatige Erholungszeit in der italienischen Schweiz schon bald zu Ende sei. Ich würde mein Leben aufbauen müssen, das heißt, ich war zweiundzwanzig Jahre alt und mußte anfangen zu leben. Im Sommer und Herbst nach meiner Rückkehr hatte ich noch nicht wieder angefangen zu leben. Ich war nur sämtlichen Möglichkeiten nachgejagt, die in jedem einzelnen Augenblick schlummern, und hatte sie bis zur Neige, bis zur Erschöpfung ausgekostet. Jetzt würde ich anfangen müssen zu leben, Pläne, Arbeit, Pflichten, eine Zukunft zu haben. Aber in Ascona, an der Uferstraße von Ascona, mit dem See vor mir, der glitzernd in der Wintersonne lag, hatte ich noch keine Zukunft. Seit ich in Solduno angekommen war, hatte ich nichts anderes getan, als die Sonne durch alle Poren meiner Haut eindringen zu lassen und mein Buch zu schreiben, von dem ich schon damals wußte, daß es zu nichts anderem taugte, als mir meine Vergangenheit ordnen zu helfen. Und dort in Ascona, während ich vor meinem Kaffee, echtem Kaffee, saß und verzweifelt glücklich war voll leeren, nebelhaften Glücks, stieg plötzlich wieder die Erinnerung an jenen Aufenthalt in der kleinen deutschen Stadt während dieser

Reise in mir auf. Es ist mir oft passiert in den letzten Jahren, daß mich Erinnerungen ganz unvermutet mit bestürzender Deutlichkeit überfallen haben und aus dem willentlichen Vergessen dieser Reise hervorgebrochen sind mit der schimmernden Vollendung von Diamanten, denen nichts etwas anhaben kann. So zum Beispiel an jenem Abend, als ich bei Freunden zum Essen eingeladen war. Der Tisch war in einem großen, ansprechenden Zimmer gedeckt, im Kamin brannte ein Holzfeuer. Wir sprachen von diesem und jenem, die Unterhaltung war prächtig in Gang, als Catherine uns zu Tisch bat. Sie hatte ein russisches Essen gemacht, ich hielt deshalb plötzlich eine Scheibe Schwarzbrot in der Hand und biß unwillkürlich hinein, während ich mich gleichzeitig weiter unterhielt. Und da geschah es, daß der leicht säuerliche Geschmack des Schwarzbrots und das langsame Kauen des sich zu Klumpen ballenden Brotes ganz unvermittelt wieder die Erinnerung an die herrlichen Augenblicke wachrief, wenn wir im Lager unsere Brotration verzehrt hatten, wenn wir langsam und mit der Listigkeit von Indianern, damit es länger vorhielte, die winzigen Quadrate feuchten, sandigen Brotes verzehrt hatten, in die wir unsere Tagesration zerschnitten. Wie erstarrt blieb ich sitzen, den Arm in der Luft, meine Scheibe guten, leicht säuerlichen Schwarzbrots in der Hand, und mein Herz schlug wie verrückt. Catherine fragte mich, was ich hätte. Nichts hatte ich, nur so, ein Gedanke, ohne jeden Bezug, ich konnte ihr doch nicht sagen, daß ich gerade im Begriff gewesen war, weit weg von ihnen, weit weg von ihrem Holzfeuer vor Hunger zu sterben, vor Hunger zusammenzubrechen, Worte, die wir im Schnee Thüringens ausgesprochen hatten unter den großen Buchen, über die

die Winterstürme brausten. Oder jenes andere Mal in Limoges, auf einer Reise. Wir hatten das Auto vor einem Café, dem »Trianon«, gegenüber dem Gymnasium abgestellt. Wir standen an der Theke bei einer Tasse Kaffee, und jemand setzte den Musikapparat in Gang, das heißt, ich hörte den Anfang von »Tequila« und merkte erst dann, daß jemand den Musikapparat in Gang gesetzt hatte. Ich drehte mich um und sah eine Gruppe junger Burschen und Mädchen an einem Tisch, die den Takt zur Musik schlugen und sich im Rhythmus von »Tequila« wiegten. Ich mußte ein wenig lächeln bei dem Gedanken, daß man aber auch überall auf »Tequila« stieß, daß es komisch anzusehen war, wie sich sogar die Jugend von Limoges im Takt von »Tequila« wiegte. So, im ersten Augenblick, hätte ich Limoges nicht ohne weiteres mit »Tequila« in Verbindung gebracht. Mehr oder weniger bedeutende Gedanken über die Verbreitung der Unterhaltungsmusik durch die Technik gingen mir durch den Kopf, aber ich will hier nicht versuchen, diese mehr oder weniger bedeutenden Gedanken wiederzugeben. Die Kameraden tranken Kaffee, vielleicht hörten sie mit halbem Ohr die Musik von »Tequila«, auf jeden Fall tranken sie nur Kaffee. Ich drehte mich erneut um, und da sah ich das Gesicht eines ganz jungen Mädchens, das verkrampft, mit geschlossenen Augen, die ekstatische Maske von »Tequila« darstellte, in dem die Musik mehr als nur Musik, in dem sie völlig ein im endlosen Meer der Verzweiflung verlorenes, ganz junges Mädchen geworden war. Ich trank von meinem Kaffee, die Kameraden sagten nichts, ich sagte auch nichts, wir waren seit vierzehn Stunden ohne Unterbrechung gefahren, aber plötzlich hörte ich nicht mehr »Tequila«, sondern ganz deutlich die Melodie von »Stardust«, wie sie auf der Trompete jener Däne in der Jazzkapelle immer spielte, die Yves im Lager ins Leben gerufen hatte. Zwischen beiden bestand nicht der geringste Zusammenhang, das heißt, vielleicht doch, es war zwar nicht die gleiche Musik, aber es war der gleiche Abgrund von Einsamkeit, die gleiche volksliedhafte Klage des Abendlands. Wir bezahlten unseren Kaffee und gingen hinaus, wir hatten noch ein gutes Stück Wegs vor uns. Und dort in Ascona, unter der Wintersonne von Ascona, vor dem blauen Horizont des Sees, habe ich an jenen Aufenthalt in der kleinen deutschen Stadt gedacht.

Ich dachte daran, wie der Junge aus Semur gesagt hatte: »Mensch, komm zu dir«, und gleich darauf hatte der Zug in dem deutschen Bahnhof gehalten. Ich zündete mir eine Zigarette an und sann darüber nach, woher diese Erinnerung wohl so plötzlich gekommen war. Sie hatte keinerlei Grund, so plötzlich wiederaufzutauchen, aber vielleicht war eben das der Grund, weshalb sie so plötzlich über mich gekommen war gleich einer stechenden Mahnung mitten in der Sonne Asconas und ihrem leeren, nebelhaften Glück, einer aufwühlenden Mahnung an die unendliche Schwere dieser Vergangenheit, denn vielleicht war es die Schwere dieser Vergangenheit, die das Glück von Ascona leer und nebelhaft machte und alles zukünftige Glück dazu. Wie dem auch sei, auf jeden Fall stieg plötzlich wieder die Erinnerung an den kleinen Bahnhof und an meinen Kameraden aus Semur in mir auf. Wieder einmal, wie schon so oft, hatte mich die Erinnerung an diese Reise mitten ins Herz getroffen. Unbeweglich saß ich und trank meinen Kaffee in ganz kleinen Schlücken. Der Junge aus Semur hatte gesagt »Mensch, komm zu dir«, und gleich darauf hatten wir in dem deutschen Bahnhof gehalten. In diesem Augenblick trat eine junge Frau mit einem schönen gemalten Mund und hellen Augen an meinen Tisch.

»Sind Sie nicht der Freund von Bob?« fragte sie mich. Natürlich war ich nicht der Freund von Bob, wie hätte ich auch der Freund von Bob sein können? »Nein«, sagte ich zu ihr, »leider nicht.« – »Schade«, sagte sie, woraus ich nicht klug wurde. – »Haben Sie Bob verloren?« fragte ich sie. Da lachte sie. »Oh, wissen Sie, den kann man gar nicht verlieren«, sagte sie. Dann setzte sie sich auf den Rand eines Stuhles und nahm eine meiner Zigaretten, das Päckchen lag noch auf dem Tisch. Sie war schön, laut, genau das, was mir dazu fehlte, meinen Kameraden aus Semur zu vergessen. Aber gerade in diesem Augenblick hatte ich keine Lust, meinen Kameraden aus Semur zu vergessen. Immerhin gab ich ihr Feuer, und dann blickte ich wieder zum blauen Horizont des Sees hinaus. »Wenigstens fahren wir« oder so ähnlich hatte der Junge aus Semur gesagt, und gleich darauf war der Zug in dem leeren deutschen Bahnhof zum Stehen gekommen. »Was treiben Sie hier?« fragte die junge Dame. – »Nichts«, sagte ich. Sie blickte mich unverwandt an und nickte mit dem Kopf. »Dann hat Pat also doch recht«, sagte sie. – »Erklären Sie mir das ein wenig«, sage ich, obwohl ich keine Lust verspüre, mich in eine Unterhaltung mit ihr einzulassen. – »Pat sagt, Sie seien einfach so da, ohne Grund, aber wir glauben, Sie suchen etwas.« Ich sehe sie an und sage nichts. »Gut«, sagt sie, »ich gehe wieder. Sie wohnen in dem runden Haus oberhalb von Solduno, auf dem Hügel der Maggia.« – »Soll das eine Frage sein?« frage ich. »Aber nein, ich weiß es.« – »Und?« frage ich.

– »Ich werde Sie an einem der nächsten Tage mal besuchen«, sagt sie. – »Einverstanden«, sage ich, »aber lieber an einem Abend.« Sie nickt mit dem Kopf und steht auf. »Aber sagen Sie Bob nichts davon«, fügt sie hinzu. Ich zucke die Schultern, ich kenne Bob ja gar nicht, aber sie ist schon weg. Ich bestelle noch eine Tasse Kaffee und bleibe in der Sonne sitzen, statt heimzugehen und an meinem Buch weiterzuschreiben. Das Buch kann ich immer noch zu Ende schreiben, weil ich es zu Ende schreiben muß, aber ich weiß schon jetzt, daß es nichts taugt. Es ist noch zu früh, von dieser Reise zu erzählen, ich muß sie völlig vergessen, danach erst kann ich vielleicht von dieser Reise erzählen.

»Wenigstens fahren wir«, hatte der Junge aus Semur gesagt, und gleich darauf waren wir in dem deutschen Bahnhof stehengeblieben, das fiel mir in Ascona wieder ein. Nachher war einige Zeit vergangen, vielleicht waren es Minuten, vielleicht auch Stunden, ich weiß nicht mehr, auf alle Fälle war einige Zeit vergangen, während der überhaupt nichts geschah, wir standen da neben dem leeren Bahnsteig, und die Wachtposten zeigten auf uns, sicher erklärten sie den herbeigelaufenen Neugierigen, wer wir waren.

»Ich möchte wissen, was diese Boches von uns denken, wofür sie uns halten«, sagt der Junge aus Semur.

Ernst sieht er den deutschen Bahnhof, die deutschen Posten und die neugierigen Deutschen an. Wirklich, eine nicht uninteressante Frage. Für uns freilich ändert sich nichts, ganz gleich, was für ein Bild sich die Deutschen, die sich hinter den Fenstern der Wartesäle drängen, von uns machen. Wir sind, was wir sind, mit welchen Augen diese deutschen Gaffer uns auch sehen mögen. Zugleich

sind wir jedoch auch das, wofür sie uns halten. Ihr Blick ist nicht völlig bedeutungslos für uns, auch er enthüllt uns, auch er zeigt, was wir möglicherweise sind. Ich sehe die von den Fenstern der Wartesäle verzerrten deutschen Gesichter an und denke an die Ankunft in Bayonne vor sieben Jahren. Der Fischkutter hatte neben dem großen Platz angelegt, wo es Blumenbeete und Eisverkäufer gab. Hinter der Polizeiabsperrung stand eine kleine Schar von Feriengästen, um uns ankommen zu sehen. Sie sahen Rotspanier in uns, und wir waren zunächst verblüfft darüber, wir verstanden gar nicht, warum, aber trotzdem hatten sie recht, wir waren tatsächlich Rotspanier, ich war Rotspanier, noch ehe ich es wußte, und es ist Gott sei Dank gar nicht so übel, Rotspanier zu sein. Ich bin froh, daß ich immer noch Rotspanier bin, und mit den Augen eines Rotspaniers blicke ich jetzt durch den Nebel meiner Müdigkeit auf diesen deutschen Bahnhof.
»Sie werden uns wohl für Banditen halten, für Terroristen«, sage ich zu dem Jungen aus Semur.
»In gewisser Weise haben sie nicht einmal so ganz unrecht«, sagt er.
»Gott sei Dank«, sage ich.
Der Junge aus Semur lächelt.
»Ja, Gott sei Dank«, sagt er. »Stell dir vor, wir wären an ihrer Stelle!«
Ich kann mir vorstellen, daß wir dann vielleicht ebensowenig wüßten, daß wir an ihrer Stelle sind, das heißt, wir wären ebenso wie sie irregeführt und von der Richtigkeit unserer Sache überzeugt.
»Das heißt, du bist also doch lieber da, wo wir sind?« frage ich ihn.
»Nun, am liebsten wäre ich in Semur, wenn du es genau

wissen willst. Aber wenn ich zwischen diesen Boches da, die uns angaffen, und uns selber zu wählen hätte, wäre ich doch lieber auf unserer Seite.«

Auch der deutsche Soldat in Auxerre, hatte ich gemerkt, wäre manchmal lieber auf unserer Seite gewesen. Ich kannte dagegen andere, die sehr froh waren, dort zu sein, wo sie waren, die felsenfest davon überzeugt waren, auf der richtigen Seite zu stehen. Zum Beispiel die zwei Gendarmen, die uns vor einer Woche im Zugabteil von Dijon nach Compiègne begleitet hatten, für die war jeder Zweifel ausgeschlossen. Es waren zwei fette Kerle im besten Alter, die sich einen Spaß daraus machten, uns die Handschellen so eng wie möglich anzuziehen und uns mit ihren Stiefeln möglichst heftig gegen die Beine zu treten. Da lachten sie dann jedesmal aus vollem Hals und dünkten sich wunder wie stark. Ich war mit einem etwa fünfzigjährigen Polen zusammengefesselt, der durch nichts von dem Glauben abzubringen war, daß wir unterwegs alle niedergemetzelt würden. Jedesmal, wenn nachts der Zug hielt, beugte er sich zu mir her und flüsterte mir zu: »Jetzt ist's soweit, jetzt bringen sie uns alle um.« Anfänglich hatte ich versucht, ihm diese fixe Idee aus dem Kopf zu vertreiben, aber ohne Erfolg, er hatte völlig den Verstand verloren. Einmal während eines längeren Aufenthalts spürte ich seinen keuchenden Atem neben mir, als er zu mir sagte: »Hörst du?« Ich hörte natürlich nichts, das heißt, nur das Atmen der schlafenden Kameraden. »Was?« frage ich. – »Die Schreie«, keucht er. Nein, ich hörte keine Schreie, weit und breit waren keine Schreie zu hören. »Welche Schreie?« frage ich. – »Von denen, die niedergemetzelt werden, da, unter dem Zug.« Ich sage nichts mehr, es lohnt sich nicht, noch etwas zu sagen.

»Hörst du?« fängt er nach einiger Zeit wieder an. Ich rühre mich nicht. Er zerrt an der Kette, die unsere Handgelenke aneinanderfesselt. »Das Blut«, sagt er, »hörst du nicht das Blut fließen?« Seine Stimme kam rauh, schon nicht mehr menschlich. Nein, ich hörte kein Blut fließen, aber den Wahnsinn in seiner Stimme hörte ich, und mein Blut erstarrte. »Unter dem Zug«, sagt er, »dort, unter dem Zug. Ströme von Blut, ich höre sie fließen.« Seine Stimme hatte sich erhoben, einer der deutschen Soldaten schnarrte »Ruhe, Scheißkerl!« und stieß ihm den Gewehrkolben in die Brust. Der Pole sackte auf seinem Sitz zusammen, sein Atem kam pfeifend, aber genau im gleichen Augenblick fuhr der Zug wieder an, das beruhigte ihn ein wenig. Ich döste wieder ein, aber noch im Halbschlaf hörte ich die schon nicht mehr menschliche Stimme, die von Blut, von Blut in Strömen sprach. Noch heute höre ich manchmal diese Stimme, dieses Echo uralter Schrecken, diese Stimme, die vom Blut der Niedergemetzelten spricht, höre das klebrige Blut dumpf durch die Nacht rauschen. Noch heute höre ich manchmal das verworrene Rauschen des Blutes in der Stimme, die sich unter dem Ansturm des Wahnsinns krümmt. Später, im Morgengrauen, wurde ich plötzlich aus dem Schlaf gerissen. Der Pole stand aufgerichtet da und brüllte den deutschen Soldaten ich weiß nicht mehr was ins Gesicht, wütend schüttelte er seinen rechten Arm, so daß sich das Eisen der Handschelle buchstäblich in mein linkes Handgelenk einsägte. Die Deutschen begannen ihn zu schlagen, bis er bewußtlos zusammenbrach. Sein Gesicht war blutüberströmt, und auch auf mich war Blut gespritzt. Ja, jetzt hörte auch ich das Blut fließen, endlose Ströme heißen Blutes, über seine Kleider, den Sitz, meine linke

Hand, die durch die Handschelle an ihn gefesselt war. Später schnallten sie ihn von mir los und zerrten ihn an den Füßen in den Gang hinaus; ich vermute stark, daß er tot war.

Jetzt blicke ich auf den deutschen Bahnhof, in dem sich noch immer nichts regt, und denke daran, daß ich nun schon acht Tage unterwegs bin, den kurzen Aufenthalt in Compiègne mitgerechnet. In Auxerre hatte man uns um vier Uhr morgens aus den Zellen geholt, aber wir hatten es schon am Abend vorher gewußt. Huguette war gekommen und hatte es mir gesagt, durch die Tür hatte sie es mir zugeflüstert, als sie nach ihrer Arbeit in der Gefängnisküche wieder in die Zelle ging. Huguette konnte nämlich die »Maus« um den kleinen Finger wickeln und ging im Gefängnis herum und trug Nachrichten von einem zum andern. »Morgen früh geht ein Transport nach Deutschland ab, du bist dabei«, hatte sie mir zugeflüstert. Gut, jetzt war es also soweit, wir würden endlich erfahren, was es mit diesen vielberufenen Lagern auf sich hatte. Der Kamerad aus dem Wald von Othe war nicht erfreut. »Scheiße«, sagte er, »ich wäre lieber bei dir geblieben und hätte diese Reise zusammen mit dir gemacht.« Aber er war nicht beim Transport, er mußte bei Ramaillet bleiben und war durchaus nicht erbaut davon. Um vier Uhr morgens hatten sie uns dann aus den Zellen geholt, Raoul, Olivier, drei Jungen der Gruppe Hortieux und mich. Man hätte meinen können, alle Galerien wüßten schon davon, denn sogleich entstand wirrer Lärm im ganzen Haus, man rief uns bei unseren Vornamen und warf uns Abschiedsworte zu. Je zwei und zwei aneinandergefesselt wurden wir mit der Kleinbahn nach Laroche-Migennes gebracht. Auf dem Bahnsteig in Laroche

warteten wir auf den Zug nach Dijon. Sechs Feldgendarmen mit Maschinenpistolen im Arm standen um uns herum, für jeden von uns einer, dazu zwei Unteroffiziere des Sicherheitsdienstes. Wir standen in einer Gruppe auf dem Bahnsteig, und die Reisenden gingen schweigend vor uns auf und ab. Es war kalt, und mein linker Arm hing völlig gefühllos herunter, sie hatten die Handschellen übermäßig stark angezogen, so daß das Blut kaum mehr durchkam.
»Ich glaube, da tut sich was«, sagt der Junge aus Semur.
Er war einige Wochen vor mir durch das Gefängnis von Dijon gegangen. Dijon war der Sammelplatz für alle Deportierten aus der ganzen Gegend, ehe sie nach Compiègne gebracht wurden.
Ich blicke hinaus, und es sieht tatsächlich so aus, als täte sich etwas.
»Was gibt's da zu hören?« fragt einer hinter uns.
Der Junge aus Semur versucht hinauszublicken.
»Es sieht so aus, als öffneten sie dort drüben die Wagentüren«, sagt er.
Auch ich versuche hinauszublicken.
»Dann sind wir also angekommen?« fragt eine andere Stimme.
Ich schaue hinaus, und wahrhaftig, am Ende des Bahnsteigs lassen sie die Leute aus einem Wagen steigen.
»Kannst du was sehen?« frage ich.
»Es sieht so aus, als stiegen die Burschen hinterher gleich wieder in den Wagen«, sagt er.
Einige Minuten lang beobachten wir das Hin und Her auf dem Bahnsteig.
»Sie geben wohl Kaffeebrühe aus oder so was.«
»Sagt doch mal, sind wir angekommen?« fragt einer.

»Sieht nicht so aus«, meint der Junge aus Semur, »es scheint eher, als gäben sie Kaffeebrühe aus oder so was.«
»Steigen sie denn wieder in die Wagen?« fragt einer.
»Ja, eben«, sage ich.
»Mein Gott, wenn wir bloß was zu trinken hätten«, sagt ein anderer.
Sie haben am Ende des Transports angefangen und kommen langsam näher.
»Wir sind zu weit weg, um zu sehen, was sie ausgeben«, sagt der Junge aus Semur.
»Wenn es nur Wasser wäre«, sagt die Stimme von eben. Es muß jemand sein, der während der ganzen Reise Wurst gegessen hat – er scheint ganz verdurstet zu sein.
»Wir sind zu weit weg, man sieht nichts«, wiederholt der Junge aus Semur.
Plötzlich entsteht dicht neben uns Lärm, und deutsche Posten marschieren vor unserem Wagen auf. Sie müssen wohl an beiden Enden des Transports zugleich angefangen haben. Ein Trupp von Küchenbullen rückt mit großen Kübeln und einem Gepäckkarren voll weißer, offenbar aus Steingut bestehender Näpfe an. Die Vorlegeschlösser und Eisenstangen kreischen, dann wird die Schiebetür des Wagens aufgestoßen. Die Kameraden warten, keiner spricht ein Wort. Ein untersetzter SS-Mann brüllt, und diejenigen, die der Tür am nächsten stehen, beginnen, auf den Bahnsteig zu springen.
»Ich glaube nicht, daß sie in solchen Näpfen Kaffee ausgeben«, sagt der Junge aus Semur.
Die Bewegung zur Tür reißt uns mit.
»Nachher werden wir uns ganz schön ranhalten müssen, wenn wir unsere Plätze am Fenster wiederhaben wollen«, sagt der Junge aus Semur.

Wir springen auf den Bahnsteig und rennen zu einem der Kübel, um die sich die Kameraden drängen. Der SS-Mann, der das Ganze überwacht, scheint nicht erbaut zu sein. Er ist offenbar kein Freund von soviel Durcheinander und Geschrei. Sicherlich denkt er, diese Franzosen haben aber auch gar keine Disziplin im Leib. Er brüllt auf uns ein und schlägt uns aufs Geratewohl mit einem langen Gummiknüppel ins Kreuz.
Wir schnappen uns einen der weißen Näpfe, er ist tatsächlich aus Steingut, und halten ihn dem Küchenbullen hin, der die Verteilung vornimmt. Es ist kein Kaffee, kein Wasser, sondern eine Art schwarzbrauner Brühe. Der Junge aus Semur führt den Napf zum Mund.
»Die Hunde«, sagt er, »salzig wie Meerwasser!«
Auch ich koste davon, und es stimmt. Es ist eine dicke, salzige Brühe.
»Weißt du was«, sagt der Junge aus Semur, »am besten, wir fressen den Scheiß erst gar nicht.«
Ich stimme ihm zu, und wir stellen die vollen Näpfe zurück. Ein deutscher Soldat sieht uns mit großen Augen zu.
»Was ist denn los?« fragt er.
Ich deute auf die Näpfe und sage:
»Viel zuviel Salz.«
Sprachlos blickt er uns nach und schüttelt den Kopf. Wahrscheinlich hält er uns für reichlich anspruchsvoll.
Als wir gerade wieder in den Wagen klettern wollen, hören wir ein Durcheinander von Trillerpfeifen, schrillem Lachen und Rufen. Ich drehe mich um, der Junge aus Semur auch. Eine Gruppe deutscher Zivilisten ist auf den Bahnsteig gedrungen, Männer und Frauen; wahrscheinlich die Parteigrößen der Stadt, denen man erlaubt hat,

das Schauspiel aus der Nähe zu betrachten. Sie werfen die Arme in die Luft und lachen Tränen, die Frauen sind nur noch zu einem hysterischen Glucksen fähig. Wir suchen nach dem Grund ihrer Erregung.
»Scheiße auch«, sagt der Junge aus Semur.
Die Kameraden im übernächsten Wagen sind nämlich splitternackt. Nackt wie Würmer springen sie auf dem Bahnsteig herum und versuchen, sich mit den Händen zu bedecken.
»Was soll denn der Zirkus?« frage ich.
Die Deutschen amüsieren sich köstlich, vor allem die Zivilisten. Die Frauen drängen sich herbei, um das Schauspiel der nackt auf dem Bahnsteig herumspringenden Männer besser sehen zu können, und glucksen wieder drauflos.
»Das ist wahrscheinlich der Wagen, aus dem welche geflüchtet sind«, sagt der Junge aus Semur. »Sie haben ihnen nicht nur die Schuhe weggenommen, sondern sie gleich ganz ausgezogen.«
Ja, das wird es sein.
»Und diese schamlosen Weibsstücke machen sich noch einen Spaß daraus«, sagt er angewidert.
Wir klettern in den Wagen. Aber eine ganze Menge Kameraden haben den gleichen Gedanken gehabt wie wir und sind schnell wieder eingestiegen, die Fenster sind alle schon dicht besetzt. Trotzdem drängen wir uns so nahe wie möglich heran.
»Ein Blödsinn«, sagt er, »sich so zur Schau stellen.«
Wenn ich recht verstehe, ist er auf die Kameraden böse, die da im Adamskostüm auf den Bahnsteig gesprungen sind. Und im Grunde hat er recht.
»Die hätten wahrhaftig wissen können, daß diese Weibs-

bilder ihre helle Freude daran haben würden, bei Gott, da bleibt man doch im Wagen drin.«
Er schüttelt den Kopf, das geht ihm ganz und gar gegen den Strich.
»Manche Leute wissen einfach nicht, was sich gehört«, schließt er.
Wieder einmal hat er recht. Wenn man wie wir auf eine Reise geht, muß man wissen, was sich gehört und wohin man gehört. Nicht nur seiner Würde ist man das schuldig, es bringt einem auch praktischen Nutzen. Wenn man weiß, was sich gehört und wohin man gehört, hält man besser durch. Klar hält man dann besser durch. Später erst kam mir zu Bewußtsein, wie sehr mein Kamerad aus Semur recht hatte. Als er das auf dem deutschen Bahnhof sagte, gab ich ihm nur ganz allgemein recht, ich dachte, ja, man sollte tatsächlich wissen, was sich auf einer solchen Reise gehört. Erst später habe ich den vollen praktischen Nutzen dieses Satzes begriffen. Später, im Quarantänelager, wenn ich den Oberst sah, habe ich oft an den Jungen aus Semur gedacht. Der Oberst hatte anscheinend der gaullistischen Widerstandsbewegung angehört, und es muß ganz sicherlich gestimmt haben, denn er hat seither Karriere gemacht, er ist jetzt General, ich habe seinen Namen oft in der Zeitung gelesen, und jedesmal muß ich bei mir selber lachen. Im Quarantänelager war der Oberst nämlich ganz heruntergekommen. Er wußte überhaupt nicht mehr, was sich gehört, er wusch sich nicht mehr und war für einen Rest stinkender Suppe zu den größten Gemeinheiten bereit. Später, als ich das Foto des zum General beförderten Obersten sah, das ihn bei irgendeiner offiziellen Feier zeigte, kam mir wieder der Junge aus Semur und die Richtigkeit seiner einfachen

Worte in den Sinn. Es gibt wirklich Leute, die nicht wissen, was sich gehört.

Die Kameraden klettern jetzt wieder in den Wagen. Auf dem Bahnsteig hört man Pfiffe, Befehlsrufe, wirren Lärm. Fast könnte man meinen, die Kameraden hätten während der wenigen Minuten, in denen sie Arme und Beine bewegen konnten, die Gewohnheit verloren, ineinandergekeilt im Wagen zu stehen. Sie schimpfen und rufen den Nachzüglern zu, die sich in der Körpermasse einen Platz zu verschaffen suchen, sie sollen doch bei Gott nicht so drängen. Aber hinter den Nachzüglern schlagen die Stiefel und Gewehrkolben herein, sie brauchen wohl oder übel Platz. »Verdammte Scheiße noch mal, glaubt ihr, wir wollen draußen bleiben?« schreien sie. Krachend schließt sich die Schiebetür, ein paar Minuten gärt es noch in dem Körperbrei, dumpfes Murren grollt, Zorn flackert auf. Dann kehrt allmählich Ruhe zurück, die Körper verzahnen sich wieder ineinander, die im Dunkel zusammengepreßte Masse versinkt wieder in keuchenden, flüsternden, in den Kurven schwankenden Stumpfsinn.

Der Junge aus Semur ist wegen der Kerle aus dem übernächsten Wagen, die sich so zur Schau gestellt haben, noch immer schlechter Laune. Und ich verstehe, wieso. Solange die Deutschen auf dem Bahnsteig und hinter den Fenstern der Wartesäle Banditen und Terroristen in uns sahen, ging es noch. Denn sie sahen damit das Wesentliche in uns, das Wesentliche unseres Seins, das heißt, sie sahen, daß wir unversöhnliche Feinde ihres Gesellschaftssystems und ihrer Welt waren. Daß sie uns für Verbrecher hielten, war Nebensache. Ihr irregeführtes gutes Gewissen war Nebensache. Das Wesentliche war

unser unversöhnlicher Gegensatz, war die Tatsache, daß sie und wir die Extreme eines unauflöslichen Zusammenhangs darstellten, daß wir unsere gegenseitige radikale Verneinung waren. Daß sie uns hassen mußten, war klar, war sogar wünschenswert, denn erst dieser Haß verlieh unserem Tun und Lassen, auf Grund dessen wir jetzt in diesem Zug steckten, seinen Sinn. Schlimm dagegen war, daß der groteske Anblick dieser nackten Männer, die wie Affen herumgesprungen waren, um einen Napf ekelhafter Brühe zu ergattern, sie so zum Lachen hatte bringen können. Das verfälschte die ganze ursprüngliche Beziehung von Haß und unversöhnlichem Gegensatz zwischen ihnen und uns. Das hysterische Lachen der Frauen über die nackt auf dem Bahnsteig herumhüpfenden Männer war wie eine Säure, die das tiefste Fundament unserer Wahrheit anfraß. Der Junge aus Semur war mit vollem Recht schlechter Laune.
»Und jetzt geht's also weiter«, sage ich.
Der Junge aus Semur sieht mich an und nickt.
»Du wirst sehen, wir halten durch«, sagt er.
»Natürlich«, antworte ich.
»Bis ans Ende der Reise und auch nachher«, sagt er.
»Natürlich.«
Ich sehe ihn an und bin fest davon überzeugt, daß er durchhalten wird. Er ist stabil, der Junge aus Semur, er weiß, worauf es ankommt, er wird durchhalten. Manchmal sind seine Ansichten zwar etwas primitiv, aber daraus kann man ihm keinen Vorwurf machen. Ich sehe ihn an und bin fest davon überzeugt, daß er durchhalten wird. Und doch wird er sterben. Im Morgengrauen des nächsten Tages wird er sterben. Er wird sagen: »Mensch, verlaß mich nicht«, und wird sterben.

In Ascona, zwei Jahre, ungefähr zwei Jahre später, trinke ich meine zweite Tasse Kaffee aus und denke: zu blöde auch, daß der Junge aus Semur gestorben ist. Ich habe niemand mehr, mit dem ich über diese Reise sprechen kann. Es ist, als hätte ich sie ganz allein gemacht. Ich bin von nun an allein mit meiner Erinnerung an sie. Die Einsamkeit dieser Reise wird an mir nagen, wer weiß, vielleicht mein ganzes Leben lang. Ich bezahle und gehe langsam in der Wintersonne von Ascona die Uferstraße von Ascona entlang. Ich überquere die Brücke und gehe nach Solduno. Ich werde mir ganz allein helfen müssen, mein Kamerad aus Semur ist tot.

Schon damals, als ich aus jenem deutschen Haus herausgetreten war, nachdem wir an dem Dorfbrunnen getrunken hatten, hatte mich die Einsamkeit mitten ins Gesicht getroffen. Wir waren auf dem Rückweg ins Lager, Haroux, Pierre, Diego und ich, wir gingen schweigend und hatten noch immer keine Menschenseele erblickt. Jetzt tauchte das Lager vor uns auf, und wir sahen es aus dem gleichen Blickwinkel, wie die Bauern es die ganzen Jahre hindurch gesehen haben mußten. Denn sie hatten es gesehen, bei Gott, hatten es wirklich gesehen, sie mußten gesehen haben, was darin vor sich ging, auch wenn sie es nicht wissen wollten. In drei oder vier Tagen werden die Amerikaner ganze Scharen von Weimarern durch das Lager führen. Sie werden ihnen die Baracken des Quarantänelagers zeigen, wo die Kranken nach wie vor im Gestank sterben. Sie werden ihnen das Krematorium zeigen und den Block, in dem die SS-Ärzte Versuche an Sträflingen anstellten, sie werden ihnen die Lampenschirme der Frau Ilse Koch zeigen, die entzückenden, pergamentenen Lampenschirme mit den zartblauen Linien von Tätowierungen auf Menschenhaut. Dann werden die Frauen aus Weimar in ihren Frühlingskleidern und die Männer aus Weimar mit ihren Schulmeister- und Krämerbrillen anfangen zu heulen und zu sagen, davon hätten sie nichts gewußt, daran seien sie nicht schuld. Mir wurde richtig übel davon, ich floh in eine einsame Ecke und vergrub mein Gesicht im frühlingsfrischen Gras, während der Frühling über mir in den Bäumen raunte.

Auch Sigrid wußte nichts davon oder vielmehr, sie wollte vielleicht nichts davon wissen. Ich traf sie hin und wieder in den nahegelegenen Cafés und wechselte ein paar Worte mit ihr, ich glaube, sie arbeitete als Fotomodell für Modehefte. Längst hatte ich die Frauen aus Weimar vergessen, wie sie vor dem Block 50 zusammenstanden und dem amerikanischen Offizier zuhörten, der ihnen einen Vortrag über Ilse Kochs Hobby hielt, ehe er sie hineinführte und ihnen an den Lampenschirmen, die Frau Ilse Koch gesammelt hatte, die feinen Tätowierungen auf pergamentener Menschenhaut zeigte. Ich glaube, ich hatte alles vergessen, ich sah Sigrid an, wenn ich sie in den Cafés in der Nähe traf, und fand sie schön. Eines Abends entdeckte ich sie am gleichen Tisch, und eben an diesem Abend war es mir gewesen, als sei ich aus einem Traum erwacht, als sei mein ganzes Leben seit der Rückkehr von dieser Reise nur ein Traum gewesen. Vielleicht hatte ich ein wenig zuviel getrunken nach dem Erwachen aus diesem Traum, der seit der Rückkehr von der Reise mein Leben gewesen war. Vielleicht auch hatte ich noch nicht zuviel getrunken in dem Augenblick, als ich Sigrid am gleichen Tisch sitzen sah, aber es war vorauszusehen, daß ich zuviel trinken würde. Vielleicht spielte das Trinken auch überhaupt keine Rolle dabei, vielleicht gab es über-

haupt keinen äußerlichen, zufälligen Grund für die Angst, die plötzlich wieder über mich kam. Auf jeden Fall hatte ich ein Glas vor mir, vernahm das Stimmengewirr um mich her und erblickte Sigrid.
»Guten Abend, Sigrid«, sage ich, »wie geht's?«
Sie hat kurze Haare und grüne Augen. Sie schaut mich überrascht an.
»Du sprichst Deutsch?« fragt sie.
Ich lächle, natürlich spreche ich Deutsch.
»Selbstverständlich«, sage ich.
Eigentlich ist es nicht selbstverständlich, daß ich Deutsch spreche, aber ich tue wenigstens so, als sei es selbstverständlich.
»Wo hast du's gelernt?« fragt das Mädchen.
»Im KZ.«
Es stimmt auch nicht ganz, daß ich im Lager Deutsch gelernt habe, ich konnte es vorher schon, aber ich habe nun einmal Lust, das Mädchen zu ärgern.
»Wo?« fragt sie überrascht. Sie hat offensichtlich nicht verstanden.
Sie weiß offensichtlich nicht, daß diese zwei Buchstaben, K, Z, die Konzentrationslager ihres Landes bedeuten, daß die Menschen ihres Landes, die zehn, zwölf Jahre in ihnen zugebracht hatten, sie so nannten. Vielleicht hat sie nie von all dem reden hören.
»Im Konzentrationslager. Schon davon gehört?« frage ich.
Sie schaut mich aufmerksam an. Dann nimmt sie eine Zigarette und zündet sie an.
»Wie kommst du darauf?« fragt sie auf französisch.
»Ich komme gar nicht drauf.«
»Warum stellst du solche Fragen?«

»Weil ich's wissen will«, sage ich.
»Was willst du wissen?«
»Alles. Es ist zu einfach, nichts davon zu wissen«, sage ich.
Sie raucht und sagt nichts.
»Oder zu tun, als wisse man nichts.«
Sie sagt nichts.
»Oder zu vergessen. Es ist zu einfach, zu vergessen.«
Sie raucht.
»Du könntest zum Beispiel die Tochter von Dr. Haas sein«, sage ich.
Sie schüttelt den Kopf.
»Ich bin nicht die Tochter von Dr. Haas«, sagt sie.
»Aber du könntest es sein.«
»Wer ist Dr. Haas?« fragt sie.
»Ich hoffe, er war.«
»Also, dann: wer war Dr. Haas?«
»Ein Kerl von der Gestapo«, sage ich.
Sie drückt ihre halb aufgerauchte Zigarette aus und sieht mich an.
»Warum gehst du so mit mir um?« fragt sie.
»Ich gehe gar nicht mit dir um, ich frag dich nur.«
»Glaubst du, du könntest so mit mir umgehen?«
»Ich glaube gar nichts, ich frage dich nur.«
Sie nimmt eine neue Zigarette und zündet sie an.
»Also, frag«, sagt sie und sieht mir dabei in die Augen.
»Dein Vater ist nicht Dr. Haas?«
»Nein«, antwortet sie.
»Er war nicht bei der Gestapo?«
»Nein«, sagt sie.
Sie wendet den Blick nicht ab.
»Vielleicht bei der Waffen-SS?« frage ich.

»Auch nicht.«
Ich lache auf, ich kann nicht mehr anders.
»Er war natürlich auch nie Nazi«, sage ich.
»Ich weiß nicht.«
Ich habe plötzlich genug.
»Ganz richtig«, sage ich, »ihr wißt ja nichts. Niemand weiß mehr etwas. Es hat nie eine Gestapo, eine Waffen-SS, eine Division Totenkopf gegeben. Ich muß geträumt haben.«
Ich frage mich wirklich heute abend, ob ich das alles nur geträumt habe oder ob ich träume, seit das alles nicht mehr ist.
»Weckt heute nacht die Schlafenden nicht«, sage ich.
»Was soll das sein?« fragt Sigrid.
»Ein Gedicht.«
»Sehr kurz für ein Gedicht, findest du nicht?« sagt sie.
Ich lächle.
»Die deutsche Gründlichkeit, der deutsche Tatsachensinn. Ich scheiße auf die deutschen Tugenden.«
Sie errötet leicht.
»Du hast zuviel getrunken«, sagt sie.
»Ich fange erst an.«
»Warum gerade ich?« fragt sie.
»Du?«
»Warum muß gerade ich herhalten?« verbessert sie.
Ich trinke einen Schluck aus dem neuen Glas, das man mir hingestellt hat.
»Weil du das Vergessen bist, weil dein Vater nie Nazi war, weil es nie Nazis gegeben hat. Weil sie Hans nicht umgebracht haben. Weil man heute nacht die Schlafenden nicht wecken darf.«
Sie schüttelt den Kopf.

»Du trinkst zuviel«, sagt sie.
»Ich trinke nie genug.«
Ich leere mein Glas und bestelle ein neues.
Leute kommen und gehen, Mädchen lachen schrill, Musik dröhnt, Gläser klirren, es ist ein wirres Durcheinander, dieser Traum, in den man erwacht, wenn man geweckt wird. Ich werde etwas unternehmen müssen.
»Warum bist du traurig?« fragt Sigrid.
Ich zucke die Achseln.
»Ich bin nie traurig«, sage ich. »Was heißt das, traurig?«
»Unglücklich, wenn du willst.«
»Was heißt das denn, Glück?«
»Unglücklich – ich habe nicht glücklich gesagt, sondern unglücklich«, sagt sie.
»Das ist doch das gleiche – oder nicht?«
»Durchaus nicht.«
»Ich meine, umgekehrt, das gleiche, nur umgekehrt.«
»Durchaus nicht«, sagt Sigrid.
»Du überraschst mich, Sigrid. Du bist nicht die Tochter von Dr. Haas und bist außerdem so gescheit.«
Sie läßt sich jedoch nicht vom Thema abbringen.
»Glück und Unglück sind nicht zwei Seiten ein und derselben Sache«, sagt sie. »Sie sind etwas ganz Verschiedenes.«
»Was ist Glück, Sigrid?« frage ich sie und stelle mir dabei selber die Frage, ob ich sagen könnte, was Glück ist.
Sie zieht den Rauch ihrer Zigarette ein und sinnt nach.
»Wenn man sich ganz bewußt macht, daß man wirklich lebt«, sagt sie.
Ich trinke einen Schluck und sehe sie an.
»Wenn die Gewißheit, daß man lebt, so schneidend wird, daß man schreien möchte«, sagt sie.

»Vielleicht vor Schmerz«, sage ich.
Ihre grünen Augen blicken mich voller Erstaunen an. Als wäre es ihr unmöglich, sich vorzustellen, daß zwischen der Gewißheit des Lebens in seiner ganzen Fülle und dem Schmerz des Lebens irgendeine Beziehung bestehen könnte.
»Sonntags zum Beispiel«, sage ich.
Sie wartet auf die Fortsetzung, aber die kommt nicht.
»Warum sonntags?« will sie wissen.
Vielleicht weiß sie wirklich nichts, vielleicht ist es wahr, daß sie nichts von der Wirklichkeit der Sonntage erahnt dort am Rand des kleinen Gehölzes vor dem elektrischen Stacheldraht, dem Dorf mit seinen stillen Rauchfahnen, der sich windenden Straße und der grünen, fruchtbaren Thüringer Ebene.
»Komm tanzen, nachher erkläre ich dir, was das Glück ist.«
Sie steht lächelnd auf und schüttelt den Kopf.
»Du weißt es ja selber nicht«, sagt sie.
»Was?«
»Was das Glück ist«, sagt sie.
»Warum?«
»Darum. Weil du's nicht weißt.«
»Doch, es ist das Moseltal.«
»Siehst du«, sagt Sigrid, »du bist dauernd dabei, dich zu erinnern.«
»Nein. Ich bin eher dauernd dabei, zu vergessen.«
»Das kommt aufs gleiche heraus«, sagt sie, »ob du dich erinnerst oder vergißt, immer zählt für dich nur die Vergangenheit.«
»Und?«
Wir gehen in den Teil des Raumes, in dem getanzt wird.

»Ich habe dir's vorher schon gesagt, das Glück ist immer nur die Gegenwart, was jetzt gerade passiert.«
Sie liegt in meinen Armen, wir tanzen, und mir ist nach Lachen zumute.
»Du tröstest einen.«
Sie liegt in meinen Armen, und jetzt ist Gegenwart, und ich denke daran, daß sie sicher Heimat und Familie wegen des Gewichts dieser Vergangenheit verlassen hat, von der sie nichts, aber auch nicht den kleinsten Teil auf sich nehmen will, nicht in gutem und nicht in schlechtem Sinn, nicht zur Sühne und nicht als Beispiel, die sie ganz einfach aus der Welt zu schaffen versucht, indem sie sich in eine endlose Reihe von Handlungen ohne Folgen stürzt, Tage, die in keinem durch frühere Ereignisse gespeisten Nährboden wurzeln, nichts als Tage und Nächte in dauerndem Wechsel, und niemand hier in diesen Lokalen unter diesen leichtfertig entwurzelten Menschen fordert Rechenschaft von ihr, niemand kümmert sich um ihre Vergangenheit, die Vergangenheit ihrer Familie, ihres Landes, sie könnte in aller Unschuld die Tochter von Dr. Haas sein, sie, die jetzt als Fotomodell für Modehefte arbeitet, die am Abend tanzt und im Glück, das heißt in der schneidenden Gewißheit, zu leben, lebt.
»Kennst du Arosa?«
Sie schüttelt verneinend den Kopf.
»Ein Ort in der Schweiz«, sage ich, »im Gebirge.«
»In der Schweiz ist doch alles im Gebirge«, sagt sie verächtlich schmollend.
Ich muß zugeben, daß sie recht hat.
»Und?« fragt sie.
»Da steht eine Hütte mitten in den Bergen in Arosa, mit einer schönen Inschrift in Fraktur darauf.«

Aber Sigrid scheint sich nicht besonders für bunte Inschriften in Fraktur in den sonnigen Bergen Arosas zu interessieren.
»Glück und Unglück, beides trag in Ruh – alles geht vorüber, und auch du.«
»Ist das deine Inschrift?« fragt sie.
»Ja.«
»Ich mag sie nicht.«
Die Musik hat aufgehört, und wir warten, bis eine neue Schallplatte aufgelegt wird.
»Für das Glück, ja, vielleicht braucht man Ruhe dazu«, sagt Sigrid, und selbst das ist keineswegs sicher. Man muß sich vielmehr daran klammern, das hat nichts mit Ruhe zu tun. Aber das Unglück? Wie könnte man das Unglück in Ruhe ertragen?«
»Ich weiß auch nicht«, sage ich, »so steht's jedenfalls auf der Inschrift.«
»Eine blöde Inschrift. Und zu sagen, daß alles vorübergeht, findest du nicht, daß damit überhaupt nichts gesagt ist?«
»Ich sehe schon, du magst solche weisen Sprüche nicht.«
»Nein, dein Dings da ist einfach falsch.«
»Das ist kein Dings da, sondern eine schöne Inschrift in Fraktur in den sonnigen Bergen von Arosa.«
Wir tanzen wieder.
»In Wirklichkeit stimmt eher genau das Gegenteil.«
»Versuchen wir's«, sage ich.
»Was?«
»Den weisen Spruch umzudrehen und zu sehen, was er dann gibt.«
Wir tanzen langsam, und sie lächelt.

»Also gut«, sagt sie.
»Glück und Unglück, beides trag in Unruh – alles bleibt in Ewigkeit, nicht du. So sähe das aus.«
Sie denkt nach und runzelt die Brauen.
»Gefällt mir auch nicht«, sagt sie.
»Und?«
»Nichts und. Das Gegenteil von Blödsinn gibt nur neuen Blödsinn.«
Wir lachen.
Wenn dieser Abend vorüber sein wird und ich daran denken werde, wie an ihm die schmerzhafte Erinnerung an die Vergangenheit, die ich so völlig vergessen, so endgültig in meinem Gedächtnis begraben glaubte, mich urplötzlich wieder aus dem Traume riß, der mein Leben war, wenn ich versuchen werde, über diesen wirren Abend mit seinen vielleicht lächerlich bedeutungslosen und doch für mich so wichtigen Geschehnissen zu berichten, dann wird mir zu Bewußtsein kommen, daß dieser jungen Deutschen mit den grünen Augen, daß dieser Sigrid in meinem Bericht eine besondere Rolle zufällt, daß Sigrid in meinem Bericht unmerklich zum Angelpunkt dieses Abends und der darauffolgenden Nacht wird. Und vielleicht wird sie deshalb diese Sonderstellung in meinem Bericht einnehmen, weil sie ganz einfach mit aller Kraft ihres Wesens das Vergessen dieser Vergangenheit ist oder zu sein versucht – einer Vergangenheit, die nie vergessen werden kann, weil sie der Wille zum Vergessen dieser Vergangenheit ist, die nie mehr aus der Welt geschafft werden kann, die Sigrid jedoch von sich weist, die sie aus ihrem Leben und dem Leben aller um sie herum verbannt mit ihrem aus jedem lebendigen Augenblick geschöpften Glück, mit ihrer schneidenden Ge-

wißheit zu leben, dem Gegenteil der schneidenden Gewißheit des Todes, die aus der Vergangenheit hervorsickert wie herbes und kräftigendes Harz. Vielleicht rührt diese hervorragende Stellung, die der Person Sigrids in dem Bericht, den ich vielleicht einst von diesem Abend zu schreiben haben werde, zukommen wird, diese plötzliche, fast erschreckende Bedeutung Sigrids, nur von der äußersten, glühenden Spannung her, die in ihr Gestalt angenommen hat, der Spannung zwischen der Gewichtigkeit dieser Vergangenheit und dem Vergessen dieser Vergangenheit, so als sei Sigrids sanftes, von jahrhundertelangem, langsamem nordischem Regen umspültes, leise geglättetes und geformtes Gesicht, ihr ewig frisches und reines Gesicht und ihr Körper, dieser so völlig der in jedem von uns schlummernden Wunschvorstellung jugendlicher Vollkommenheit entsprechende Körper, der in allen Männern, die Augen im Kopf haben, das heißt offene, dem Dasein der Dinge geöffnete Augen haben, ein verzweifeltes Drängen nach ihrem Besitz auslösen muß – als seien dieses Gesicht und dieser Körper, zehnmal, ja tausendmal in den Modeheften abgebildet, einzig und allein dazu da, das Gesicht und den Körper der Ilse Koch vergessen zu machen, das Andenken an jenen untersetzten, stämmigen Körper vergessen zu machen, der sich stämmig auf stämmigen, festen Beinen erhob, jenes harte, fest umrissene, unleugbar germanische Gesicht, jene hellen Augen, hell wie die Sigrids (aber weder die Fotografien noch die damals gedrehten und seither wieder hervorgeholten und in andere Filme eingearbeiteten Wochenschaustreifen lassen erkennen, ob die hellen Augen der Ilse Koch grün wie die Sigrids oder ob sie hellblau oder stahlgrau, vielleicht eher stahlgrau waren) – jene

Augen der Ilse Koch vergessen zu machen, die auf dem nackten Oberkörper und den nackten Armen des Gefangenen ruhten, den sie sich noch wenige Stunden vorher zu ihrem Geliebten erkoren hatte, Augen, deren Blick schon der gestrichelten Linie der Tätowierung entlang die weiße, ungesunde Haut ausschnitt, die ihr Verlangen erregt hatte, deren Blick sich schon die ästhetische Wirkung dieser bläulichen Linien vorstellte, dieser Blumen und Segelschiffe, dieser Schlangen und Meeralgen und wallenden Frauenhaare und Windrosen und Meereswellen und noch einmal dieser Segelschiffe, immer wieder dieser wie kreischende Möwen entfalteten Segelschiffe, deren Blick sich schon ihre ästhetische Wirkung auf der pergamentenen, durch chemische Behandlung elfenbeinfarben gewordenen Haut der Schirme vorstellte, die alle Lampen in ihrem Wohnzimmer umgaben, wo sie, wenn es Abend wurde, im selben Zimmer, in das sie lächelnd den zum Werkzeug der Lust erkorenen Gefangenen geführt hatte, einer zweifachen Lust: der Lust am Akt der Lust selber sowohl als auch der sehr viel nachhaltigeren Lust an der pergamenten gemachten, fachmännisch bearbeiteten, elfenbeinern gefärbten, von den bläulichen Linien der Tätowierung durchzogenen Haut, die dem Lampenschirm einen so unnachahmlichen Reiz verlieh, im selben Zimmer, wo sie, auf einem Sofa ausgestreckt, die Offiziere der Waffen-SS und ihren Mann, den Lagerkommandanten, um sich scharte, und einer von ihnen dann auf dem Klavier eine Romanze oder ein größeres Klavierstück, etwas Klassisches, vielleicht ein Beethovensches Konzert vorspielte; als sei das Lachen Sigrids, die ich in meinen Armen hielt, dieses so jugendliche, so von Verheißungen überquellende Lachen einzig und allein dazu da, jenes andere Lachen der Ilse Koch bei ihrer Lust, der zweifachen Lust am Akt selber sowohl als auch am Lampenschirm, der als Zeugnis der Lust blieb wie die Muscheln, die man von einem Wochenende am Meer heimbringt, wie die vertrockneten Blumen, die man zur Erinnerung an einen schönen Augenblick aufbewahrt, auszulöschen und für immer dem Vergessen zu überantworten.

Doch in dem Augenblick, als dieser Abend beginnt, als wir noch nicht François und die andern getroffen haben, als wir noch nicht mit ihnen zusammen in ein anderes Lokal gegangen sind, weiß ich noch nicht, daß Sigrid in dem Bericht, den ich von diesem Abend werde schreiben müssen, eine so wichtige Rolle spielen wird. Eigentlich weiß ich ja noch nicht einmal, für wen ich einst einen Bericht von diesem Abend schreiben könnte. Ich halte Sigrid in meinen Armen und denke an das Glück. Ich denke, daß ich noch nie, bis jetzt noch nie, etwas mit einem Seitenblick auf das Glück oder Unglück, das mir daraus erwachsen könnte, unternommen oder beschlossen habe. Ich muß sogar lachen bei dem Gedanken, daß mich jemand fragen könnte, ob ich an das Glück gedacht habe, das dieser oder jener Entschluß mir bringen könnte, als sei irgendwo ein Vorrat an Glück, eine Art Glückskonto vorhanden, von dem man Glück abheben kann, als sei das Glück nicht im Gegenteil etwas, was sich oft mitten in der größten Verzweiflung, mitten in der brennendsten Not einstellt, nachdem man getan hat, was man zu tun gezwungen war.

Und vielleicht ist das Glück nichts anderes als jenes Gefühl, das mich überkam, als ich das Schauspiel der heulend um den Block 50 gedrängten Frauen von Weimar hinter mir gelassen hatte und auf der anderen Seite des Ettersberges unter den frühlingsgrünen Bäumen mein Gesicht im frühlingsfrischen Grase barg. Da war nur noch Stille um mich her und waren die Bäume, endlos. Da war nur noch das Raunen der Stille und des Windes in den Bäumen, ein wogendes Meer von Stille und Raunen. Und da, mitten in meine Beklommenheit, noch vermischt mit ihr, aber deutlich wie der Gesang eines Vogels in der Stille, stieg das Gefühl in mir auf, daß ich trotz allem mit meinen zwanzig Jahren getan hatte, was nötig war, und daß mir vielleicht noch weitere zwanzig oder zweimal zwanzig Jahre vergönnt waren, in denen ich weiterhin tun könnte, was nötig wäre.

Auch beim Verlassen jenes deutschen Hauses hatte ich mich ins Gras gelegt und mir lange die Landschaft um den Ettersberg angesehen.

Das Haus stand am Anfang des Dorfes, ein wenig abseits.

Auf dem Rückweg ins Lager, als ich mit Haroux, Diego und Pierre wieder hinaufging, war mir das Haus aufgefallen. Es war ein ziemlich stattliches Haus. Was mir jedoch auffiel und mich wie angewurzelt stehenbleiben ließ, war die Erkenntnis, daß man seiner Lage nach von den Fenstern aus einen umfassenden Blick über das ganze Lager haben mußte. Ich sah die Fenster und das Lager an und spürte, daß ich in dieses Haus hineingehen und die Leute kennenlernen müßte, die die ganzen Jahre über hier gelebt hatten.

»He«, rief ich den andern zu, »ich bleibe hier.«

»Was, du bleibst hier?« fragte Pierre und wandte sich um.

Auch die beiden andern sahen mich an.

»Ich bleibe hier«, sage ich, »ich will mir dieses Haus ansehen.«

Alle drei starren zuerst das Haus an und dann mich.

»Was ist denn jetzt in dich gefahren?« fragt Haroux.

»Gar nichts«, sage ich.

»Du hast wohl ein Mädchen am Fenster gesehen«, lacht Pierre.

Ich zucke die Achseln.

»Ja, Mensch«, sagt Haroux, »wenn du kein Mädchen hernehmen willst, was suchst du dann in dem Haus?«

Ich zünde mir eine Zigarette an, blicke zum Haus und blicke zum Lager. Diego folgt meinem Blick und setzt wie gewohnt ein augenzwinkerndes Lächeln auf.

»*Bueno, Manuel, y qué?*«[1] fragt er.

»*Has visto?*«[2]

»*He visto*«, sagt er, »*y qué le vas a hacer?*«[3]

»He, ihr da?« ruft Haroux, »könnt ihr nicht reden wie jedermann, daß man euch auch versteht?«

»Sei kein Chauvinist«, sagt Diego, »schließlich sprechen nicht alle Menschen Französisch, hörst du?«

»Auf jeden Fall sprechen wir's«, sagt Haroux, »und wir möchten euch verstehen.«

»Paß mal auf«, sagt Diego, »weißt du überhaupt, wie viele Millionen Leute Spanisch sprechen?«

»Hör mal, willst du mir etwa noch Unterricht geben?« sagt Haroux.

Diego lacht.

»Nein«, sagt er, »ich wollte das nur klarstellen. Französisch spricht längst nicht jedermann.«

1 Gut, Manuel, und?
2 Hast du gesehen?
3 Ich hab's gesehen, was ist da zu tun?

»Und? Warum will Gérard sich denn nun das Haus ansehen?« fragt Pierre.
Diego zuckt die Achseln.
»Frag ihn selber«, sagt er.
Pierre wendet sich an mich: »Warum willst du dir eigentlich das Haus ansehen?«
»Habt ihr gesehen, wie es liegt?« frage ich.
Sie betrachten das Haus, drehen sich dann um und blicken zum Lager.
»Bei Gott, tatsächlich«, ruft Haroux, »die saßen ja direkt im vordersten Rang.«
Pierre wiegt den Kopf und sagt nichts. Er sieht mich an.
»Aber was hast du davon?« fragt Haroux.
Ich weiß es nicht. Ich weiß wirklich nicht, was ich davon habe.
»Nur so«, sage ich, »nur einen Blick will ich hineinwerfen.«
»Wenn's dir Spaß macht«, brummt Haroux und zuckt die Achseln.
»Nein«, sage ich, »Spaß macht es mir gar nicht.«
Diego sieht mich an und lächelt wieder.
»*Bueno*«, sagt er, »*luego nos vemos, Manuel.*[1] Kommt, Leute, er soll uns nachher erzählen, was er gesehen hat.«
Sie winken mir flüchtig zu und lassen mich allein.
Ich gehe auf das Haus zu. Meine Hand stößt an das Gitter, das das Gärtchen vor dem Haus umgibt. Es ist offen, und ich trete ein. Am Ende des Gartenwegs gehe ich drei Stufen hinauf und klopfe an die Haustür.
Niemand kommt. Schließlich hämmere ich mit der Faust gegen die Tür, poltere mit den Stiefeln gegen ihren unte-

---

[1] Gut, wir sehen uns später, Manuel.

ren Teil. Nach einiger Zeit höre ich eine weibliche Stimme hinter der Tür.
»Aufmachen«, schreie ich, »los, aufmachen!«
Gleich darauf kommt mir zum Bewußtsein, daß ich ja gebrüllt habe wie ein SS-Mann. »Los« war ja das Kennwort der SS-Sprache gewesen. Am liebsten würde ich jetzt alles liegenlassen und davonrennen, um die Kameraden wieder einzuholen. Aber es ist zu spät, schon öffnet sich die Tür einen Spalt breit. In der Öffnung steht eine fast schon grauhaarige alte Frau und schaut mich mißtrauisch an. Sie sieht nicht aus, als hätte sie Angst, sie schaut mich nur mißtrauisch und fragend an.
»Ich bin allein«, sagt sie.
»Ich auch.«
Sie mustert meinen Aufzug und fragt, was ich will.
»Ich möchte mir das Haus ansehen. Sie brauchen keine Angst zu haben. Nur das Haus möchte ich mir ansehen.«
Sie sieht nicht aus, als hätte sie Angst, sie fragt sich offenbar nur, warum ich mir ihr Haus ansehen will, aber schließlich öffnet sie die Tür und läßt mich ein.
Langsam gehe ich durch die Zimmer des Erdgeschosses, während die Frau mir immer dicht auf den Fersen bleibt. Sie sagt nichts mehr, ich sage auch nichts mehr, ich sehe mir nur die nichtssagenden Zimmer des Hauses an. Es ist kein eigentliches Bauernhaus, sondern ein Wohnhaus von Leuten, die auf dem Land leben. Es würde mich interessieren, was die Bewohner des Hauses für einen Beruf haben.
Aber die Zimmer im Erdgeschoß will ich ja an sich gar nicht sehen. Erst vom oberen Stockwerk aus muß man einen schönen Blick auf das Lager haben. Sicher einen ein-

maligen Blick. Schnell gehe ich von einem Zimmer zum andern, die grauhaarige Frau immer hinter mir her. Ich suche die Treppe, die in den ersten Stock führt. Da ist sie, ich steige hinauf. Die Frau bleibt einen Augenblick unten stehen und sieht mir nach, während ich hinaufsteige. Sicher fragt sie sich, was ich wohl dort oben will. Aber sie würde nicht verstehen, wenn ich ihr sagte, daß ich nur hinausblicken will. Nichts als hinausblicken. Das Gehege von außen sehen, in dem wir jahrelang im Kreise gelaufen sind. Sonst nichts. Wie könnte sie auch verstehen? Man muß selber dringewesen sein, um diesen körperlichen Drang zu verstehen, von außen zu sehen. Sie kann es nicht verstehen, niemand von draußen kann es verstehen. Ich muß daran denken, während ich so die Treppe zum Obergeschoß hinaufsteige, ob nicht dieser Drang, das Drinnen, in dem wir so lange im Kreise gelaufen sind, von außen zu sehen, wohl schon das Anzeichen einer leichten Art von Verrücktheit ist. Vielleicht ist bei mir eine Schraube locker, wie man so sagt. Ausgeschlossen wäre es jedenfalls nicht. Vielleicht hat deshalb Diego auch so augenzwinkernd gelächelt. »Laßt ihm seinen Spleen«, wollte er vielleicht sagen, als er so augenzwinkernd lächelte. Aber das interessiert mich in diesem Augenblick nicht. Ich habe Lust, das Lager von außen zu sehen, das ist noch nicht weiter schlimm. Das kann niemandem schaden. Das heißt, nur mir selber kann es schaden.

Ich komme auf den obersten Stufen an und zögere vor drei Türen, die auf die Treppe hinausführen. Aber die grauhaarige Frau ist hinter mir hergekommen und geht jetzt voraus. Sie öffnet eine der Türen.

»Das ist das Wohnzimmer«, sagt sie.

Ich habe ihr gesagt, ich wollte mir ihr Haus ansehen, also zeigt sie mir ihr Haus. Sie öffnet eine Tür und sagt, das sei das Wohnzimmer. Sie ist entgegenkommend, die grauhaarige Frau.

Ich betrete das Wohnzimmer, und tatsächlich, genauso hatte ich es erwartet. Oder vielleicht hatte ich im stillen bei allem Wissen, daß es so sein würde, doch noch gehofft, daß es anders sei. Eine unsinnige Hoffnung freilich, denn es konnte ja gar nicht anders sein, es sei denn, man löschte das Lager aus, radierte es aus der Landschaft weg. Ich trete ans Fenster des Wohnzimmers und blicke zum Lager. Genau im Rahmen eines der Fenster zeichnet sich der viereckige Krematoriumsschornstein ab. Ich stehe und blicke hinüber. Ich wollte sehen, jetzt sehe ich. Ich möchte tot sein, aber ich sehe, ich lebe und sehe.

»Ein gemütliches Zimmer, nicht wahr?« sagt hinter mir die grauhaarige Frau.

Ich wende mich um, aber ich sehe sie nicht, ihr Bild verschwimmt, das ganze Zimmer schwankt. Wie übersetzt man nur »gemütlich«? Verzweifelt versuche ich, mich an diese winzige Frage zu klammern, aber es gelingt mir nicht, ich rutsche aus und gleite über diese winzige Frage in den erstickenden, grausigen Alptraum, in dessen Mitte, von einem der Fenster umrahmt, sich der Krematoriumsschornstein erhebt. Was hätte wohl Hans in diesem Augenblick getan? Sicher hätte er sich nicht in diesen Alptraum stürzen lassen.

»Waren Sie abends immer in diesem Zimmer?« frage ich.

Sie sieht mich an.

»Ja«, sagt sie, »in diesem Zimmer sitzen wir gewöhnlich.«

»Wohnen Sie hier schon lange?« frage ich.
»O ja«, sagt sie, »sehr lange schon.«
»Und wenn abends die Flammen aus dem Krematoriumsschornstein schlugen«, frage ich, aber es ist eigentlich gar keine Frage, denn es kann ja kein Zweifel darüber bestehen, »wenn abends die Flammen herausschlugen, sahen Sie dann die Flammen des Krematoriums?«
Sie zuckt jäh zusammen und greift sich an den Hals. Dann weicht sie einen Schritt zurück, und jetzt hat sie Angst. Bis jetzt hatte sie keine Angst, aber jetzt hat sie Angst.
»Meine beiden Söhne sind im Krieg gefallen«, sagt sie.
Sie wirft mir also die Leichen ihrer beiden Söhne zum Fraß vor, zieht sich hinter die toten Körper ihrer im Krieg gefallenen Söhne zurück. Sie versucht mir einzureden, ein Leid wiege das andere auf, alle Toten wögen gleich schwer. Dem Gewicht meiner toten Kameraden, dem Gewicht ihrer Asche stellt sie das Gewicht ihres eigenen Leides entgegen. Aber nicht alle Toten wiegen gleich schwer. Kein Gefallener der deutschen Armee wiegt je so schwer wie das Gewicht des Rauches eines einzigen meiner toten Kameraden.
»Hoffentlich sind sie gefallen«, sage ich.
Sie weicht noch einen Schritt zurück und steht jetzt mit dem Rücken zur Wand.
Es ist genug. Ich will dieses – wie übersetzt man das nur? – gemütliche Zimmer verlassen, will wieder im Licht des Frühlings sein, bei meinen Kameraden, in meinem Gehege sein, will versuchen, heute abend mit Walter zu sprechen, der seit zwölf Jahren im Lager ist, der seit zwölf Jahren mühselig mit seinem von der Gestapo zerschmetterten Kiefer das Lagerschwarzbrot kaut, der seit

zwölf Jahren das Lagerschwarzbrot mit seinen Kameraden teilt und seit zwölf Jahren sein unbesiegbares Lächeln trägt. Ich muß daran denken, wie wir, Walter und ich, damals zusammen am Radio die Nachricht von der großen russischen Offensive hörten, der letzten, die schließlich bis ins Kerngebiet Deutschlands branden sollte. Ich muß daran denken, wie Walter vor Freude weinte, denn diese Niederlage seines Landes war vielleicht der Anfang vom Sieg seines Landes. Er weinte vor Freude, denn er sah, daß er jetzt getrost sterben konnte. Das heißt, er hatte jetzt nicht mehr nur einen Grund, zu leben, sonder auch, gelebt zu haben. In den Jahren 1939, 1940, 1941 hatten die SS-Leute die Gefangenen gezwungen, auf dem Appellplatz im Stillgestanden die Siegesmeldungen anzuhören, die das nazistische Oberkommando der Wehrmacht bekanntgab. Da hatten sie, Walter hat es mir erzählt, die Zähne zusammengebissen und sich geschworen, auszuhalten bis zum Schluß, komme, was wolle. Jetzt war es soweit. Viele von ihnen waren zwar tot, und selbst die noch Lebenden waren todwund, nie mehr würden sie leben können wie andere, aber sie hatten ausgehalten. Walter weinte vor Freude, er hatte ausgehalten, er hatte bewiesen, daß er seiner selbst und des Lebensziels, das er sich vor langen Jahren in einer Wuppertaler Fabrik gesteckt hatte, würdig war. Ich mußte Walter heute abend sehen, ich mußte mit ihm reden.

Die grauhaarige Frau steht mit dem Rücken an der Wand und starrt mich an.

Ich habe nicht die Kraft, ihr zu sagen, daß ich ihren Schmerz verstehe, daß ich ihn achte. Ich weiß, daß der Tod ihrer beiden Söhne für sie das Bitterste, Ungerechteste war, was es gab. Ich habe nicht die Kraft, ihr zu sagen, daß ich ihren Schmerz verstehe und dennoch über den Tod ihrer Söhne, das heißt, über die Vernichtung der deutschen Armee, froh bin. Ich habe nicht mehr die Kraft, ihr das alles zu sagen.

Ich gehe an ihr vorbei, renne die Treppe hinab, stürze in den Garten hinaus, auf die Straße, dem Lager, den Kameraden zu.

»Aber nein«, sagt der Junge aus Semur, »diese Geschichte hast du mir noch nie erzählt.«

Dabei war ich fest davon überzeugt, sie ihm erzählt zu haben. Seit der Zug den deutschen Bahnhof wieder verlassen hat, fahren wir ziemlich schnell. Der Junge aus Semur und ich sind dabei, uns gegenseitig Erinnerungen aus dem Untergrund, das heißt aus Semur, zu erzählen.

»Hab ich dir tatsächlich die Geschichte mit dem Motorrad noch nicht erzählt?« frage ich ihn.

»Nein, du, bestimmt nicht«, sagt er.

Ich erzähle sie ihm, und jetzt erinnert er sich wieder an das Motorrad, das in der Nacht, als die Deutschen uns überrascht hatten, im Sägewerk zurückgeblieben war.

»Ihr wart ja bekloppt«, sagt er, als ich ihm schildere, wie wir, Julien und ich, das Motorrad zurückgeholt haben.

»Was sollten wir schon tun, Julien bekam Bauchweh davon, daß das Motorrad verloren war.«

»Total bekloppt«, sagt er. »Wer war eigentlich dieser Julien?«

»Ich hab dir doch schon von ihm erzählt.«

»Der Junge aus Laignes?« fragt er.

»Ja. Er mußte das Motorrad wieder haben.«

»So ein Blödsinn«, meint der Junge aus Semur.

»Allerdings«, gebe ich zu.

»Ihr wart ja das reinste Freiwild für sie.«
»Schon, aber Julien hing nun mal an diesem Motorrad.«
»Versteh ich nicht«, sagt er. »An Motorrädern war doch kein Mangel.«
»Aber er hing nun mal gerade an diesem«, entgegne ich.
»Und für so einen Blödsinn wolltet ihr euch abknallen lassen«, meint der Junge aus Semur.
Allerdings.
»Was habt ihr nachher damit gemacht?« fragt er.
Ich erzähle ihm, wie wir es zum Untergrundnest »Tabu« auf den Höhen zwischen Laignes und Châtillon gebracht haben. Die Bäume an den Straßen waren vom Herbst vergoldet. An einer Kreuzung hinter Montbard stand ein Auto der Feldgendarmerie, und vier deutsche Gendarmen pinkelten gerade in den Straßengraben.
Der Junge aus Semur lacht schallend.
»Was haben sie gemacht, als ihr kamt?« fragt er.
Als sie das Motorrad hörten, drehten alle vier auf einmal wie Aufziehpuppen die Köpfe herum. Julien bremste, und sie sahen, daß wir bewaffnet waren.
»Du hättest sehen sollen, wie die in den Straßengraben gehoppelt sind, nicht einmal die Hosen haben sie sich mehr zugeknöpft.«
»Habt ihr auf sie geschossen?« fragt er.
»Nein, sonst hätten wir uns die ganze Gegend auf den Hals gehetzt. Wir sind davongebraust.«
»Und am Ende haben sie euch doch noch gekriegt«, sagt der Junge aus Semur.
»Julien nicht.«
»Aber dich«, entgegnet er.
»Erst viel später«, sage ich. »Und auch da nur durch reinen Zufall. Da war einfach nichts zu machen.«

Das heißt, der Ausdruck »reiner Zufall« trifft nicht ganz zu. Es war ja nur eine vorherzusehende, logische, zwangsläufige Folge unserer Tätigkeit. Lediglich die Art und Weise, wie es geschah, die Begleiterscheinungen der Festnahme, waren teilweise zufälliger Natur. Es hätte sich ja auch ganz anders abspielen können, es hätte damals überhaupt noch nichts geschehen müssen, das wollte ich mit dem Ausdruck »reiner Zufall« sagen. Zufall war, daß ich gerade an jenem Tag in Joigny haltgemacht hatte. Ich kam aus Laroche-Migennes zurück, wo ich versucht hatte, mit der Gruppe, die den Munitionszug bei Pontigny in die Luft gesprengt hatte, Verbindung aufzunehmen. Eigentlich hätte ich sofort wieder zu Michel nach Paris zurückkehren müssen. Zufall war, daß ich müde war, daß ich von vielen Nächten Schlaf nachzuholen hatte. Deshalb hatte ich in Joigny bei Irène haltgemacht, um ein paar Stunden zu schlafen. Und lief geradeswegs der Gestapo in die Arme. Am nächsten Morgen, in Auxerre, standen Rosen im Garten von Dr. Haas. Man führte mich in den Garten, und ich sah die Rosen. Dr. Haas kam nicht mit, er blieb in seinem Büro. Nur der große Blonde war da, der aussah, als puderte er sich, und der Dicke, der zusammen mit Haas in Joigny gewesen war und ständig außer Atem kam. Ich wurde in den Garten der Villa geführt und sah die Rosen. Sie waren schön. Ich hatte noch Zeit zu denken, es sei doch seltsam, daß ich die Rosen bemerkte und sie schön fand, wo ich doch wußte, was sie mit mir vorhatten. Von Anfang an hatte ich sorgfältig verheimlicht, daß ich Deutsch verstand. Sie unterhielten sich deshalb nichtsahnend vor mir, und während die Fragen übersetzt wurden, hatte ich ein paar Sekunden Zeit, mich auf das Kommende vorzubereiten.

Sie führten mich also zu einem Baum im Garten neben dem Rosenbeet, und ich wußte schon, daß sie mich jetzt an einer Schnur, die durch die Handschellen hindurchgezogen wurde, an einem Ast aufhängen und dann den Hund auf mich hetzen würden. Der Hund knurrte an seiner Leine, die der große Blonde, der aussah, als puderte er sich, in der Hand hielt. Später, viel später erst, erblickte ich durch den Nebel vor meinen Augen die Rosen wieder. Ich sah mir die Rosen an und versuchte, meinen Körper und die Schmerzen meines Körpers zu vergessen, die sich überstürzenden Schmerzen meines Körpers unwirklich zu machen, indem ich mir die Rosen ansah, indem ich meinen Blick sich von den Rosen vollsaugen ließ. Und in dem Augenblick, als mir das gelang, verlor ich das Bewußtsein.
»Das sagt man immer«, sagt der Junge aus Semur.
»Was?« frage ich.
»Daß es reiner Zufall gewesen ist, daß einfach nichts zu machen war«, sagt der Junge aus Semur.
»Manchmal stimmt es auch.«
»Vielleicht«, sagt er, »aber sie kriegen einen doch immer.«
»Wen sie gekriegt haben, der denkt natürlich, daß sie einen doch immer kriegen.«
Der Junge aus Semur sinnt eine Weile über diese Binsenwahrheit nach.
»Ja, da hast du recht – ausnahmsweise. Man müßte die fragen, die sie noch nicht gekriegt haben.«
»Richtig, das müßte man.«
Er zuckt die Achseln.
»Schön und gut«, sagt er, »aber vorläufig sind wir verratzt.«

»Das Lager, in das wir kommen«, frage ich wieder, »weißt du, was wir da machen müssen – du weißt doch sonst über alles so gut Bescheid?«
»Arbeiten müssen wir«, sagt er in überzeugtem Ton.
»Aber was arbeiten?« möchte ich wissen.
»Da fragst du mich zuviel, ich weiß nur, daß wir dort arbeiten müssen«, sagt er.
Ich versuche mir vorzustellen, was man in einem Lager arbeiten kann. Aber es gelingt mir nicht, die Wirklichkeit zu erahnen, wie ich sie später kennenlernen sollte. Und das nicht einmal so sehr aus Mangel an Phantasie, sondern einfach, weil ich aus den mir bekannten Tatsachen noch nicht die letzten Konsequenzen ziehen kann. Die wichtigste dieser Tatsachen ist, daß wir Arbeitssklaven sind. Soweit wir nicht gleich nach der Verhaftung erschossen wurden, soweit wir auch nicht, wie zum Beispiel die Juden, zur Kategorie derer gehören, die unter allen Umständen und auf jede mögliche Art ausgerottet werden müssen, sind wir Arbeitssklaven. Freilich eine besondere Art von Arbeitssklaven, denn wir bekommen keinen Lohn für unsere Arbeit, wir können unsere Arbeit nicht verkaufen. Die SS-Leute kaufen uns unsere Arbeitskraft nicht ab, sie entwinden sie uns kurzerhand, und zwar mit den ungerechtesten Zwangsmethoden, der brutalsten Gewalt. Das Entscheidende ist, daß wir Arbeitssklaven sind. Und weil unsere Arbeitskraft nicht für Geld erhandelt zu werden braucht, ist es wirtschaftspolitisch auch nicht nötig, für ihre Erhaltung zu sorgen. Wenn unsere Arbeitskraft verbraucht ist, holen sich die SS-Leute neue Sklaven.
Wenn ich heute, siebzehn Jahre nach dieser Reise, an jenen Tag während dieser Reise vor siebzehn Jahren zu-

rückdenke, an dem ich mir vorzustellen versuchte, wie das Leben in einem Lager wohl sein würde, tauchen verschiedene Bilder, ganze Schichten sich überlagernder Bilder in mir auf. Es ist wie bei einem Flugzeug, das sich dem Boden, der Rollbahn nähert und dabei verschiedene Wolkenformationen durchstößt, bald schwere, dichte, bald flockig weiche, in die eine unsichtbare Sonne schräge Strahlen wirft, bis es vielleicht plötzlich zwischen zwei Wolkenschichten in eine freie Zone blauen Himmels gerät, ehe es auf seinem erdwärts gleitenden Flug wieder in wattige Bauschungen versinkt. Wenn ich heute daran denke, kommen mir eine Menge solcher verschiedener Schichten von verschiedenen Orten und Abschnitten meines Lebens in den Sinn und überlagern sich. Da sind zuerst die Bilder, die mein Gedächtnis während der ersten vierzehn Tage nach der Befreiung in sich aufnahm, jenen vierzehn Tagen, in denen ich das Lager auf einmal von einer ganz neuen Seite sah, nämlich von draußen, von außerhalb, während ich gleichzeitig noch in ihm lebte und zu ihm gehörte. Dann etwa tauchen die Bilder von »Come back, Africa« auf, jenem Film von Rogosin über Südafrika, hinter dessen Aufnahmen ich wie auf einem durchsichtigen Schirm das Quarantänelager sah, während auf der Leinwand nur die Baracken der schwarzen Vororte von Johannesburg zu erblicken waren. Dann wieder muß ich an die Bilder der Slums von Madrid denken, an das staubige, stickige Tal von »La Elipa«, in dem sich nur dreihundert Meter von den Luxusvillen entfernt, in einer Bodenvertiefung, die von Fliegen und Kindergeschrei schwirrt, die von ihren Äckern vertriebenen Landarbeiter zusammendrängen. Das war eine vergleichbare Welt, und dabei hatten wir im Lager noch fließendes

Wasser, man weiß ja, wieviel Wert die SS-Leute auf Hygiene, Rassehunde und Wagnermusik legen.
An all das hatte ich auf dem Rückweg aus jenem deutschen Dorf, wo wir am Dorfbrunnen getrunken hatten, zu denken versucht. Denn ich hatte plötzlich erkannt, daß auch dieses Dorf nicht das Draußen war, sondern nur eine andere, gleichermaßen innere Seite jener Gesellschaftsordnung, die die deutschen Lager hervorgebracht hatte.
Ich stand am Eingang des Lagers und betrachtete die breite, asphaltierte Straße, die zum SS-Viertel, zu den Fabriken, zur Straße nach Weimar führte. Auf ihr waren im grauen oder goldenen Frühlicht und im Winter bei Scheinwerferlicht die Kommandos unter den fröhlichen Marschklängen des Lagerorchesters zur Arbeit ausgerückt. Auf ihr waren wir angekommen in der fünften Nacht dieser Reise, die ich mit dem Jungen aus Semur gemacht hatte. Aber der Junge aus Semur war im Wagen zurückgeblieben. Auf ihr waren wir noch gestern mit unseren leeren Gesichtern und unserem Todeshaß gegen die fliehenden SS-Männer ausmarschiert. Auf ihr werde ich weggehen, wenn ich einst von hier weggehen werde. Auf ihr habe ich mitten im vergangenen Winter die taumelnde Kolonne der polnischen Juden ankommen sehen, am gleichen Tag, als ich mit dem Zeugen Jehovas gesprochen hatte, als man mich gebeten hatte, Pierrot und zwei anderen Kameraden zur Flucht zu verhelfen.
Am gleichen Tag, als ich die jüdischen Kinder sterben sah.
Jahre sind darüber vergangen, sechzehn Jahre, und dieser Tod hat selber schon das Jünglingsalter erreicht, jenes schwierige Alter, in dem die Kinder aus der Zeit nach

dem Krieg, aus der Zeit nach diesen Reisen, heute stehen. Und vielleicht wäre es mir auch jetzt noch unmöglich, den Tod dieser jüdischen Kinder zu erzählen, ihn in seinen Einzelheiten zu beschwören, wenn ich nicht die vielleicht übertriebene, vielleicht unerfüllbare Hoffnung hätte, daß die heutigen Kinder, daß auch nur ein einziges dieser Kinder, denen sich jetzt die ganze Schwere, die Stille, die Aufgabe ihrer sechzehn Jahre eröffnet, den Tod dieser jüdischen Kinder hört. Vielleicht ist jetzt der Augenblick gekommen, ihre Geschichte zu erzählen, sie heraufzubeschwören in der Hoffnung auf ein offenes Ohr, diese nie erzählte Geschichte, die wie ein tödlicher Schatz auf dem Grunde meiner Erinnerung ruht und sie mit fruchtlosem Schmerz erfüllt, diese Geschichte von den jüdischen Kindern und ihrem Tod auf der großen Straße, die zum Lager führt, mitten im letzten Winter dieses Krieges. Vielleicht habe ich aus Stolz bis jetzt noch niemand diese Geschichte von den jüdischen Kindern erzählt, die in der Kälte des kältesten Kriegswinters aus Polen kamen, um auf der breiten Straße, die zum Eingang des Lagers führte, unter den düsteren Blicken der Hitleradler zu sterben. Vielleicht aus Stolz. Als ginge diese Geschichte nicht jedermann an, und vor allem nicht jene Kinder, die heute sechzehn Jahre alt sind, als besäße ich das Recht, ja auch nur die Kraft, sie noch länger für mich zu behalten. Ich habe mir zwar vorgenommen zu vergessen. In Eisenach habe ich mir auch vorgenommen, nie zum Veteranen zu werden. Und ich habe wirklich vergessen, ich habe alles vergessen, alles ist nur noch Erinnerung für mich. Ich kann diese Geschichte der jüdischen Kinder aus Polen jetzt erzählen, nicht wie eine Geschichte, die mir ganz persönlich zugestoßen ist, sondern

die vor allem diesen jüdischen Kindern aus Polen zugestoßen ist. Mehr noch, es ist mir nach diesen langen Jahren freiwilligen Vergessens nicht nur möglich, sie zu erzählen, ich muß es tun. Ich muß sie nennen, nicht in meinem eigenen Namen, sondern im Namen der Dinge, die geschehen sind. Ich muß diese Geschichte der jüdischen Kinder im Namen der jüdischen Kinder selber erzählen. Ich muß diese Geschichte ihres Todes auf der großen Straße, die zum Eingang des Lagers führte, unter den steinernen Blicken der Naziadler, unter dem Lachen der SS-Männer erzählen, im Namen dieses Todes selber.
Die jüdischen Kinder kamen nicht wie wir mitten in der Nacht, sondern im grauen Licht des Nachmittags an.
Es war der letzte Winter dieses Krieges, der kälteste Winter dieses Krieges, dessen Ausgang sich in Kälte und Schnee entschied. Die Deutschen waren durch eine große russische Offensive, die durch ganz Polen brandete, zurückgeschlagen worden und evakuierten, soweit die Zeit reichte, die in den polnischen Lagern angesammelten Gefangenen. Tagelang, wochenlang sahen wir in der Nähe von Weimar, im Buchenwald oberhalb von Weimar, die Evakuiertentransporte ankommen. Auf den Bäumen lag Schnee, auf den Straßen häufte sich Schnee, und im Quarantänelager versank man bis an die Knie im Schnee. Die polnischen Juden waren tagelang, bis zu zweihundert in einem Güterwagen zusammengepfercht und ohne Essen und Trinken gelassen, in der Kälte des Winters, dem kältesten dieses Krieges, gereist. Wenn man im Lagerbahnhof die Schiebetüren öffnete, regte sich zunächst überhaupt nichts, die meisten Juden waren vor Kälte und Hunger stehend gestorben, man mußte die Wagen entladen, als bestünde ihre Fracht aus Holz, und die Leichen

fielen stocksteif auf den Bahnsteig, man warf sie auf Haufen und fuhr sie lastwagenweise ins Krematorium. Und doch gab es noch Überlebende und Sterbende inmitten dieses Haufens zusammengefrorener Leichen in den Wagen. Eines Tages, als wir in einem dieser Wagen, in dem noch Überlebende waren, die Haufen zusammengefrorener Leichen auseinandergebrochen hatten, die mit ihren steifgefrorenen Kleidern oft fast unlösbar aneinanderhingen, entdeckten wir plötzlich eine Gruppe jüdischer Kinder. Da standen nun plötzlich auf dem Bahnsteig, im Schnee, unter den schneebeladenen Bäumen, etwa fünfzehn jüdische Kinder und blickten mit erstaunten Blicken um sich, blickten auf die Haufen übereinandergeworfener Leichen, die dalagen wie entrindete, transportfertige Baumstämme am Rand einer Straße, blickten auf die Bäume und den Schnee auf den Bäumen, blickten, wie Kinder blicken. Die SS-Männer machten zunächst etwas ratlose Gesichter, als wüßten sie nicht so recht, was sie mit den Kindern machen sollten, diesen etwa acht- bis zwölfjährigen Kindern, von denen manche freilich durch ihre entsetzlich mageren Körper und den Ausdruck ihrer Augen eher wie Greise erschienen. Auf alle Fälle wußten die SS-Männer zunächst offenbar nicht, was sie mit den Kindern anfangen sollten, sie trieben sie in eine Ecke, vielleicht um Zeit zu gewinnen und Weisungen einzuholen, und führten die paar Dutzend erwachsener Überlebender des Transports über die breite Straße zum Lager ab. Aber selbst von diesen Überlebenden sollte noch ein Teil Zeit haben zu sterben, ehe sie den Lagereingang erreichten; man sah sie zusammenbrechen, als erlösche ihr Lebenslicht plötzlich vollends, nachdem es schon in den zusammengefrorenen Leichenbergen der Wagen nur noch mühsam geflackert hatte, manche fielen wie vom Blitz getroffen der Länge nach in den schmutzigen, aufgeweichten Schnee der Straße mitten unter den großen, bebenden Buchen, auf denen unbefleckt der Schnee lag, andere brachen zuerst in die Knie und versuchten, sich wieder zu erheben, krochen auf allen vieren noch ein paar Meter weiter und blieben schließlich ausgestreckt liegen, die Arme nach vorn gestreckt, mit den skeletthaften Händen den Schnee aufkratzend, als versuchten sie mit letzter, verzweifelter Kraft, noch ein paar Zentimeter näher an das Lagertor zu gelangen, als bedeute das Lagertor das Ende des Schnees und des Winters und des Todes. Schließlich war niemand mehr auf dem Bahnsteig außer dieser Gruppe jüdischer Kinder. Die SS-Männer kamen mit Verstärkung zurück, sie mußten genaue Weisungen erhalten haben, vielleicht auch hatte man es ihnen freigestellt, vielleicht durften sie von sich aus bestimmen, wie diese jüdischen Kinder hingemordet werden sollten. Kurz, sie kamen mit Verstärkung zurück, hatten Hunde bei sich, lachten schallend, riefen sich Witze zu und lachten noch lauter. Dann bildeten sie einen Halbkreis und stießen die jüdischen Kinder auf der breiten Straße vor sich her. Ich erinnere mich noch, wie die Kinder sich umblickten, sie blickten die SS-Männer an, sie glaubten am Anfang wohl, man wolle sie nur zum Lager begleiten, wie sie es soeben bei den Großen gesehen hatten. Aber die SS-Männer ließen die Hunde los und begannen, mit Knüppeln auf die Kinder einzuschlagen, damit sie liefen, das war der Auftakt zu der Treibjagd auf der breiten Straße, dieser Treibjagd, die sie erfunden hatten oder die man ihnen befohlen hatte, und die jüdischen Kinder fingen an, unter den Schlägen der Knüppel und dem Anstürmen der

Hunde, die an ihnen hinaufsprangen und sie, ohne zu bellen, ohne zu knurren – es waren dressierte Hunde – in die Beine bissen, zu laufen, auf der breiten Straße, dem Lagertor zu. Vielleicht begriffen sie in diesem Augenblick noch nicht, was sie erwartete, vielleicht dachten sie, das sei nur eine letzte Schikane, ehe sie ins Lager eingelassen würden. Die Kinder liefen, ihre Mützen mit den langen Schirmen tief über die Ohren gezogen, ihre Beine bewegten sich ungeschickt, zugleich ruckweise und langsam wie im Kino, wenn ein alter Stummfilm gezeigt wird, wie in Alpträumen, wenn man aus Leibeskräften rennt, ohne einen Schritt voranzukommen, und das Etwas, das einen packen will, packt einen, und man wacht in kalten Schweiß gebadet auf, und dieses Etwas, diese Meute von SS-Hunden, hatte bald die schwächsten unter ihnen niedergerannt, diejenigen, die vielleicht nur acht Jahre alt waren, die bald nicht mehr die Kraft hatten, weiterzurennen, sie wurden zu Boden geschleudert, zermalmt, mit Knüppeln erschlagen, blieben an der Straße ausgestreckt liegen und bildeten mit ihren abgemagerten, ausgerenkten Körpern die Wegmarken der Treibjagd, der Meute, die über sie hinwegbrauste. Bald blieben nur noch zwei von ihnen übrig, ein großer und ein kleiner, sie hatten bei dem verzweifelten Lauf ihre Mützen verloren, ihre Augen glänzten wie schimmerndes Eis in ihren grauen Gesichtern, und der kleinere begann zurückzubleiben, die SS-Männer brüllten hinter ihnen, auch die Hunde begannen zu brüllen, der Blutgeruch brachte sie außer sich, aber da hielt der größere der Jungen im Laufen inne und nahm die Hand des kleineren, der schon stolperte, und sie legten zusammen noch ein paar Meter zurück, die linke Hand des Jüngeren in der rechten des Älteren, bis

die Knüppel auch sie niederstreckten und sie nebeneinander mit dem Gesicht zu Boden fielen, ihre Hände auf immer vereint. Die SS-Männer sammelten die Hunde, die unzufrieden knurrten, legten den Weg in umgekehrter Richtung noch einmal zurück und jagten jedem der Kinder, die da auf der breiten Straße unter dem leeren Blick der Hitleradler ausgestreckt lagen, eine Kugel durch den Kopf.
Heute jedoch liegt die Straße leer in der Aprilsonne da. An der Kreuzung bei der Totenkopf-Kaserne biegt ein amerikanischer Jeep ein.
Ich muß Diego finden oder Walter. Es drängt mich, mit den Kameraden zu sprechen. Ich zeige dem amerikanischen Posten meinen Passierschein und blicke an der Inschrift hinauf, die in großen schmiedeeisernen Buchstaben über dem Gitter steht: »Arbeit macht frei.« Wahrhaftig ein schöner, väterlicher Spruch, man hat uns also zu unserem eigenen Wohl hier eingesperrt und uns durch Zwangsarbeit die Freiheit gelehrt. Wirklich ein schöner Spruch, und dabei nicht einmal nur ein Beispiel für den schwarzen Humor der SS-Leute, denn die SS-Leute sind felsenfest von ihrer guten Sache überzeugt.
Ich durchschreite das Tor, gehe durch die Straßen des Lagers und halte nach den Kameraden Ausschau.
Da sehe ich auf dem großen Weg, der am Küchenbau vorbeiführt, an der Ecke des Blocks 34, Emil stehen. Mit hängenden Armen steht er in der Sonne und starrt vor sich hin ins Leere.
Vor einigen Wochen erst, als Alfredo verhaftet wurde, habe ich wieder an Emil denken müssen. Als Alfredo verhaftet wurde, habe ich mich gefragt, warum manche der Folter standhalten und andere nicht. Alfredo war stand-

haft geblieben, und ich habe an Emil denken müssen, als ich mir die Frage vorlegte, warum manche standhaft bleiben und andere nicht. Das Schlimme und Beunruhigende an der Sache war jedoch die Schwierigkeit, die Unmöglichkeit fast, auf rationale Weise zu erklären, warum der eine standhaft geblieben war und der andere nicht. An all das dachte ich, denn die rein empirische Feststellung, daß der eine standhaft geblieben war und der andere nicht, wollte mir nicht genügen. Es war ein Donnerstag gewesen, ich hatte mich für elf Uhr mit Alfredo verabredet. Das Wetter war windig, eine scharfe, schneidende Kälte wehte von den beschneiten Berggipfeln. Ich wartete eine Viertelstunde auf Alfredo, die fünfzehn Minuten, die man sich zugesteht, ehe man denkt, daß etwas passiert ist. Die fünfzehn Minuten vergingen, es war etwas passiert. Zuerst denkt man an irgendeinen Hinderungsgrund, einen ganz gewöhnlichen, wenn auch unvorhergesehenen Zwischenfall. Den Gedanken an etwas Schlimmes, wirklich Schlimmes, schlägt man sich noch aus dem Kopf. Aber eine dumpfe Angst beginnt am Herzen zu nagen, die ganzen Muskeln ziehen sich schmerzhaft zusammen. Ich zündete mir eine Zigarette an und ging, das Treffen fand trotzdem statt. Nachher rief ich Alfredo von einer Telefonzelle aus an. Eine Männerstimme antwortete, es war nicht seine. Gehörte sie seinem Vater? Ich konnte es nicht mit Sicherheit sagen. Die Stimme wollte unbedingt wissen, wie ich hieße, wer Alfredo anriefe. Alfredo sei krank, sagte die Stimme, ich solle doch bei ihm vorbeikommen, er würde sich sehr freuen, wenn ihn jemand besuchte. »Ja«, sagte ich, »natürlich, sicher, recht vielen Dank.« Draußen blieb ich auf dem Bürgersteig stehen und dachte an die Stimme. Es war sicher nicht Alfredos

Vater gewesen. Es war ganz einfach eine Falle, ein alter Trick, der meilenweit gegen den Wind roch. Ich rauchte eine Zigarette, sie hatte einen herben Geschmack, der Wind wehte eisig von den Schneegipfeln, und ich dachte daran, daß wir sofort unsere Sicherheitsmaßnahmen treffen und alle Fäden zwischen Alfredo und der Organisation zerreißen mußten. Alles übrige hing ganz allein von Alfredo ab, ob er standhaft blieb oder nicht.

Ich rauchte meine Zigarette, und das Gefühl des schon einmal Erlebten, die Bitternis des schon oft Getanen, das jetzt noch einmal getan werden mußte, kam über mich. Schwierig war es nicht, praktisch reine Routinearbeit, ein paar Telefonanrufe, ein paar Besuche, mehr konnten wir nicht tun. Nachher blieb uns nichts anderes übrig, als zu warten. In wenigen Stunden würden von allen möglichen Seiten und manchmal auf den unwahrscheinlichsten Umwegen Nachrichten eintreffen. Der Nachtwächter würde melden, er habe gesehen, wie Alfredo morgens um drei mit Handschellen gefesselt von Polizisten abgeführt wurde. Bei Tagesanbruch würde er es dem Bäcker erzählen, der sechs Häuser weiter seinen Laden hat und zufällig ein Mittelsmann unserer Organisation im Viertel ist. In wenigen Stunden würden die Telefone schrillen und seltsame Sätze gesprochen werden: »Guten Tag, ich soll Ihnen von Roberto ausrichten, daß die Bestellung um zwei Uhr abgeliefert wird«, was bedeutete, daß man sich an einem bestimmten Platz einfinden mußte, um eine wichtige Nachricht entgegenzunehmen. In wenigen Stunden würden wir um Alfredo eine luftleere Zone geschaffen haben, einen Kreis des Schweigens, verschlossener Türen, unvorgesehener Abhaltungen, verlagerter Pakete, in Sicherheit gebrachter Papiere, ungeduldigen

Wartens von Frauen, und das alles wieder einmal, noch einmal, wie schon so oft seit zwanzig Jahren und mehr. In wenigen Stunden würden wir das dichteste Netz von Beweisen der Verbundenheit und Gedanken der Hilfe gewoben haben, deren jeder in der Stille eines jeden von uns dem Kameraden in der Folter beistand, die vielleicht morgen schon seine eigene war. Wir würden Nachrichten besitzen und uns eine erste Vorstellung von den Gründen für die Verhaftung Alfredos und ihren Folgen machen können, wir würden daraus schließen können, ob sie mit einer umfassenden Aktion in Verbindung stand. Wir würden endlich konkrete Einzelheiten besitzen und auf ihnen aufbauen können, um uns zur Wehr zu setzen, soweit es überhaupt möglich war.
Uns blieb nichts anderes übrig, als abzuwarten. Der Herbst ging zu Ende, sechzehn Jahre waren seit jenem anderen Herbst in Auxerre vergangen. Die Rosen im Garten der Gestapo fielen mir wieder ein. Ich warf meine Zigarette weg, zündete mir eine neue an und dachte an Alfredo. Er wird durchhalten, dachte ich, nicht nur, weil die Folter nicht mehr wie früher ist. Er hätte auf jeden Fall durchgehalten, selbst früher, oder wäre unter der Folter gestorben. All das ging mir durch den Kopf, und ich versuchte, die rationalen Elemente dieses Gedankens, die festen Punkte, auf denen diese spontane Überzeugung beruhte, zu fassen. Genau überlegt ist es ja eigentlich erschreckend, daß man gezwungen ist, jahrelang den Blick seiner Kameraden zu durchforschen, auf jede Schwingung ihrer Stimme zu achten, ihr Verhalten in jeder möglichen Lage zu registrieren, ihr Benehmen angesichts der verschiedensten Ereignisse zu beobachten, um sich ein Bild davon zu machen, ob sie im Ernstfall der

Folter standhalten oder nicht. Und doch ist es eine praktische Frage, die unter keinen Umständen vernachlässigt werden darf. Sie zu vernachlässigen wäre verbrecherisch. Freilich ist es erschreckend, daß die Folter eine praktische Frage ist, daß das Durchhaltevermögen bei der Folter eine praktische Frage ist, die praktisch geklärt werden muß. Aber es ist nun einmal so, wir haben es nicht gewollt, aber wir müssen uns darüber klar sein. Ein Mann sollte normalerweise ein Mann sein können, auch wenn er den Qualen einer Folterung nicht gewachsen ist, aber so, wie die Dinge liegen, hört er auf, ein Mann zu sein, wenn er unter der Folter weich wird und seine Kameraden verrät. So, wie die Dinge liegen, hängt das Vermögen, ein Mann zu sein, von dem Vermögen ab, die Folter zu ertragen, unter der Folter hart zu bleiben.

In Taxis fuhr ich, wohin ich mußte, tat, was ich mußte, was noch möglich war, und wartete dann mit aller Kraft, während die Routinearbeit des Lebens weiterging. Alfredo mußte durchhalten, wenn er nicht durchhielt, waren wir alle geschwächt. Alfredo mußte durchhalten, mußte uns stärken durch seinen Sieg. An all das dachte ich und wußte, daß Alfredo jetzt unter den Fausthieben und klatschenden Knüppeln an das gleiche dachte. Ja, sein Schweigen erschien ihm sicher nicht nur als sein persönlicher Sieg, sondern als ein Sieg, den wir alle mit ihm teilten. Unsere Wahrheit würde die schimmernde Wehr seines Schweigens anlegen, das wußte er, das half ihm, noch in seinem Schweigen zu lächeln.

Die Stunden verrannen, nichts geschah, das Schweigen Alfredos half, daß nichts geschah. Nirgends klingelte es morgens um drei, zu jener fahlen Stunde, wo man fröstelnd und mit schlaftrunkenen Gliedern die Verhöre und ersten Schläge über sich ergehen läßt. Alfredos Schweigen war es, was die Kameraden in den bedrohten Häusern schlafen ließ. Die Stunden verrannen, nichts geschah, wir würden noch einmal Sieger bleiben. Ich denke an jenen Frühlingstag vor acht Monaten zurück, als ich mit Alfredo und Eduardo auf einer Bank saß. Es war heiß, wir saßen in der Sonne, vor uns dehnten sich die hügeligen Rasenflächen des Parks. Wir sprachen von diesem und jenem, und schließlich, ich weiß nicht mehr, wie, kam die Unterhaltung auf »La Question«. Dieses Buch hatten wir alle mit größtem Interesse gelesen und wieder gelesen, denn es war weit mehr als nur ein Bericht. Für uns war es ein Buch von großer praktischer Tragweite, voller Hinweise. Sozusagen ein Handwerkszeug. Denn die Tatsache, daß man trotz elektrischer Stromstöße durchhalten, trotz Pentothal schweigen konnte, diese hier so klar und knapp, ohne jedes unnütze Beiwerk dargestellte Tatsache konnte uns äußerst nützlich sein. In nüchterner, praktischer Art sprachen wir über »La Question«, es war ein Buch, das uns praktisch anging. Es war ein schönes, nützliches Buch, das uns leben half. Vielleicht dachte jetzt auch Alfredo an diese Unterhaltung im sonnigen Park mit den blauen, noch von einigen Schneefeldern bedeckten Berghäuptern und der herben, von Olivenbäumen und Eichen durchzogenen Landschaft vor uns. Anschließend, ehe wir auseinandergingen, hatten wir ein Bier zusammen getrunken. Ein erfrischender Genuß. Es war schön, Durst zu haben und seinen Durst stillen zu können.

Dieser Tage, vor ein paar Wochen, habe ich wieder an Emil gedacht. Das letztemal, als ich ihn sah, stand er mit hängenden Armen in der Sonne an der Ecke des Blocks 34. Ich ging an ihm vorbei und wandte den Kopf ab, ich hatte nicht den Mut, seinen toten Blick und seine Verzweiflung, seine ihn in alle Ewigkeit nicht mehr loslassende Verzweiflung auszuhalten, an diesem Frühlingstage, der für ihn nicht der Anfang eines neuen Lebens, sondern das Ende, das sichere Ende seines ganzen Lebens war. Emil war standhaft geblieben, zwölf lange Jahre hindurch war er standhaft geblieben, und plötzlich, vor einem Monat, als der Sieg schon entschieden war, als wir die herannahende Freiheit schon fast mit Händen greifen konnten, der Frühling war schon voll vom Raunen dieser herannahenden Freiheit, plötzlich, vor einem Monat, war er weich geworden. Und dazu noch auf die dümmste, feigste Art, sozusagen freiwillig, umsonst. Als nämlich die verzweifelten, zum Äußersten getriebenen SS-Leute vor einem Monat Freiwillige für die deutsche Armee suchten und unter all den Tausenden politischer Gefangener keine einzige Meldung kam, hatten sie den Blockführern gedroht. Da hatte Emil neben ein paar Verbrechern, die sich freiwillig gemeldet hatten, auch einen Häftling seines Blocks, einen zwangsweise eingezogenen Elsässer, der desertiert und deshalb verurteilt worden war, auf die Liste gesetzt. Ihm selber hatte er selbstverständlich nichts davon gesagt, sondern einzig kraft seiner Stellung als Blockführer gehandelt. Er hatte diesen jungen Elsässer in Tod und Verzweiflung geschickt und aus ihm, selbst wenn er mit dem Leben davonkam, einen für immer gebrochenen Menschen gemacht, einen Menschen, der nie mehr zu irgend etwas Vertrauen haben würde, der für jede menschliche Hoffnung verloren war. Ich habe ihn weinen sehen, als die SS-Männer ihn holten, er stand ja auf der Liste. Wir umringten ihn und konnten ihm doch nichts sagen, er weinte, er fühlte sich ausgesto-

ßen von jedem menschlichen Mitgefühl, er begriff nicht mehr, was mit ihm geschah, er verstand überhaupt nichts mehr, er war ein gebrochener Mann.
Emil war Blockführer, wir waren stolz gewesen auf seine Ruhe, seinen Großmut, mit Genugtuung hatten wir gesehen, wie er aus diesen zwölf Jahren hervorging mit einem gelassenen Lächeln in den blauen Augen und auf seinem ausgemergelten, von den Schrecken dieser zwölf Jahre gezeichneten Gesicht. Und nun plötzlich verließ er uns, stürzte sich willenlos in die Nacht dieser vergangenen zwölf Jahre hinab, wurde zu einem lebenden Beweis dieses Schreckens, dieser endlosen, zwölfjährigen Nacht. Nun, da die SS-Männer besiegt waren, wurde er zu einem lebenden Beweis ihres Sieges und damit unserer schon überwundenen, dahinsterbenden Niederlage, die jedoch noch in ihrem Todeskampf den lebendigen Leichnam Emils mit sich in die Tiefe hinunterriß.
Da stand er mit hängenden Armen in der Sonne, an der Ecke des Blocks 34. Ich wandte den Kopf ab. Er gehörte nicht mehr zu uns. Er gehörte wie jene Frau von vorhin, wie ihre beiden gefallenen Söhne, wie die beiden Söhne dieser Frau in dem Haus gegenüber dem Krematorium zum überwundenen, obwohl noch gegenwärtigen Tod. Wir jedoch mußten lernen zu leben.

»Auf jeden Fall kann ich mir vorstellen, daß wir schwer arbeiten müssen«, sagt der Junge aus Semur.
Wir sind immer noch dabei, uns vorzustellen, was für eine Arbeit die SS-Leute in dem Lager, in das wir kommen, uns wohl geben werden.
»He, du«, sagt eine Stimme irgendwo hinter mir.
Der Junge aus Semur dreht sich um.

»Meinst du uns?« fragt er.
»Ja«, sagt die Stimme, »deinem Kumpel da möchte ich was sagen.«
Aber ich bin hoffnungslos in die Masse der Leiber eingekeilt. Ich kann mich nicht nach der Stimme dessen umdrehen, der mir etwas sagen möchte.
»Nur zu«, sage ich und drehe den Kopf herum, so weit ich kann, »nur zu, ich höre.«
Ich höre die Stimme in meinem Rücken, und der Junge aus Semur sieht ihn an, während er spricht.
»Das Motorrad, von dem du da gesprochen hast«, sagt die Stimme, »habt ihr das ins Untergrundnest ›Tabu‹ gebracht?«
»Ja«, antworte ich, »kennst du's?«
»Ins ›Tabu‹ oberhalb von Larrey?« fragt die Stimme.
»Stimmt, warum? Kennst du's?«
»Ich war da«, sagt die Stimme.
»Ja? Wann denn?«
»Ich komme sozusagen direkt von dort. Vor einem Monat hat die SS die Gegend durchgekämmt. Ein ›Tabu‹ gibt's nicht mehr.«
Das ist ein harter Schlag für mich, muß ich sagen. Ich weiß zwar, daß der Krieg weitergeht, daß nicht alles so bleiben konnte, wie es bei meiner Verhaftung war. Aber daß die SS-Leute unser »Tabu« haben auffliegen lassen, ist ein harter Schlag.
»Verfluchte Scheiße«, sage ich. Und das denke ich auch.
»An das Motorrad kann ich mich gut erinnern«, sagt die Stimme. »Wir haben es noch oft benutzt, nachdem ihr weg wart.«
»War auch eine ausgezeichnete Maschine, noch fast neu.«

Ich muß an unsere Fahrt über die herbstlichen Straßen denken; es ist doch verdammt schade, daß sie das »Tabu« haben auffliegen lassen.

»Wenn du tatsächlich der mit dem Motorrad bist...« beginnt die Stimme wieder.

»Klar bin ich's«, unterbreche ich sie.

»Natürlich«, sagt die Stimme, »das war nur so dahergeredet. Ich wollte sagen, wenn du's bist, dann bist du noch ein zweites Mal ins ›Tabu‹ gekommen.«

»Ja«, sage ich, »mit einem Citroën. Wir brachten euch Waffen.«

»Richtig«, sagt die Stimme. »Ich erinnere mich noch gut. Du hattest einen Revolver mit langem, rotgestrichenem Lauf, wir wollten alle den gleichen haben.«

Ich muß lachen.

»Ja«, sage ich, »das war das reinste Artilleriegeschütz.«

»Das zweite Mal hattest du noch einen bei dir«, sagt die Stimme. »Einen Großen mit einer Brille.«

Der Große mit der Brille war Hans.

»Stimmt«, sage ich.

»Er war bei uns«, sagt die Stimme, »als der Tanz losging.«

»Was für ein Tanz?« frage ich, plötzlich besorgt.

»Als die SS losschlug«, sagt die Stimme. »Da war der Große mit der Brille bei uns.«

»Warum? Warum war er zurückgekommen?«

»Ich weiß auch nicht«, sagt die Stimme des Kameraden aus dem »Tabu«, »er war einfach wieder da.«

»Und dann?« frage ich.

»Ich weiß nicht«, sagt die Stimme, »wir haben einen halben Tag lang gekämpft, den Abend und einen Teil der Nacht, immer auf dem gleichen Fleck, der Straße entlang.

Dann sind wir langsam ins Innere zurückgewichen und haben uns aufgelöst.«
»Und mein Freund?«
»Ich weiß nicht, dein Freund ist bei der Nachhut geblieben«, sagt die Stimme.
Hans war also bei der Nachhut geblieben.
»Hast du ihn nicht mehr gesehen?« frage ich.
»Nein«, sagt die Stimme, »ich wurde an einer Straßensperre in Châtillon geschnappt, nachdem wir uns aufgelöst hatten. Die Leute von der Nachhut haben wir nicht mehr gesehen.«
Hans war bei der Nachhut geblieben, so hatte es kommen müssen.
Später, in der ersten Maihälfte des Jahres, in dem ich zurückgekehrt war, vor zwei Jahren, haben wir, Michel und ich, in allen Bauernhöfen von Laignes bis Châtillon und von Semur bis Larrey nach einer Spur von Hans gesucht. Michel war bei der 1. Armee und hatte kurz nach der deutschen Kapitulation Urlaub bekommen. Wir suchten nach einer Spur von Hans, aber es gab keine Spur von Hans mehr. Es war Frühling, und wir fuhren bis Joigny, Michel hatte es verstanden, sich einen militärischen Auftrag und ein Auto zu verschaffen. Irène war nicht mehr nach Joigny zurückgekehrt. Wenige Tage nach dem Einmarsch der englischen Truppen war sie in Bergen-Belsen an Typhus gestorben. Ihre Mutter lud uns zum Essen ein, in der Küche war noch alles wie früher, und im Keller hing noch der hartnäckige Geruch von Plastiksprengstoff. Auf einem Ausschnitt aus einer Lokalzeitung zeigte sie uns den Bericht über Irènes Tod in Bergen-Belsen. Albert war erschossen worden. Olivier war in Dora gefallen. Auch Julien war tot, sie hatten ihn

in Laroche überrascht, er hatte sich wie ein Löwe zur Wehr gesetzt, und seine letzte Kugel hatte ihm selber gegolten. Ich erinnere mich noch, wie er immer gesagt hatte: »Die Folter ist nichts für mich; wenn ich kann, jage ich mir vorher eine Kugel ins Gesicht.« Nun hatte er sich eine »ins Gesicht« gejagt. Da saßen wir, Michel und ich, und hörten Irènes Mutter erzählen, hörten ihre gebrochene Stimme. Schweigend saßen wir und aßen Hasenbraten mit Senfsoße, und die Schatten der toten Freunde schwebten um uns.
Eine Woche später gelang es uns, einen der Überlebenden aus dem »Tabu« ausfindig zu machen. Es war in einem Bauernhof in der Nähe von Laignes, wir warteten im Hof, bis die Männer von den Feldern zurückkamen. Neben uns stand die Bäuerin, der Überlebende aus dem Gemetzel am »Tabu« war ihr Sohn. Langsam und ausführlich erzählte sie uns die lange Geschichte dieser langen Jahre. Wir hörten kaum zu, wir kannten sie ja längst. Nicht diese Geschichte interessierte uns jetzt, sondern Hans, eine Spur von Hans, die Erinnerung an Hans. Die Bäuerin erzählte uns die lange Geschichte, und ab und zu unterbrach sie sich und sagte: »Wie wär's mit einem Schluck Weißen?« und fügte mit einem Blick auf uns hinzu: »Oder vielleicht Most?« Aber nie ließ sie uns Zeit, ihr zu sagen, daß wir ganz gern einen Schluck Weißen hätten, sofort steuerte sie wieder auf ihre lange Geschichte aus den langen Jahren los, die wir jetzt endlich hinter uns gebracht hatten.
Gestern, in einer Wirtschaft bei Semur, in der wir Schinken, Brot und Käse gegessen und dazu einen famosen Landwein getrunken hatten, hatte Michel nach einer langen Pause zu mir gesagt:

»Eigentlich hast du mir ja noch gar nichts erzählt.«
Ich weiß, wovon er sprechen will, aber ich will es nicht wissen. Brot, Schinken, Käse und Landwein sind Dinge, deren Genuß man erst wieder lernen muß. Das verlangt Konzentration. Ich habe nicht die geringste Lust, ihm etwas zu erzählen.
»Erzählt?« entgegne ich. »Was soll ich dir denn erzählen?«
Michel schaut mich an.
»Ja, eben das weiß ich noch nicht«, sagt er.
Ich schneide mir ein viereckiges Stück Brot zurecht, schneide ein viereckiges Stück Käse zurecht, lege den Käse auf das Brot und schiebe beides in den Mund. Danach einen Schluck Landwein.
»Und ich weiß nicht mehr, was ich dir erzählen soll.«
Michel ißt ebenfalls und fragt dann: »Vielleicht zuviel?«
»Oder nicht genug. Im Verhältnis zu dem, was man nie erzählen kann, nicht genug.«
Erstaunt sieht Michel mich an.
»Wirklich?« fragt er.
»Nein«, muß ich zugeben, »das war vielleicht nur so hingesagt.«
»Ich glaube auch«, sagt Michel.
»Auf jeden Fall brauche ich Zeit«, füge ich hinzu.
Michel sinnt nach.
»Zeit zum Vergessen, das kann sein«, sagt er. »Und wenn du's vergessen hast, kannst du's erzählen.«
»Ja, so ungefähr.«
Und wir sprachen nicht mehr davon, weder die folgenden Tage, während wir Hansens Spur nachgingen, noch sonst. Und jetzt, da die Zeit des Vergessens gekommen ist, das heißt, da die Vergangenheit stärker denn je wieder

ins Gedächtnis tritt, kann ich sie Michel nicht mehr erzählen. Ich weiß nicht, wo Michel ist.

Am nächsten Morgen standen wir auf jenem Hof, und die Mutter des Kameraden, der das Gemetzel am »Tabu« überlebt hatte, erzählte uns die lange Geschichte der langen, vergangenen Jahre. Schließlich kamen die Männer zurück. Sie luden uns in den großen Wohnraum ein, und wir bekamen endlich doch noch den Schluck Weißen. Der Wohnraum, vielleicht war es auch die Küche, war kühl und lau, das heißt voll einer von kühlen Wellen durchzogenen Lauheit, vielleicht waren es auch die Schauer, die mich durchrieselten, Wellen, die mir fröstelnd das Rückgrat hinunterrannen, vielleicht die Müdigkeit oder die Bilder des Gemetzels am »Tabu«, die der Kamerad jetzt beschwor, eintönig zwar, unfähig, die erschütterndsten Einzelheiten hervorzuheben oder zu betonen, die uns aber gerade deshalb um so mehr ans Herz griffen, auch Michel, wie ich zu bemerken glaubte, obwohl wir später unterwegs nicht mehr davon sprachen. Auflösung und Nacht, Auflösung und Tod, und Hans war bei der Nachhut geblieben, der Kamerad konnte sich noch genau daran erinnern, das heißt, er war nicht nur bei ihr geblieben, er hatte beschlossen, hatte sich dafür entschieden, bei ihr zu bleiben. Michel erinnerte sich an eine Unterhaltung mit Hans, sicher war er es, der mir davon erzählt hatte, er konnte sogar noch genau den Ort bezeichnen, an dem sie stattgefunden hatte, und Hans hatte dabei zu ihm gesagt: »Ich will keinen Judentod sterben«, und als Michel ihn fragte, was er damit meine, hatte er geantwortet: »Ich will nicht sterben, nur weil ich Jude bin«, das heißt, er weigerte sich, sein Schicksal schon an seinem Körper zu tragen. Hans hatte allerdings kräftigere, gröbere Ausdrücke gebraucht, hat Michel mir später erzählt, und das wunderte mich nicht: Hans hatte schon immer die Gewohnheit gehabt, seine tiefsten Gefühle unter rauhen Ausdrücken zu verbergen, was man so tiefste, das heißt echte Gefühle nennt, als besäßen die Gefühle verschiedene spezifische Gewichte und schwämmen teils an der Oberfläche (aber von welchem Wasser?), teils am Grund (aber im Schlamm welcher Tiefe?). Auf jeden Fall wollte Hans, wenn er schon sterben sollte, nicht sterben, nur weil er Jude war, er meinte, denke ich nach dem, was er zu Michel gesagt hat, von dem ich es später wieder erfuhr, er meinte, das sei kein hinreichender oder kein gültiger, kein hinreichend gültiger Grund zu sterben, er dachte sicher, er müsse den Deutschen noch andere Gründe geben zu sterben, oder besser gesagt, getötet zu werden, denn daß er von sich aus keine Lust zum Sterben hatte, weiß ich sicher, nur wollte er den Deutschen, wenn er schon sterben sollte, noch andere Gründe geben, ihn zu töten, als allein den, daß er Jude war. Wir bekamen einen zweiten und einen dritten Schluck Weißen, und schließlich setzten wir uns zu Tisch – »ihr werdet doch nicht ohne Essen weggehen wollen« –, und der Kamerad haspelte noch immer seinen eintönigen, gespenstisch eintönigen und ungeordneten Bericht über das Gemetzel am »Tabu« ab, das auch wirklich etwas Trübes, Ungeordnetes gewesen sein mußte, keine glänzende Attacke, sondern etwas Trübes, Graues auf den winterlichen Höhen, unter den winterlichen Bäumen, eine Art Polizeiaktion unter den Bäumen dieses Waldes, aus dem allabendlich die Stoßtrupps des Untergrunds auf die Straßen und in die Dörfer der Umgebung ausgeschwärmt waren. Ein- oder zweimal – ich weiß nicht mehr genau, vielleicht ver-

wechsle ich es mit einem anderen Untergrundnest, ich glaube aber nicht – war ich im Citroën an der Spitze des Zuges bei einem dieser nächtlichen Streifzüge dabeigewesen, und die ganze Nacht gehörten die Straßen uns, und jede Nacht gehörten die Dörfer uns.
Aber Hans war bei der Nachhut geblieben.
»Der Große mit der Brille, euer Freund da«, sagt der Bauernsohn, »ich glaube, Philippe hieß er, der hat zum Schluß das MG übernommen.«
Die Bäuerin trägt das Essen auf, sie setzt sich nicht hin, sie stützt nur die Hände auf eine Stuhllehne und schaut ihren Sohn an, und ihr Blick ist wie ein sonnendurchleuchteter Regen im April, ein perlendes Tropfenspiel, ein Schauer, der die gebeugte, nachdenkliche, kauende Gestalt ihres Sohnes überströmt, der die Erinnerungsfäden wieder an dieses Gemetzel knüpft, dem er heil entronnen ist, ihr lieber, heil gebliebener Sohn, der wieder bei ihr ist, lebend, ob schweigsam oder lustig, und der »Mutter, ich habe Hunger«, »Mutter, ich habe Durst«, »Mutter, gib mir zu trinken« sagt.
»Ißt du nichts, Mutter?« fragt der Bauer.
So begann diese Geschichte Gestalt anzunehmen, aber immer wieder kam ein Augenblick, in dem Hans plötzlich verschwand. Der Bericht des Kameraden im Wagen, diese namenlose Stimme im Halbdunkel des Wagens, mit der alles angefangen hatte, brach in dem Augenblick ab, als die Verwirrung eingesetzt hatte. Und dieser Kamerad hier, dieser Bauernsohn aus der Nähe von Laignes, nahm den Faden wieder auf und gab weitere Einzelheiten zu den gleichen Geschehnissen, erzählte die gleichen Ereignisse aus einem anderen Blickwinkel und führte den Bericht einen Schritt weiter, denn er war länger mit Hans

zusammengewesen, er hatte zu einer Gruppe junger Bauern aus der Umgebung gehört, die nicht zurückgewichen waren, die nicht versucht hatten, durch einen Rückzug ins Innere der Wälder der deutschen Umklammerung zu entgehen, sondern die im Gegenteil unter Ausnutzung ihrer Kenntnis aller Pfade, Hohlwege, Hecken, Gehölze, Lichtungen, Abhänge, Böschungen, Höfe, Äcker und Weiden den deutschen Sperrgürtel im Schutz der Dunkelheit nach vorne durchbrochen hatten, wobei sie sogar einmal zwischen den SS-Posten durchrobben mußten, und manchen war es gelungen, weiter weg befreundete Höfe zu erreichen, Türen öffneten sich ihnen in der Nacht und ließen sie ein, die ganze Familie war im Dunkeln hinter verschlossenen Läden noch auf und lauschte in der Nacht atemlos auf das Rattern der SS-Maschinengewehre von den Höhen des »Tabu«.
Und der Bericht dieses Kameraden aus Laignes, dieses Bauernsohnes aus Laignes, erinnert mich an einen andern, oder besser gesagt: während er seinen Bericht abhaspelt und sich in seine Sätze verstrickt wie in jener Nacht in die Wurzeln, Dornen und Steine, kommt mir ein anderer Gang durch die Nacht in den Sinn, das heißt, aus der Tiefe meines Gedächtnisses dämmert ein Gefühl, der Bericht und die Bilder, die er wachruft, wecken ein Gefühl, als müsse ich mich eines anderen Ganges durch die Nacht erinnern, den jener aus der Nacht des Vergessens ruft, ohne ihn zu nennen, ohne daß ich noch weiß, welcher andere Gang durch die Nacht und wer ihn gegangen. Eines jedoch steht fest: immer wieder tritt in dieser Geschichte ein Augenblick ein, in dem Hans verschwindet. Und plötzlich spüre ich, daß wir nie mehr eine Spur von Hans finden werden.

Bloch hingegen bekannte sich zu seinem Judentum. Er litt zwar entsetzlich darunter, seine Lippen waren bleich, und er zitterte, als ich ihn einmal etwa in der Mitte der Rue Soufflot traf und mit ihm zusammen zum Henri IV ging. Aber er bekannte sich dazu, das heißt, er ergab sich ohne Widerspruch darein (und vielleicht, obwohl ich es nicht beschwören möchte, tat er es sogar freudig, mit einer gewissen Freude der Ergebung, des Erleidens dieses nunmehr verachteten und mit Gefahren verbundenen Judentums, aber diese Gefahren, mußte er sich sagen, und mit ihnen diese düstere Freude, lagen seit jeher in seinem Judentum beschlossen: gestern schon innerlich verschieden von den andern, wurde es heute nur durch den gelben Judenstern offenbar), ergab sich mit Entsetzen und Freude, mit einem gewissen Stolz, ja, ich glaube, einem zersetzenden, ätzenden, selbstzerstörerischen Stolz darein.

»Du solltest mich lieber allein lassen, Manuel«, sagte er etwa in der Mitte der Rue Soufflot zu mir, während wir nebeneinander einhergingen; wir hatten gerade Philosophie an diesem Morgen.

»Warum?« frage ich, obwohl ich es weiß, aber ich möchte, daß er es sagt.

»Du siehst doch«, sagt er, und sein Kinn deutet auf den gelben Judenstern an seinem grauen Überzieher.

Ich lache hinaus und habe gleich danach Angst, es könne in meinem Lachen – wie wollte ich ihn dafür um Verzeihung bitten – etwas wie eine drohende Verachtung gelegen haben, vielleicht nicht gerade Verachtung, aber etwas Hochmütiges, Eisiges, das eben diesen Stolz Blochs hätte verletzen können, diesen düsteren Stolz, der wußte, daß jetzt endlich, und zwar im schlechten Sinn, nicht im gu-

ten, allein im schlechten, die ungeheuerliche Wahrheit seines Andersseins zutage trat.
»Und?« frage ich. »Denkst du, ich mache diesen Jux mit?«
»Welchen Jux?« fragt er, während wir Seite an Seite im gleichen Schritt weitergehen.
»Jux vielleicht nicht«, verbessere ich mich, »den Versuch, den Entschluß, euch zu isolieren, euch abseits zu stellen.«
»Und doch ist es wahr«, sagt er und lächelt, und in diesem Augenblick ahne ich etwas von diesem düsteren, zersetzenden Stolz, der in seinem Lächeln liegt.
»Ob du es mitmachst oder nicht«, sage ich, »ist deine Sache. Meine Sache jedoch ist, und daran änderst auch du nichts, daß ich so tue, als gäbe es das nicht. Daran kannst du nichts ändern, das ist meine Sache.«
Er wiegt den Kopf und sagt nichts mehr, wir kommen am Henri IV an, die Glocke läutet schon, und wir rennen zum Philosophiesaal. Bertrand wird uns jetzt wieder erklären, warum und wie der Geist sich selbst erschafft, und ich werde wieder so tun, als glaubte ich an seine Hirngespinste.
Am nächsten Tag war es, glaube ich, auf jeden Fall kurz nachdem Bloch zum erstenmal mit seinem gelben Judenstern erschienen war – wir waren lauter gute Franzosen in der Oberprima, nur dieser einzige, einsame gelbe Judenstern von Bloch war unter uns und fiel deshalb um so mehr auf (meine eigene Sonderstellung wurde erst später in gehöriger Form gekennzeichnet, ich bekam keinen Stern, sondern ein rotes, nach unten, zum Herzen hin zeigendes Dreieck, mein rotes Rotspanierdreieck mit einem S darauf) – am nächsten Tag also, oder zwei Tage

später, fühlte sich der Mathematiklehrer bemüßigt, einige Bemerkungen über den gelben Judenstern, die Welt im allgemeinen und die Juden im besonderen fallen zu lassen. Bloch sah mich an und lächelte wie damals in der Rue Soufflot, er blieb gefaßt, es war ja nur die erste Station des langen Leidensweges, der sein Leben von nun an sein würde, das alles stand schon in der Schrift, er lächelte und dachte sicher schon an die zukünftigen Leiden, die alle auch schon geschrieben, beschrieben, vorgeschrieben waren.

Aber weder Bloch noch ich, noch sonst jemand hatte an Le Cloarec gedacht, wir hatten vergessen, daß immer irgendwo ein Bretone einen Streich auf Lager hat. Le Cloarec nahm sich der Sache mit Leib und Seele an. Zu Beginn des Kurses, im November, waren wir alle miteinander zum Étoile gezogen, nachdem wir uns unter viel Gelächter und Auf-die-Schultern-Klopfen über folgende Punkte einig geworden waren: Zunächst schissen wir alle gemeinsam auf den Ersten Weltkrieg, er ging uns einen feuchten Dreck an, wir schissen auf die Grabmäler der Unbekannten Soldaten, nicht auf die Unbekannten Soldaten selber, sondern auf die Grabmäler, die man ihnen errichtete, nachdem man sie inkognito hatte niedermetzeln lassen; das war, wie Le Cloarec sagte, unser Ausgangspunkt, »unser abstrakter intentionaler Bezug«, fügte er hinzu, und ich fügte hinzu (daher das Gelächter und Auf-die-Schultern-Klopfen), das sei der Horizont, auf dem sich die letzthinnige Konsistenz, die konsistente Letzt-hinnig-keit unseres Planes entfalte, gegen den sich unser Vorhaben ek-sta-ti-siere; aber vorläufig, sagte Le Cloarec, seien wir noch konkret, und ich sagte: werfen wir uns also in unserem Geworfensein auf die aus den

Fugen geratene Ustensibilität der konkreten Welt, das heißt, scheißen wir auf den imperialistischen Krieg und damit auf die Imperialisten, und unter ihnen ganz besonders auf die ganz besonders aggressiven, gefährlichen, siegreichen Imperialisten, nämlich die Nazis; wir nehmen also praktisch an einer vaterländischen Manifestation am Grabmal des Unbekannten Soldaten teil, ich, der Bretone, und du, der Hergelaufene, der beschissene Rotspanier, denn eben das muß die Nazis und all ihre kleinen Freunde hier, das heißt, diejenigen, die dieses Grabmal des Unbekannten Soldaten eingerichtet hatten, noch besonders in Harnisch bringen; und somit schloß sich der Ring, methodisch und dialektisch, daher auch unser freudiges Auf-die-Schultern-Klopfen. Auf jeden Fall hätten wir uns diesem Marsch zum Étoile angeschlossen, wenn auch mit eigener Zielsetzung, wären mit Hunderten anderer Studenten unter dem grauen Novemberhimmel marschiert (ich dachte nicht, daß so viele kämen), hätten den Riegel französischer Polizisten in Höhe der Rue Marbeuf durchbrochen (Le Cloarec war unwiderstehlich wie eine Naturgewalt), hätten aus der Avenue George V die Kolonne deutscher Soldaten in Kampfausrüstung hervordringen sehen und den hämmernden und gutturalen Lärm der Stiefel, Waffen und Befehlsrufe gehört; auf jeden Fall wären wir zum Étoile vorgestoßen, denn dorthin führte der Weg.
Und jetzt also nahm sich Le Cloarec der Sache mit Leib und Seele an.
Als er uns seinen Plan darlegte, sagte ich zu ihm: »Siehst du, in deinem Bretonen-, deinem Betonschädel steckt ja eine ganze Menge Grips!« Er lachte, und die anderen riefen im Chor: »Weststaat!« – mit solcher Stentorstimme,

daß sich sogar der Korsen-, der korsische Zuhälter- oder Polizistenkopf des Schulaufsehers nach uns umwandte. Aber wir waren im Hof, es war Pause, er konnte uns nichts anhaben. Diesen Witz hatte ich selber eingeführt, und Le Cloarec freute sich jedesmal riesig darüber. Le Cloarec ist so durch und durch Bretone, hatte ich zu den anderen gesagt, daß sein Vater nur ein Wort Französisch verstand, aber dieses Wort schrie er im Ersten Weltkrieg mit aller Macht, wenn es gegen die deutschen Schützengräben ging, dieses Wort, das er auf den Wagen der bretonischen Eisenbahngesellschaft lesen gelernt hatte, stellte für ihn die ganze Größe Frankreichs, den Geist Descartes', die Errungenschaften von 1789 dar. Und seither lachten sie und schrien »Weststaat«, sooft Le Cloarec einen Streich machte, und das kam ziemlich oft vor. Als ich ihnen jedoch erzählte, das Ganze sei keineswegs etwa nur von mir erfunden, sondern stehe bei Claudel, in einem Buch des berühmten französischen Botschafters, den »Conversations dans le Loir-et-Cher«, glaube ich, wollte es mir keiner abnehmen. »Gut gelogen«, sagte Le Cloarec. »Du willst nur unsere Nationalehre zur Sau machen«, sagte Raoul. All meine Versicherungen, das stehe wirklich bei Claudel, man spüre sogar, wie er es mit Tränen zwischen den Zeilen niedergeschrieben habe und über das »Weststaat« selber ganz gerührt gewesen sei, schlugen fehl. Und keiner dachte auch nur daran, dem Wahrheitsgehalt meiner Behauptung nachzugehen, für sie war es reine Gemeinheit von mir, Claudel einen solchen Blödsinn anzuhängen.

Wie gesagt, Le Cloarec nahm also jetzt die Sache in die Hand. Begeistert stimmten wir alle dem Plan des bretonischen Kameraden bei. »Weststaat«, der alte Druidenruf, wurde zum Schlachtruf, zum gebrüllten oder geflüsterten Kennwort unseres geplanten Streiches. Alle waren dabei, alle außer natürlich Pinel. Pinel war der Musterschüler, wie er im Buch steht, in jedem Fach immer unter den drei Ersten, als brächte man es fertig, ohne Selbstbetrug, ohne blödsinniges, zwanghaftes Interesse für wahrhaft belanglose Dinge überall unter den drei Ersten zu sein. Da tue er nicht mit, hatte Pinel gesagt, er war ganz entsetzt über unseren Plan, worauf wir ihm zunächst einmal tüchtig eingeheizt und dann, so oft es ging, das Leben zur Hölle gemacht hatten. In der nächsten Mathematikstunde, als Rablon wieder, ohne einen von uns anzublikken, hereingeschritten kam (er war von sehr kleiner Statur und schleuderte uns immer erst vom Podium aus den ersten vernichtenden Blick zu), trugen wir alle, Pinel ausgenommen, einen Judenstern mit den vier schwarzen Buchstaben »Jude« auf gelbem Grund an die Brust genäht. Bloch war ganz außer sich, wir seien wohl alle verrückt geworden, sagte er, das sei doch der reinste Blödsinn, und Pinel saß kerzengerade da und streckte seine Brust heraus, damit man auch richtig sehe, daß er keinen Judenstern trug. Rablon, der Mathematikus, pflanzte sich wie immer auf dem Podium auf und schleuderte uns Philosophikern und Dickschädeln einen seiner vernichtenden Blicke zu (der philosophische Zug der Oberprima war schon immer eine Mischung aus guten Aufsatzschreibern und Eigenbrötlern gewesen, ich weiß nicht, ob sich diese Tradition am Henri IV erhalten hat), aber plötzlich quollen seine Augen starr und glasig hervor, sein Unterkiefer klappte herab, ich sah, wie sein Adamsapfel in einer Art krampfhafter Bewegung auf- und niederstieg, und dann öffnete Rablon, völlig perplex, völlig

sprachlos angesichts dieses Faustschlags mitten in seine dreckige Visage, angesichts dieser Flut von Judensternen, die ihm entgegenbrandete und sich wie eine im nächsten Augenblick zerschellende Woge bis in die höchsten Bankreihen aufbäumte – Rablon öffnete den Mund, ich hätte gewettet, er würde jetzt zu brüllen anfangen, aber sein Mund blieb offen und kein Laut drang heraus, nur sein Adamsapfel stieg krampfhaft in seinem mageren Hals auf und ab und wieder hinauf. Eine Ewigkeit blieb er so stehen, in der Klasse war es totenstill, bis plötzlich etwas ganz Unerwartetes geschah, er begann nämlich mit schneidender, verletzender, verzweifelter Stimme, Pinel die gröbsten Schimpfwörter an den Kopf zu werfen, Pinel traute seinen Ohren kaum, Sie wollen auch immer besser sein als die andern, Pinel, schrie er ihn an, immer wollen Sie etwas anderes, und nun hagelte es Fragen auf Pinel ein, er mußte die ganze Kosmographie und alle mathematischen Lehrsätze hersagen, die wir seit Anfang des Schuljahrs gelernt hatten (hätten lernen sollen: Pinel allein hatte sie gelernt), und als es endlich läutete, ging er ohne ein Wort zur Tür hinaus, und ein einziges brüllendes »Weststaat« mit wenigen ausgleichenden »Pinel an den Galgen!« quittierte Le Cloarecs Sieg.
»Nein«, sage ich, »er war Deutscher.«
Der Bauer starrt mich an, als verstünde er nicht. Auch sein Sohn, der dem Gemetzel am »Tabu« entkommen ist, starrt mich an. Die Mutter ist gerade nicht da, sie holt draußen etwas.
»Wie?« fragt der Bauer.
Eine seiner Bemerkungen über das Leben und die Menschen im allgemeinen, mit denen er von Zeit zu Zeit den Bericht seines Sohnes unterbrach, war die gewesen,

Frankreich hätte wohl nie eine Niederlage einstecken müssen, wenn alle Franzosen gekämpft hätten wie dieser Philippe, unser Freund.
»Er war Deutscher«, sage ich, »kein Franzose.«
Michel wirft mir einen verzweifelten Blick zu, sicher denkt er, ich brächte mit meiner Sucht, alles richtigzustellen und auf jedes i noch ein extra Tüpfelchen zu setzen, am Schluß noch die ganze Welt in Verzweiflung.
»Außerdem war er Jude, deutscher Jude.«
Michel erklärt mit verzweifeltem Blick, daß Philippe eigentlich Hans hieß, und warum Hans Philippe hieß. Das stimmt sie nachdenklich, beeindruckt wiegen sie die Köpfe. Ein deutscher Jude war er, muß ich denken, und wollte nicht wie ein Jude sterben; wie er wirklich starb, wissen wir nicht. Andere Juden habe ich massenweise sterben sehen, sie starben wie Juden, das heißt, nur weil sie Juden waren, als hielten sie ihr Judentum für einen ausreichenden Grund, sich niedermetzeln zu lassen.
Von Hans jedoch wußten wir nicht, wie er gestorben war. Immer wieder kam in dieser Geschichte, in diesem Bericht vom Gemetzel am »Tabu«, mochte der Berichterstatter sein, wer er wollte, ein Augenblick, in dem Hans verschwand.
Am nächsten Morgen, glaube ich, war es, durchsuchten wir die Stelle unter den Bäumen im Hochwald, wo einst das »Tabu« gewesen und wo Hans verschwunden war. Michel geht voran und zerteilt mit der Spitze einer biegsamen Gerte die hohen Grashalme. Ich bleibe einen Augenblick stehen und horche auf den Wald. Man müßte viel öfter Zeit und Gelegenheit haben, auf den Wald zu horchen. Jahrhunderte meines Lebens sind vergangen, ohne daß ich dem Wald habe zuhören können. Ich bleibe

stehen und horche. Eine dumpfe, lähmende Freude steigt in mir auf bei dem Gedanken, daß ich hier im Grunde genommen unendlich zufällig und entbehrlich bin. Der Wald braucht mich nicht für sein rauschendes Sein, das wird mir mit dumpfer Freude bewußt. Michel taucht schon weiter weg zwischen den Stämmen auf, und hier also verschwand Hans. Er hatte zum Schluß das MG übernommen, so hatte es uns der Kamerad gestern (oder vorgestern) geschildert. Hans hatte sicher keine Zeit gehabt, auf den Wald zu horchen in der Winternacht, er hatte nur das trockene, verworrene Krachen der Feuerstöße um sich herum in der Winternacht gehört, in der das Gemetzel am »Tabu« geschah. Er war schließlich allein geblieben hinter seinem MG, und ich kann mir denken, wie berauschende Freude ihn erfüllte, daß er die SS-Leute um einen in Resignation erstarrten Tod ärmer machen, daß er ihnen diesen brutalen und für die Mörder gefährlichen, diesen mörderischen Tod aufzwingen konnte in der blinden, verworrenen Nacht, in der das Gemetzel am »Tabu« geschah.
Michel kommt zurück und ruft.
»Was gibt's?« ruft er.
»Ich horche«, antworte ich.
»Auf was horchst du?« fragt er.
»Auf nichts, einfach so.«
Michel hört auf, die hohen Grashalme zu zerteilen, und horcht auch.
»Was soll da zu hören sein?« fragt er dann.
»Nichts.«
Ich gehe bis zu der Stelle, wo er mit der Gerte in der Hand steht, mit der er die hohen Grashalme zerteilt hat. Ich biete ihm eine Zigarette an. Wir rauchen schweigend.

»Wo war das Lager, weißt du's noch?« fragt Michel.
»Etwa hier, mehr nach rechts«, sage ich.
Wir gehen weiter. Der Wald ist verstummt. Das Geräusch unserer Schritte hat ihn verstummen lassen.
»Hast nicht du mir einmal von einem Gang durch einen Wald erzählt, einem langen Gang während endloser Nächte durch einen Wald?« frage ich Michel.
Er sieht mich an und sieht sich dann um. Wir gehen durch den Wald, aber es ist Tag und Frühling.
»Nicht daß ich wüßte«, sagt Michel. »Ich erinnere mich an keinen Gang bei Nacht durch einen Wald, von dem ich dir hätte erzählen können.«
Und wieder beginnt er mit weitausholender, zielender Handbewegung das hohe Gras zu zerteilen. Ich fühle, wie Überdruß gegen ihn in mir aufsteigt, wie mir diese schon tausendmal gemachte, eintönige Bewegung allmählich auf die Nerven geht.
»Was für ein Gang soll das sein?« fragt Michel.
»Seit der Kamerad uns erzählt hat, wie sie in der Nacht des Gemetzels durch den Wald geflohen sind, meine ich immer, ich müsse mich an einen anderen Gang bei Nacht durch einen Wald erinnern. Etwas anderes, das mir einfach nicht mehr einfällt.«
»Kommt vor«, sagt Michel. Und zerteilt weiter das Gras.
Aber da stoßen wir auf die Lichtung, in der das Lager gewesen war, und ich habe keine Zeit mehr, ihm zu sagen, daß er mir jetzt allmählich auf die Nerven geht.
Die Hütten waren halb unterirdisch angelegt. Die Kameraden hatten sich tief in die Erde eingegraben und die Wände mit Brettern abgestützt. Kaum einen Meter ragten Bretter und Stroh aus der Erde hervor. Es waren drei

Hütten gewesen – jede lag an einem Punkt eines gedachten Dreiecks –, von denen jede mindestens zehn Mann Platz bot. Weiter weg, am andern Ende der Lichtung, hatten sie für die beiden Citroën, den 402 und den Lieferwagen, eine Art Schuppen gebaut. Auch die Benzinkanister waren unter Planen und Zweigen in diesem Teil der Lichtung versteckt gewesen. Wahrscheinlich war das alles in der Nacht des »Tabu« in Flammen aufgegangen. Nur noch rötliche und graue Fetzen liegen in den Büschen ringsum verstreut, und halbverkohlte Bäume starren in die Luft. Wir nähern uns der Mitte der Lichtung, wo die Hütten gestanden haben. Aber auch hier ist der Wald schon dabei, alle Spuren dieses Lebens vor drei Jahren, dieses schon alten Todes wieder auszulöschen. Nur noch verfaulte Bretter und ein paar verrostete Eisenstücke sind zwischen den aufgewühlten Erdhaufen zu erkennen. Und selbst sie verlieren schon wieder jede menschliche Gestalt, sehen schon nicht mehr aus, als hätten Menschen sie einst für menschliche Zwecke geformt. Die Bretter werden wieder zu Holz, verfaulendem Holz, totem Holz, zu Holz, das nicht mehr mit menschlichem Schicksal verwoben ist, das wieder zurückkehrt in den Kreislauf pflanzlichen Lebens und Sterbens. Auch in dem Schrott erkennt man nur noch mit Mühe die Form eines Kochgeschirrs, eines Blechnapfes, des Kolbens einer STEN-Maschinenpistole. Auch er kehrt schon wieder ins Mineralreich, in den Austauschprozeß mit der ihn umgebenden Erde zurück. Der Wald löscht alle Spuren des einstigen Lebens, dieses schon alten, gealterten Todes vom »Tabu« aus. Und wir stehen da und wühlen mit dem Fuß, stochern ohne ersichtlichen Grund mit dem Fuß in den Spuren dieser Vergangenheit, die schon das hohe

Gras überdeckt und die das Farnkraut mit tausendfachen erzitternden Armen umschlingt.

Vor einigen Wochen dachte ich, daß ich gerne mitangesehen hätte, wie die Gräser und Sträucher, Dornen und Wurzeln im Wechsel der Jahreszeiten, im rauschenden Regen des Ettersbergs, im Winterschnee und der kurzen, gleißenden Aprilsonne, wie sie unaufhörlich, beharrlich, mit der Beharrlichkeit der Natur, während schon das ächzende Holz auseinanderklafft, während schon der Beton unter dem Andrang des Buchenwaldes wieder zu Staub zerbröckelt, wie die ganze Natur unbarmherzig jene menschliche Landschaft am Hang des Hügels, jenes von Menschen errichtete Lager langsam wieder auslöscht und mit ihrem Geschlinge von Gräsern und Wurzeln die Landschaft des Lagers bedeckt. Zuerst würden wohl die Holzbaracken des Großen Lagers einstürzen, deren leuchtend grüner Anstrich sie kaum vom Laub abhob, die jedoch jetzt schon bald unter der andrängenden Flut von Gräsern und Büschen verschlungen wären, dann die zweistöckigen Zementblöcke, und sicher ganz zuletzt, später als alle anderen Gebäude, viele Jahre später, so lange wie möglich noch in die Luft ragend gleich einer Erinnerung, einem Mahnmal, das erschütterndste Symbol des Ganzen: der viereckige, wuchtige Krematoriumsschornstein, bis eines Tages die Dornen und Wurzeln auch diese letzte, verzweifelte Gegenwehr aus Stein und Zement zu Fall gebracht hätten, dieses hartnäckig noch aufragende Bollwerk des Todes inmitten der grünenden Büsche, die schon das ganze Gebiet überwuchern, das einst ein Vernichtungslager war, und bis die Natur vielleicht sogar jene Schatten aus dichtem, schwarzem, gelb durchzogenem Rauch, die noch immer über der Landschaft schweben, diesen Geruch verbrannten Fleisches, der noch immer zitternd über der Landschaft hängt, ausgelöscht hätte, wenn die letzten Überlebenden, wenn wir alle schon längst verschwunden wären, wenn keine genaue Erinnerung mehr an das alles wach wäre, sondern nur noch die Erinnerung an die Erinnerung, der Bericht von der Erinnerung im Munde derer, die nie mehr wirklich wissen werden (so, wie man weiß, daß eine Zitrone scharf, daß ein Wollgewebe wollig ist), was das alles einst in Wirklichkeit war.

»Ich glaube, hier finden wir nichts mehr«, sagt Michel. Und wir verlassen die Lichtung auf der Seite, wo die Kameraden einen Anfahrweg für die Autos angelegt hatten, der auf den Waldweg mündete, von dem aus man einige hundert Meter weiter unten auf die Straße kam. Wir sind schon auf dem Weg, da bleibt Michel noch einmal stehen.

»Ich möchte nur wissen, ob die Wachen damals aufgepaßt haben«, sagt er stirnrunzelnd.

»Wieso?« frage ich.

Ich sehe Michel an und verstehe nicht, warum diese Einzelheit jetzt noch wichtig sein soll.

»Weißt du nicht mehr«, sagt er, »wie wir sie einmal absichtlich auf der Lichtung überrascht haben, um zu sehen, ob sie aufpaßten, und es waren keine Wachen da?«

Ja, ich weiß noch, wir waren unvermutet aufgetaucht, jede Patrouille der Feldgendarmerie hätte das gleiche tun können. Darüber waren wir uns mit den Leuten aus dem »Tabu« in die Haare geraten.

»Aber das ist doch jetzt nicht mehr wichtig«, meine ich.

»Trotzdem«, sagt Michel, »sie waren bestimmt selber daran schuld, daß sie überfallen wurden.«

»Du denkst ja schon ganz militärisch, für einen ehemaligen Schüler der École Normale allerhand.«
Er sieht mich an und lächelt.
»Du hast recht«, sagt er, »lassen wir's.«
»Auf jeden Fall«, sage ich, »wenn die SS mit Übermacht angerückt kam, haben sie's mit oder ohne Wachen gemerkt.«
»Ja«, sagt Michel, »und jetzt geht's zum Hof?«
»Ja natürlich, Herr Hauptmann, kommen Sie bitte herein, Herr Hauptmann«, sagt der Bauer.
Er winkt uns herein, aber ehe ich dem Herrn Hauptmann ins Innere folge, drehe ich mich noch einmal um und blicke hinaus. Der Hof steht etwa zweihundert Meter vom Waldsaum entfernt und beherrscht ein schönes Stück der Straße, die in Windungen zum »Tabu« hinaufführt. Sicher hatten die Leute auf dem Hof gesehen, wie die Lastwagen der SS heranrollten, und ich frage mich, ob sie wohl noch Zeit gehabt hatten, die Kameraden zu warnen. Falls es noch möglich war, hatten sie es bestimmt getan, denn die Bauersleute standen auf gutem Fuß mit den Kameraden aus dem »Tabu«.
Ich gehe auch hinein, Michel hat schon den üblichen Willkommsschluck Branntwein vor sich stehen, den man nicht ausschlagen kann.
»Haben Sie noch Zeit gehabt, die Jungens oben zu warnen?« frage ich, als auch ich mein Glas in der Hand habe.
Der Bauer nickt und ruft ins Innere des Hauses.
»Jeanine!« ruft er.
Er nickt mit dem Kopf, und dann erzählt er uns. Sie hatten tatsächlich noch Zeit gehabt, und seine Tochter war zu den Jungens hinaufgerannt, um sie zu warnen.

»Standen die Wachen da?« fragt Michel.
Ich möchte am liebsten sagen, diese Frage sei doch völlig egal, dieses Interesse für die Wachen sei nichts als ein Zeichen verfrühten Altersschwachsinns, aber der Bauer blickt ganz betroffen drein, er scheint diese Frage ernst zu nehmen, fast könnte man meinen, man habe ihn bei etwas Unrechtem ertappt, weil er jetzt auf diese alberne Frage keine Antwort weiß.
»Ja richtig, Herr Hauptmann, ich verstehe«, sagt er, »da müssen wir Jeanine fragen, ob sie sich an diese Einzelheit noch erinnern kann.«
Aber schnell verbessert er sich:
»Das heißt, es ist ja eine sehr wichtige Frage... die Wachen, ja natürlich, Herr Hauptmann, die Wachen...«
Und er nickt lange mit dem Kopf, bevor er mit einem plötzlichen Ruck seines ganzen Körpers sein Glas Branntwein austrinkt.
Jeanine, ihre Mutter und die Frau des Knechts hatten die Deutschen schließlich in Ruhe gelassen. Die Männer und das Vieh dagegen hatten sie mitgenommen. Und seinen Sohn hatte es am härtesten getroffen, der wurde nach Deutschland verschleppt.
»Es kann jetzt nicht mehr lange dauern, bis er zurückkommt«, sagt der Bauer mit zögernder Stimme. »Jeden Tag kommen welche zurück, die Zeitungen sind voll davon.«
Michel sieht mich an, ich sehe den Bauern an, der Bauer sieht nirgendwohin. Ein Schweigen entsteht.
»Haben Sie Nachricht von ihm gehabt, seit er nach Deutschland gekommen ist?« fragt Michel schließlich.
»Die Mutter hat zweimal was bekommen«, sagt der Bauer, »bis zur Invasion. Dann war's aus. Und er hat so-

gar auf deutsch schreiben müssen. Ich möcht nur wissen, wie er's fertiggebracht hat, der Bub.«
»Sicher hat ein Freund für ihn geschrieben«, sage ich, »einige sind immer drunter, die Deutsch können, die helfen dann den andern, die's nicht können. Das tut jeder gern.«
Der Bauer nickt mit dem Kopf und schenkt uns wieder ein.
»In welchem Lager war Ihr Sohn?« fragt Michel.
»In Bückenwal«, sagt der Bauer.
Ich frage mich, warum er »Buchenwald« so ausspricht, aber man hört es von den meisten Franzosen so.
Ich fühle, wie Michel zu einer Handbewegung gegen mich ansetzt, da verwische ich jeden Ausdruck in meinem Gesicht, lasse meine Gesichtsmuskeln erstarren, werde undurchsichtig, schwammig, ungreifbar. Ich will diesem Bauern, dessen Sohn noch nicht zurückgekehrt ist, nichts vom Lager erzählen. Wenn er erführe, daß ich selber gerade von dort komme, würde meine Anwesenheit seiner Hoffnung, den Sohn wieder nach Hause kommen zu sehen, einen furchtbaren Stoß versetzen. Jeder Gefangene, der zurückkehrt und nicht sein Sohn ist, verringert die Wahrscheinlichkeit, daß sein Sohn noch lebt, daß er noch lebend nach Hause kommt. Mein eigenes Leben und der Umstand, daß ich zurückgekommen bin, verringert die Wahrscheinlichkeit, daß sein Sohn noch lebt. Hoffentlich begreift auch Michel das und läßt davon ab.
Aber da öffnet sich eine Tür im Hintergrund, und Jeanine tritt herein.
»Ja«, sagt Jeanine, »ich erinnere mich noch gut an Ihren Freund.«

Wir sind auf dem Weg durch den Wald zur Lichtung.
»Wie alt waren Sie damals?« frage ich.
»Sechzehn«, sagt Jeanine.
Wir haben im Hof zu Mittag gegessen und noch einmal den Bericht vom Gemetzel am »Tabu« gehört, einen anderen, verschiedenen, aus einer anderen Perspektive gesehenen Bericht, und doch den gleichen, mit der gleichen Unordnung und der Nacht und dem wirren Lärm der Schlacht und schließlich der Stille, der großen winterlichen Stille über den Höhen des »Tabu«. Die Bäuerin verzehrt sich sichtlich im Warten, ihr ganzes Leben ist nur noch ein Warten auf ihren Sohn.
Michel ist auf dem Hof geblieben, um ein wenig am Motor des Citroën zu basteln, wie er gesagt hat. Ich dagegen gehe von neuem durch das hohe Gras zu der Lichtung, wo das »Tabu« gelegen hat, und neben mir geht Jeanine, die damals sechzehn Jahre alt war und sich noch sehr gut an meinen Freund erinnert.
»In den letzten Tagen vor der Schlacht ist er öfter auf den Hof gekommen«, sagt Jeanine.
Das Ganze hatte in Wirklichkeit nur wenige Stunden gedauert, aber für sie stellen diese wenigen Stunden wirren Lärms, ratternder Feuerstöße, die Rufe der in den Hof dringenden SS-Leute die ganze Wirklichkeit dieser fünf langen Kriegsjahre, ihrer Jugend, dar. Diese Schlacht vertritt für sie alle anderen Schlachten dieses langen Krieges, dessen dumpfer Widerhall bis zu diesem burgundischen Bauernhof gedrungen ist.
Wir sitzen auf der Lichtung, und ich rupfe die Gräser aus, die auf den Trümmern dieses kaum zu Ende gegangenen und doch schon verwischten Krieges wuchern.
»Die ganze Nacht lang«, sagt sie, »nachdem die Schüsse

aufgehört hatten, habe ich auf ihn gewartet und auf die Geräusche um den Hof gehorcht.«
Ich rupfe die Gräser aus, manche haben scharfe Kanten.
»Ich weiß nicht warum«, sagt sie, »aber ich dachte, er müsse plötzlich nachts von hinten an den Hof kommen.«
Ich kaue an einem Halm, er ist sauer und frisch wie dieser Nachkriegsfrühling, der um uns erwacht.
»Ich dachte, er sei vielleicht verwundet«, sagt sie, »ich hatte schon warmes Wasser bereit und sauberes Zeug, um ihn zu verbinden.«
Ich denke daran, daß sie sechzehn Jahre alt war, und kaue an dem sauren, frischen Halm.
»Meine Mutter war in einem Zimmer im Oberstock und hat geweint, die ganze Nacht hat sie geweint«, sagt sie.
Ich denke an diese Nacht, an die Stille, die sich wieder über die Höhen des »Tabu« gelegt hatte, an Hansens Spur, die für immer verloren war.
»Im Morgengrauen glaubte ich, an der Hintertür ein Rascheln zu hören. Es war aber nur der Wind«, sagt sie.
Der Winterwind auf den verkohlten Höhen des »Tabu«.
»Ich habe noch weiter gewartet, tagelang, ohne Hoffnung«, sagt sie.
Ich lege mich zurück, verberge den Kopf im Gras.
»Meine Mutter ist bis Dijon gegangen, dort hatten sie die Männer eingesperrt«, sagt sie.
Ich betrachte die Bäume und den Himmel zwischen den Bäumen und versuche, mich der Erinnerung zu erwehren.
»Ich bin kreuz und quer durch den Wald gelaufen, ich weiß selber nicht warum, ich mußte einfach«, sagt sie.

Sie mußte Hansens Spur wiederfinden, aber es gab von Hans keine Spur mehr.
»Noch heute komme ich manchmal hierher und warte.«
Ich betrachte den Himmel zwischen den Bäumen und die Bäume und versuche, alles Warten in mir auszulöschen.
»Mein Bruder ist auch nicht mehr zurückgekehrt, darum«, sagt sie.
Ich drehe mich auf die Seite und sehe sie an.
»Wußten Sie, daß er Deutscher war?« fragt sie.
Erstaunt stütze ich mich auf den Ellbogen, sehe sie an.
»Manchmal sang er ein Lied«, sagt sie, »in dem vom Monat Mai die Rede war.«
Ich lege mich wieder zurück und verberge den Kopf im hohen Gras. Ich fühle, wie mein Herz gegen die feuchte Erde der Lichtung schlägt, und es ist wieder Mai, »im wunderschönen Monat Mai, wenn alle Knospen blühen«. Ich fühle, wie mein Herz schlägt, und auf einmal erinnere ich mich wieder an jenen langen Gang durch die Nacht, der mir die ganzen letzten Tage hindurch im Gedächtnis lag. Ich höre, wie Jeanine sich neben mir im raschelnden Gras bewegt und fühle ihre Hand auf meinem kurzgeschorenen Haar. Es ist keine Liebkosung, nicht einmal eine Gebärde der Verbundenheit, nur wie das Tasten eines Blinden, der sich zurechtzufinden versucht, als wolle sie erkunden, was es mit meinen kurzgeschorenen Haaren auf sich hat.
»Ihr Kopf ist kahlgeschoren gewesen«, sagt sie.
Ich drehe mich zu ihr um. Sie hat sich neben mich ins Gras gelegt, ihre Augen sind weit offen.
»Glauben Sie, daß mein Bruder noch zurückkommen kann?« fragt sie.

Da erzähle ich ihr im Flüsterton die Geschichte dieses langen Ganges durch die Nacht, quer durch Europa, das soll meine Antwort an sie sein, die Geschichte dieses langen Ganges, den Piotr und seine Kameraden durch die Nacht Europas getan haben. Mit leidenschaftlicher Aufmerksamkeit hört sie mir zu. Und wieder ist es Mai in der Lichtung, wo das »Tabu« gewesen ist.

»Verstehst du«, sagte die Stimme hinter mir, »wir haben uns in kleine Gruppen aufgelöst, und niemand hat die Kameraden von der Nachhut mehr gesehen.«

Der Junge aus Semur sieht den Sprecher an und dreht sich, als er fertig ist, wieder zu mir um.

»War das ein Freund von dir?« fragt er. »Ein guter Freund?«

»Ja«, sage ich.

Der Junge aus Semur nickt mit dem Kopf, und wieder herrscht Schweigen im Halbdunkel des Wagens. Ein schwerer Schlag, diese Nachricht vom Ende des »Tabu«, ein Tiefschlag mitten in den Magen, auf dieser Reise. Bis zum Schluß dieser Reise werde ich nicht wissen, was mit Hans geschehen ist. Und wenn ich nicht mehr von dieser Reise zurückkomme, werde ich nie wissen, was mit Hans geschehen ist. Wenn er bei der Nachhut geblieben ist, werde ich mich an den Gedanken gewöhnen müssen, daß Hans tot ist. In den kommenden Tagen, Wochen und Monaten werde ich mich an den Gedanken gewöhnen müssen, daß Hans tot ist, das heißt, der Gedanke (wenn man die undurchsichtige, ungreifbare Wirklichkeit des Todes von jemand, der einem nahesteht, überhaupt so bezeichnen kann) wird sich mir anpassen, wird ein Teil meines eigenen Ich werden müssen. Und das geht wohl nicht so schnell, fürchte ich. Aber vielleicht werde ich gar

nicht Zeit haben, mich an den Gedanken zu gewöhnen, daß Hans tot ist, vielleicht nimmt mir mein eigener Tod vorher diese Sorge ab. In der schwammigen Kugel hinter meiner Stirn, zwischen meinem schmerzenden Nacken und den brennenden Schläfen, in dieser Kugel, in der die stechenden Schmerzen meines ganzen in tausend schneidende Glasscherben zersplitterten Körpers sich vereinen, in dieser schwammigen Kugel, aus der ich mit bloßen Händen (oder besser mit feinen Zangen, durch die Öffnung der abgehobenen Knochenplatte hindurch) die wolligen, vielleicht blutdurchsetzten Fasern herausziehen möchte, die sicher alle Höhlungen ausfüllen und mich am klaren Denken hindern, die mein ganzes Innere, alles, was man Bewußtsein nennt, mit Nebelschwaden erfüllen – in dieser schwammigen Kugel zwängt sich der Gedanke durch, daß mein Tod vielleicht überhaupt nie etwas Wirkliches, daß er nie ein Teil des Lebens von auch nur einem einzigen Menschen sein wird. Vielleicht wird mein Tod niemals die Möglichkeit haben, etwas Wirkliches zu sein, und ich suche verzweifelt, wem ich fehlen könnte, welches Leben ich durch mein Fehlen aushöhlen, in Verzweiflung stürzen könnte, aber ich finde niemand, niemand in diesem Augenblick, mein Tod ist überhaupt nicht möglich, ich kann nicht einmal sterben, ich kann nur verlöschen, ganz unbemerkt aus diesem Dasein ausradiert werden, Hans müßte noch leben, Michel müßte leben, damit ich eines wirklichen Todes sterben könnte, der am Wirklichen haftet, damit ich nicht einfach im stinkenden Halbdunkel dieses Wagens verlöschen muß.
Als Dr. Haas in Epizy, das heißt bei Joigny, im Haus Irènes meine Papiere verlangte – natürlich wußte ich damals noch nicht, daß es Dr. Haas war, ich war völlig ah-

nungslos und noch schlaftrunken in die Küche gegangen, und Irène hatte mit ruhiger, leiser Stimme zu mir gesagt: »Die Gestapo, Gérard«, sie lächelte, und ich sah undeutlich die Gestalten zweier Männer vor mir und einer blonden Frau, einer Dolmetscherin, wie ich später merkte, und einer der Männer schnarrte mich an: »Ihre Papiere!« oder so ähnlich, auf alle Fälle etwas ganz leicht Verständliches, da machte ich eine Bewegung, um meine Smith-and-Wesson herauszuziehen, aber unglücklicherweise hatte ich an diesem Tag einen kanadischen Revolver, dessen Trommel sich nicht seitlich herausdrehen ließ, sondern bei dem Griff und Schlagbolzen sich auf einer festen Achse nach hinten legten, um so die Trommel freizugeben; aber ich konnte meine Bewegung nicht vollenden, der Revolver mußte sich mit der ausgebauchten Stelle, wo die Trommel saß, am Ledergürtel verfangen haben, er kam einfach nicht heraus, und der zweite Mann schlug mich mit einem Fausthieb in den Nacken nieder, ich brach in die Knie, ich dachte einzig daran, meine Waffe zu ziehen, Kraft zu haben, meine Waffe zu ziehen und auf den Kerl mit dem weichen Hut und den Goldzähnen – alle vorderen Zähne waren Goldzähne – schießen zu können, es war das einzige, was mir in diesem Augenblick noch wichtig war: den Revolver ziehen und auf den Kerl schießen, das einzige, um das meine Aufmerksamkeit, mein ganzes Leben noch kreiste; aber da schlug mir auch der Kerl mit dem weichen Hut mit aller Kraft einen Pistolengriff auf den Kopf, sein Mund war zu einem breiten Loch verzerrt und lauter Goldzähne darin, das Blut spritzte mir in Strömen über die noch vom Schlaf umnebelten Augen, die blonde Frau stieß schrille Schreie aus, und dieser verdammte kanadische Revolver kam und kam nicht heraus. Ich hatte Blut im Gesicht, so schmeckt also das Leben, so schal und lau, dachte ich in einer Art von Hochgefühl und stellte mir nichts anderes vor, als daß der Kerl mit dem weichen Hut mich jetzt aus nächster Nähe niederknallen würde, wenn er den Griff meines Revolvers sah, den ich noch immer vergebens freizubekommen versuchte. Und selbst in diesem Augenblick gelang es mir nicht, mir diesen so nahen, so wahrscheinlichen Tod als eine notwendige Wirklichkeit vorzustellen; selbst in dieser Minute, in der er über mich hereinzubrechen schien, in der er aller Wahrscheinlichkeit nach über mich hereinbrechen mußte, blieb der Tod jenseits, wie ein Ding oder ein Ereignis, das sich nicht erfüllen kann und das sich auch wirklich auf der Ebene des Individuums nie erfüllt. Jedesmal, wenn mich später der Tod wieder streifte (als sei der Tod etwas unerwartet Vorgeschobenes, ein körperliches Hindernis, an dem man vorbeistreifte, gegen das man stieße, prallte, geschleudert würde), war die einzige wirkliche Empfindung, die dadurch hervorgerufen wurde, eine Beschleunigung aller Lebensvorgänge, als sei der Tod etwas, an das man zwar in allen möglichen Schattierungen, Nuancen und Variationen denken konnte, jedoch nie etwas, das einem zustoßen könnte. Und so ist es auch in der Tat, Sterben ist das einzige, was mir niemals zustoßen kann, worin ich niemals eigene Erfahrungen sammeln kann. Hansens Tod jedoch war etwas, was mir richtig zugestoßen war, was von nun an zu meinem Leben gehörte.

Dann ist alles leer. Seit sechzehn Jahren versuche ich, die paar Stunden zwischen der Unterhaltung mit dem Kameraden aus dem »Tabu« und der Wahnsinnsnacht, die uns erwartete, zu umkreisen, den Nebel dieser paar Stunden zu durchdringen, die ja notgedrungen verflossen sein müssen, der Wirklichkeit dieser paar Stunden Brocken um Brocken zu entreißen, aber es will mir nicht gelingen. Manchmal, in einem Aufblitzen, erinnere ich mich, nicht an etwas, was passiert wäre, denn es ist ja nichts passiert, nie, in keinem Augenblick dieser Reise ist etwas passiert, sondern an Erinnerungen, Träume, die mich während dieser Stunden, dieser an meiner Reise und ihrer sonst vollkommenen Erinnerung fehlenden Stunden quälten oder belebten, an der sonst nicht der geringste Zug der Landschaft, kein Wort, das gesprochen worden ist, keine Sekunde der endlosen Nächte fehlt, deren Erinnerung so vollkommen ist, daß, wenn ich anfinge, diese Reise in all ihren Einzelheiten zu erzählen, die Leute um mich herum, die mir anfänglich gern, wenn auch nur aus Höflichkeit, ihre Aufmerksamkeit geschenkt hätten, vor Langeweile vergehen, sterben, sachte in ihren Sitzen zusammensinken und in den Tod wie in den träge fließenden Strom meiner Erzählung sinken würden oder aber in rasenden Wahnsinn verfielen, wenn sie den sanften Schrecken all der Einzelheiten und Geschehnisse, all des Hin und Her dieser langen Reise vor sechzehn Jahren nicht mehr ertrügen. Deshalb erzähle ich hier auch nur das Wichtigste. Aber es ärgert mich doch, daß ich, an diesem Punkt angekommen, diese paar Stunden, die mich zu verhöhnen scheinen und zurückweichen, so oft ich ihnen auch nur die winzigste Beute ihrer verlorenen Erinnerung abjage, nicht auch noch Sekunde um Sekunde erfassen und zergliedern kann.

Nur noch Brocken finde ich vor. So hatte ich zum Beispiel während dieser Stunden, es muß notgedrungen in dieser Zeit gewesen sein, denn ich kann noch so sehr die übrige Reise Minute um Minute zergliedern, ich finde keinen Platz dafür, jenen Traum oder jene Erinnerung, die sich bei aller Verworrenheit deutlich wie ein greller Punkt abzeichnet, die Erinnerung an jene ruhige, nach Bohnerwachs riechende Stätte (mit Büchern, voller Bücherregale), in die ich vor der stinkenden Feuchtigkeit des Wagens floh, jene große, nach Wachs und Eichenholz, nach gebohnertem Eichenholz duftende Stille, in die ich mich auf der Flucht vor dem immer lauter ansteigenden Gemurmel des Wagens versenkte, das bei Anbruch der Nacht zu heulendem Toben anschwoll. Ich glaube nicht, schon während der Reise diese ruhige Stätte erkannt zu haben, diese Stätte der Träume, erfüllt vom Rascheln umgewendeter Blätter, dem Geruch von Papier und Tinte, der sich mit dem von Bohnerwachs vermischte, und dem undeutlichen Gefühl, daß diese Stätte selber wieder von Ruhe, von flockenweicher Stille, von kahlen Bäumen umgeben war, wobei mir das alles freilich nur verworren vorschwebte, nicht als Gewißheit, sondern als undeutliche Ahnung all der Ruhe, die diesen ruhigen Raum umschloß. Später war es dann natürlich ein Kinderspiel, diesen Traum, diese Erinnerung, dieses zugleich nebelhafte und klare, glänzende und undurchsichtige Heimweh mitten im furchtbar wirklichen Alptraum des Wagens zu erkennen. Es war nichts anderes als die Buchhandlung, genauer gesagt, das erste Stockwerk der Buchhandlung von Martinus Nijhoff in Den Haag. Noch heute, dreiundzwanzig Jahre später, könnte ich mit geschlossenen Augen die Treppe hinaufgehen und fände mich unter den langen Bücherreihen des ersten Stocks zurecht. Nijhoff stand gewöhnlich im Erdgeschoß und sah mir mit seinen hinter goldgeränderten Brillengläsern hervorblitzenden Augen nach, wie ich zur Treppe ging. Im ersten Stock standen die französischen Bücher, neue und antiquarische, und ich verbrachte endlose Stunden damit, Bücher zu lesen, die zu kaufen ich nicht das Geld besaß. Ein friedliches Licht überströmte den großen Raum, jenes schöne, dichte Licht nördlicher Winter, ohne scharfe Grate, jene sphärisch von allen Seiten einfallende Helligkeit, die Vorder- und Hintergrund gleichermaßen überflutet, wobei es in diesem Raum mit seinen strengen Bücherregalen (und der Wachsgeruch wurde sozusagen zum sinnlichen Äquivalent des ein wenig hochmütigen, im Grunde jedoch so zerbrechlichen, vergänglichen Puritanismus des Ganzen) noch durch die Fenster gedämpft wurde, die mit kleinen, farbigen, von Bleifassungen umschlossenen und in altmodischen, ein wenig langweiligen Mustern angeordneten Glasscheiben verziert waren. All das gehört jedoch keineswegs zu dem Traum während dieser Reise. Dieser Traum war nur wie ein Heimweh nach jenem stillen, umschlossenen, nicht klar erkannten Raum und kam nicht über das verworrene Gefühl eines unwiederbringlichen Verlustes, eines Fehlenden hinaus, das nie mehr zu ersetzen war, während im feuchten Gestank des Wagens schon bald wildgellend das Brüllen losbrach. Weder das stillvergnügt lächelnde Gesicht von Nijhoff noch die winterkahlen Straßen, noch die zugefrorenen Grachten, noch der lange Lauf nach dem Schulschluß im Tweede-Gymnasium bis zu diesem stillen, umschlossenen Raum gehörten zu dem Traum, oder besser gesagt, zu der brennenden, wenn auch verschwommenen Erinnerung, die mich während dieser toten Stunden zwischen der Unterhaltung mit dem Kameraden aus dem »Tabu« und der kommenden Walpurgisnacht überfiel. Dieser stille, umschlossene Raum war einer der Punkte, um die sich meine kindliche Welt aufbaute, gegen die gleichzeitig von allen Seiten das Grollen der Welt, das Brüllen der Radios beim Anschluß von Wien, die düstere, stumpfsinnige Betäubung des Septembers 1938 bei der Niederlage meiner Heimat brandete – so wie an die Deiche von Scheveningen am Ende der Bäume und Dünen das von den Äquinoktialstürmen aufgepeitschte Meer, zu dem man am Ende der Bäume und Dünen aufsehen, hinaufsteigen mußte und das jeden Augenblick über das Festland unter ihm hereinzubrechen schien. Die langen Lesestunden bei Martinus Nijhoff waren, das ahnte ich schon damals schaudernd, nur eine Rast auf der langen Straße des Exils, die damals in Bayonne, nein, in Wirklichkeit längst vorher angefangen hatte, in jener Nacht, als ich in den letzten Ferien im Haus am Fuß des Föhrenwaldes plötzlich aus dem Schlaf gerissen wurde und das ganze Dorf sich in keuchendem Schweigen auf den Weg machte, als die rings auflodernden Hügel und die aus dem nächsten, ostwärts gelegenen Dorf herbeiströmenden Flüchtlinge das Herannahen der italienischen Truppen Gambaras anzeigten, die schon plündernd das Baskenland durchzogen. (Am Zugang zur Brücke waren Männer dabei, aus Sandsäcken eine Sperre zu errichten, sie hatten Jagdgewehre und Konservendosen mit Dynamit, einige von ihnen kannte ich, es waren Fischer, die ich während des Sommers im Hafen kennengelernt hatte, Pelotespieler, die in gleichwertigen Mannschaften in Mendeja an der Giebelseite der alten Kirche immer wieder von neuem ihr unermüdliches Spiel gespielt hatten, bei dem der Lederball klatschend von den bloßen Händen abprallte oder mit schneidendem Knall auf den Eisenstreifen traf, der an der gegenüberliegenden Wand die untere Grenze des Spielraums bezeichnete; jetzt schauten sie zu den brandglühenden Hügeln empor, drückten ihre Jagdgewehre an die Brust und rauchten schweigend; von ihnen wegzugehen, sie hinter ihrer nutzlosen Barrikade gegen die Panzer Gambaras zurückzulassen hieß, die wichtigsten Bande zu zerreißen und den Weg ins Exil zu beschreiten; man wünschte, mit einem Schlag ein paar Jahre älter zu sein, um bei ihnen bleiben zu können, man nahm sich in schrecklicher kindlicher Verzweiflung verworren vor, diese Verspätung auf irgendeine Weise wiedergutzumachen, diese verlorene Zeit wieder einzuholen; aber schon ging man davon, wurde fortgerissen von der nächtlichen Flut der Menge, deren rauhe Bastschuhe auf dem Asphalt der Uferstraße über dem Meer und dem Plätschern der Brandung dahinglitten; man ging davon, war schon weg und mußte nun jahrelang warten, eine lange Nacht von Jahren, in denen Brände auflodertern und Schüsse peitschten, ehe man neben anderen Menschen und doch denselben, hinter anderen Barrikaden und doch denselben, in denselben, immer noch unausgefochtenen Krieg eingreifen und seinen Mann stehen konnte.) Der Wachsgeruch bei Nijhoff, das Rascheln der Blätter, die einschläfernde Wärme nach dem langen Lauf an den zugefrorenen Grachten und gespensterhaft winterkahlen Bäumen vorbei war nur eine winzige Ruhepause auf der endlosen Reise ins Exil.

Auf jeden Fall sprach der Junge aus Semur während dieser paar Stunden, die der Wahnsinnsnacht, der letzten Nacht dieser Reise, vorangingen, nichts mehr. Vielleicht lag er schon im Sterben oder, besser gesagt, vielleicht stellte der Tod schon seine Kraft und List zu einem letz-

ten Angriff, einem plötzlichen Durchbruch in den Arterien, einem schattenhaft kalten, unaufhaltsam näherrückenden Blutpfropfen bereit. Auf jeden Fall sprach er nichts mehr. Bald schon würde sich sein Mund zu einem verzweifelten »Mensch, verlaß mich nicht« öffnen, und er würde sterben, das heißt, sein Tod würde am Ziel angelangt sein. Auch alle anderen Gespräche erstarben während dieser Stunden, kein Wort wurde mehr laut. Klebriger Stumpfsinn, schleimige Stille senkte sich auf uns wie schwarzer Schlamm, aus dem in konzentrischen Kreisen röchelnde Blasen stiegen, halblaute Schreie, plötzliche Ausbrüche ohnmächtigen Zorns oder Entsetzens, in dem es kein Ich, kein Er, kein Du mehr gab, das schrie oder röchelte, sondern nur noch das schleimige Murmeln unserer einhundertneunzehn namenlosen Münder, bis ganz zum Schluß aus unseren restlos zerriebenen Nerven, unserem erschöpften Willen in grausigem Ansturm die Verzweiflung brach.
Sicher bin ich, wie mir jetzt einfällt, auch manchmal im Frühjahr zu Martinus Nijhoff gegangen, wenn feuchte Luft in den grünenden Bäumen hing und das Wasser träge durch die Grachten floß, aber immer steigt mir nur die Erinnerung an das knirschende Weiß des Winters und der nackten Bäume auf, die sich im grauen und doch so vielfarbig schillernden Licht abhoben, von dem man zum Schluß nicht mehr wußte, ob es das wirkliche Licht oder das der Maler war, deren Werke man im Rijksmuseum oder im Boymansmuseum bewundern konnte, das Licht Delfts oder das Vermeers van Delft. (Und selbst diese Ungewißheit wird, wie man leicht merkt, noch dadurch belastet, daß manche Gemälde Vermeers gefälscht sind, aber derart echt gefälscht, das heißt unter so enger Anleh-

nung an die Wirklichkeit dieses Lichtes, von dem ich spreche, gefälscht, daß es völlig unsinnig wäre zu fragen, wer nun der Nachahmer und wer der Nachgeahmte ist, vielleicht hat Vermeer in jahrhundertelanger Vorausahnung van Meegeren nachgeahmt, und außerdem möchte ich wissen, was das an der Sache ändert, auf jeden Fall war es schade, daß in Cimiez, in dem Landhaus, in dem van Meegeren während der deutschen Besetzung gelebt hatte und wo ich einige Tage bei Freunden verbrachte, die nachher dort wohnten, kein einziger gefälschter van Meegeren oder echter Vermeer mehr hing, denn erst das Gefälschte in den Bildern des Fälschers hatte die von Vermeer nur angedeutete Wahrheit jenes grauen, von innen heraus schimmernden Lichts zur höchsten Vollendung geführt, das mich umhüllte, wenn ich unter den kahl starrenden Bäumen zur Buchhandlung Martinus Nijhoffs lief.)

Da lief ich denn verzweifelt auf diese ruhige, umschlossene Stätte zu, aber jedesmal, wenn ich sie gerade erreichte, wenn es schien, als wolle die Erinnerung daran gerade Gestalt annehmen, wenn ich gerade dabei war, sie zu erkennen, sie zu identifizieren, riß mich ein Stoß der keuchenden Körpermasse, ein schriller, aus den Eingeweiden des Entsetzens selber aufgellender Schrei wieder zurück, zog mich weg, schleuderte mich wieder in die Alptraumwirklichkeit des Wagens.

»Wir müssen etwas tun, Leute«, sagt eine Stimme hinter uns.

Ich sehe nicht recht, was wir tun könnten, außer warten, uns an uns selber festklammern, aushalten. Auch der Junge aus Semur sieht es nicht recht ein, er nickt zweifelnd mit dem Kopf, vielleicht ist es auch ganz einfach

Stumpfsinn. Aber immer kommt einer und nimmt die Situation in die Hand, wenn sie unerträglich wird, immer erhebt sich eine Stimme aus der Masse namenloser Stimmen und gibt an, was zu tun ist, weist auf vielleicht ausweglose, ja meistens sogar ausweglose Wege hin, aber immerhin auf Wege, die unserer noch schwelenden, ziellosen Energie neue Betätigungsfelder eröffnen. In solchen Augenblicken, wenn diese Stimme ertönt, und sie ertönt immer, enthüllt eine Anhäufung zufällig zusammengewürfelter Menschen eine geheime Struktur, einen noch einsatzfähigen Vorrat an Willenskraft, eine erstaunliche Bildsamkeit, die sich wie Kraftlinien zusammenschließt und zu vielleicht undurchführbaren Bemühungen, aber doch zu Bemühungen führt, die noch der elendsten, noch der verzweifeltsten menschlichen Handlung Sinn und Bedeutung verleihen. Und immer ertönt irgendwann diese Stimme.
»Leute, wir müssen etwas tun«, sagt die Stimme hinter uns.
Die Stimme ist klar und bestimmt und hebt sich deutlich von den anderen, verzweifelten, röchelnden Stimmen ab. Plötzlich ersticken wir, plötzlich können wir nicht mehr, die Kameraden brechen reihenweise zusammen, fallen in Ohnmacht, reißen andere mit zu Boden, diejenigen, die unter die Masse der sich windenden Körper geraten, ersticken, stoßen mit aller Kraft, um sich zu befreien, schaffen es nicht oder nur mühsam, schreien noch lauter, brüllen, sie stürben, ein ohrenbetäubender Lärm entsteht, alles löst sich auf, man fühlt sich von rechts und links gestoßen, taumelt über niedergestürzte Körper, wird in die Mitte des Wagens gesogen und sogleich wieder gegen die Wand gepreßt, und der Mund des Jungen

aus Semur steht weit offen wie der eines Fisches, er versucht, soviel Luft wie nur möglich zu schnappen, »gebt mir die Hand«, schreit ein Greis, »mein Bein ist eingeklemmt, es bricht«, schreit der Greis, ein anderer weiter rechts schlägt wie ein Rasender um sich, man hält ihm die Arme fest, aber mit wildem Aufbrüllen reißt er sich los, schließlich schlägt man ihn nieder, er stürzt, Füße trampeln auf ihm herum, »das ist doch Wahnsinn, Leute, faßt euch doch, beruhigt euch doch«, ruft jemand verzweifelt, »Wasser sollte man haben«, sagt ein anderer, »das ist leicht gesagt, woher nehmen?« und dann dieses Heulen am anderen Ende des Wagens, dieses endlose, schon nicht mehr menschliche winselnde Heulen, dessen Ende man doch nicht erleben will, weil es bedeuten würde, daß der Mensch, das Tier, das Wesen, das da so heult, gestorben ist, weil dieses unmenschliche winselnde Heulen anzeigt, daß ein Mensch noch um sein Leben ringt, neben dem Jungen aus Semur steht einer, der plötzlich ohnmächtig zusammenbricht, fast reißt er den Jungen aus Semur mit, er klammert sich an mich, ich versuche, mich mit einer Hand gegen die Wand des Wagens zu stützen, gegen die wir gepreßt werden, ich richte mich nach und nach auf, so sehr ich kann, der Junge aus Semur gewinnt endlich wieder sein Gleichgewicht, er lächelt, aber er sagt nichts, er sagt nichts mehr; vor langer Zeit, kommt mir in den Sinn, habe ich den Bericht über den Brand im »Novedades«, einem Theater, gelesen, über die Panik, die entstand, über die zertrampelten Leiber, aber vielleicht, ich bringe es nicht mehr richtig zusammen, vielleicht ist es auch nicht wahr, daß ich es als Kind in einer vom Tisch weggenommenen Zeitung gelesen habe, vielleicht ist es nur die Erinnerung an eine Erzählung, die ich

einmal gehört habe, vielleicht ereignete sich dieser Brand im »Novedades« und diese Panik schon vor der Zeit, als ich alt genug war, den Bericht darüber in einer auf dem Wohnzimmertisch gefundenen Zeitung zu lesen, ich bringe es nicht mehr richtig zusammen, auf jeden Fall ist das jetzt auch völlig gleichgültig, ich möchte nur wissen, wie ich darauf komme, was für eine Bedeutung es schon haben kann, ob ich diese Erzählung von einem Erwachsenen, vielleicht von Saturnina gehört oder selbst in einer Zeitung gelesen habe, über deren erste Seite in großen Buchstaben der Titel der Sensationsmeldung lief.
»Kommt, Leute, ihr müßt mir helfen«, sagt die Stimme wieder.
»Dir helfen?« frage ich.
Er meint offenbar mich, auch den Jungen aus Semur, alle um ihn herum, die der panische Sturm, der im Wagen losgebrochen ist, noch nicht ergriffen, umgeworfen, zu Boden geschleudert und handlungsunfähig gemacht hat.
»Wir müssen die Ohnmächtigen wieder auf die Beine bringen«, sagt der Kamerad, der die Situation in die Hand genommen hat.
»Ja, das sollten wir«, sage ich skeptisch.
»Sonst gibt es noch Tote und Zertrampelte und Erstickte«, sagt der Kamerad.
»Sicher«, entgegne ich, »aber Tote gibt es auf jeden Fall.«
Der Junge aus Semur hört zu, er nickt mit dem Kopf, sein Mund steht immer noch weit offen.
»Ich brauche Gefäße«, sagt der Kamerad in gebieterischem Ton, »leere Konservendosen oder so was.«
Ich schaue mich geistesabwesend um und suche Gefäße, leere Konservendosen oder so was, wie er sagt.

»Wozu?« frage ich.
Ich verstehe nicht ganz, was er mit Gefäßen, leeren Konservendosen oder so was, wie der Kamerad sagt, anfangen will.
Aber die gebieterische Stimme beginnt sich durchzusetzen. Von allen Seiten ruft es ihm zu, Hände halten ihm im brüllenden, feuchten Halbdunkel des Wagens eine ganze Reihe leerer Konservendosen hin.
Ich passe auf, was er jetzt wohl tun wird, wie man im Zirkus aufpaßt, wenn einer anfängt, seine Nummer vorzuführen, von dem man noch nicht weiß, ob er mit Tellern oder Kugeln jonglieren wird, ob er sie verschwinden lassen oder in lebende Kaninchen, weiße Tauben, bärtige Frauen, zarte, abwesende Mädchen mit abwesendem Gesicht und einem mit glitzerndem Straß besetzten rosa Trikot verwandeln wird. Ich schaue ihm zu wie im Zirkus, noch läßt es mich gleichgültig, was er machen wird, ich will nur sehen, ob er seine Nummer beherrscht.
Der Kamerad wählt die größten Konservendosen aus und läßt die anderen fallen.
»Jetzt müßt ihr alle in die Dosen pinkeln, jeder, der kann, bis sie voll sind«, sagt er.
Der Unterkiefer des Jungen aus Semur renkt sich fast aus vor Erstaunen, er wackelt wieder heftig mit dem Kopf.
Aber ich glaube, ich hab's jetzt, was der Kamerad will, ich glaube, ich habe seine Nummer erraten.
»Wir haben kein Wasser, deshalb tauchen wir Taschentücher in den Urin«, sagt der Kamerad, »dann halten wir die nassen Taschentücher in die Nachtluft, das gibt kalte Umschläge für die Ohnmächtigen.«
So ungefähr hatte ich es mir auch gedacht.
Um mich herum fangen sie an, in die Konservendosen zu

pinkeln. Als sie voll sind, sammelt der Kamerad sie ein, läßt sich Taschentücher geben, taucht sie in den Urin und reicht sie denen, die neben der Öffnung stehen, damit sie sie in die eisige Nachtluft halten. Dann machen wir uns nach den Anweisungen des Kameraden an die Arbeit. Wir heben die am Boden Liegenden auf, kleben ihnen die feuchten, kalten Taschentücher auf Stirn und Gesicht und bringen sie so nahe wie möglich an die frische Nachtluft, das weckt sie wieder auf. Die andern, die ausgehalten haben, geraten durch diese Tätigkeit in Schwung, bekommen wieder Kraft und beruhigen sich. Von unserem Winkel ausgehend, verbreitet sich die Ruhe nach und nach in konzentrischen Kreisen über den ganzen Wagen.

»Macht den Mund und die Augen zu«, sagt der Kamerad, »wenn ihr die Taschentücher auf dem Gesicht habt.«

Nach und nach legt sich die Panik. Zwar brechen immer noch welche zusammen, aber sofort fangen Hände sie auf und schieben sie gegen die Öffnungen und die Kameraden mit den uringefüllten Dosen. Diese klatschen ihnen die nassen, kalten Taschentücher mehr oder weniger ausgiebig in die starren Gesichter und bringen sie so wieder zum Leben zurück.

»Meine Dose ist leer«, sagt einer, »wer macht sie mir wieder voll?«

»Gib her«, sagt ein anderer, »das kann ich dir besorgen.«

Schon erklingt hier und da wieder Gelächter. Grobe Witze werden laut.

Bei einigen freilich nützten alle Wiederbelebungsversuche nichts mehr. Sie waren endgültig tot. Unwiederbringlich tot. Wir legten sie neben den ersten Leichnam dieser Reise, den des Alten, der gesagt hatte »Stellt euch das vor« und gleich darauf gestorben war. Wir legten sie dorthin, um nicht aus Versehen auf sie zu treten, aber es war keine leichte Arbeit in der feuchten Wirrnis des Wagens. Am einfachsten war es noch, die Leichen aufrecht von Hand zu Hand bis zu der Stelle weiterzureichen, die wir für sie bestimmt hatten. Von unsichtbaren Armen gestützt, die starren Totenaugen auf eine erloschene Welt gerichtet, schien es, als schritten die Leichen aus eigener Kraft einher. Der Tod selber ging schweigend im Wagen um, eine unwiderstehliche Gewalt schien diese Leichen auf ihrem letzten Gang zu beseelen. Später erfuhr ich, daß die deutschen Kameraden auf die gleiche Art die Leichen der tagsüber gestorbenen Gefangenen sogar auf den Appellplatz brachten. Das war noch ganz zu Anfang, in der heroischen Zeit, als die Lager noch richtige Lager waren; heute sind sie ja offenbar nur noch Sanatorien, wenigstens nach den verächtlichen Worten der Ehemaligen. Die SS-Leute gingen die schnurgeraden Reihen der Gefangenen durch, die in Karrees, nach Blocks getrennt, angetreten waren. In der Mitte der Karrees standen, von unsichtbaren Händen gestützt, die Toten und hielten sich ganz tapfer. Sie wurden immer ziemlich schnell starr in der eisigen Kälte des Ettersbergs, im Schnee des Ettersbergs, im Regen des Ettersbergs, der ihnen in die toten Augen lief. Die SS-Leute zählten sie ab, und die gewonnene und lieber zwei- als nur einmal nachkontrollierte Zahl diente dann zur Festsetzung der Essensrationen für den nächsten Tag. Aus dem Brot der Toten, aus der Margarineration der Toten, aus ihrer Suppe bildeten die Kameraden einen Essensvorrat, der den Schwächsten und Kranken zugute kam. So leisteten die Leichen der tags-

über gestorbenen Kameraden auf dem Appellplatz, während ihnen der Regen des Ettersbergs in die erloschenen Augen lief und der Schnee auf ihren Wimpern und Haaren hängenblieb, den Lebenden noch einen stolzen Dienst. Sie halfen, den Tod, der allen noch Lebenden auflauerte, wenigstens vorübergehend zu besiegen.
Plötzlich hält der Zug noch einmal.
Schweigen breitet sich im Wagen aus, ein seltsames Schweigen, nicht das Schweigen, das aus dem kurzfristigen und rein zufälligen Verstummen der umgebenden Geräusche entsteht, sondern ein Schweigen voll Lauerns, Wartens, angehaltenen Atems. Und wieder, wie jedesmal, wenn der Zug hält, fragt eine Stimme, ob wir angekommen sind.
»Sind wir angekommen?« fragt die Stimme.
Und wieder antwortet niemand. Der Zug pfeift zweimal in der Nacht. Wir horchen gespannt, ganz verkrampft vor Aufmerksamkeit. Die Kameraden denken nicht einmal mehr ans Umfallen.
»Was sieht man?« fragt einer.
Auch das ist eine geläufige Frage.
»Nichts«, sagt einer von denen, die neben der Öffnung stehen.
»Keinen Bahnhof?« fragt wieder einer.
»Nein, nichts«, kommt die Antwort.
Plötzlich Stiefelknirschen auf dem Schotter des Bahndamms.
»Sie kommen.«
»Wahrscheinlich ein Kontrollgang, jedesmal, wenn wir halten, machen sie Kontrollgänge.«
»Frag sie, wo wir sind.«
»Ja, einer soll fragen, ob wir bald angekommen sind.«

»Glaubst du, die geben uns Antwort?«
»Das ist denen ja scheißegal, ob's uns bis hier steht.«
»Ja natürlich, die haben es noch nie mitgemacht.«
»Manchmal trifft man einen Anständigen, der Antwort gibt.«
»Manchmal hat mein Kater schon Junge gehabt, es waren aber bloß Würmer.«
»Halt's Maul, ich hab's jedenfalls schon erlebt.«
»Du bist eben die Ausnahme, die die Regel bestätigt.«
»Ganz bestimmt, in Fresnes einmal, als ich...«
»Behalt deinen Lebenslauf für dich.«
»Auf jeden Fall hab ich's erlebt.«
»Haltet doch endlich eure Schnauze und horcht.«
»Da gibt's nichts zu horchen, sie machen bloß einen Kontrollgang.
Aber von neuem breitet sich das Schweigen aus.
»Es ist ein einzelner Soldat«, flüstert einer.
»Frag ihn doch, zum Kuckuck, was riskieren wir schon?«
»Monsieur«, ruft er, »hallo, Monsieur!«
»Völliger Käse«, sagt einer, »einen Boche so anzureden.«
»Was hast du denn«, meint ein anderer, »wir bitten ihn um eine Auskunft, da muß man höflich sein.«
Höhnisches Lachen schlägt auf.
»Diese typisch französische Höflichkeit bringt uns noch ins Verderben«, sagt eine Stimme in lehrhaftem Ton.
»Bitte, Monsieur, könnten Sie uns nicht sagen, ob wir bald angekommen sind?«
Der Soldat draußen antwortet, aber man versteht nicht, was er sagt, er ist zu weit weg.
»Was hat er gesagt?« fragt einer.

»Wart doch, zum Teufel, er wird's uns gleich sagen.«
»O ja«, sagt der Kamerad, »wir halten's hier drinnen kaum noch aus.«
Wieder sagt draußen die Stimme des Deutschen etwas, aber was sie sagt, versteht man immer noch nicht.
»Ja?« sagt der Kamerad, der mit dem deutschen Soldaten spricht.
Draußen murmelt die Stimme des unsichtbaren Soldaten aufs neue.
»Vielen Dank auch, vielen herzlichen Dank, Monsieur«, sagt der Kamerad.
Das Knirschen der Stiefel auf dem Schotter setzt wieder ein und entfernt sich.
»Mensch, warst du vielleicht scheißhöflich«, sagt der von vorhin.
»Na, was hat er gesagt?«
Von allen Seiten schwirren die Fragen.
»Laßt ihn doch reden, Herrgott, statt herumzuschreien wie Esel«, ruft ein anderer.
Der Kamerad erzählt.
»Ja, als ich ihn gefragt habe, ob wir bald angekommen seien, hat er gesagt: ›Habt ihr's mit dem Ankommen denn so eilig?‹ und hat den Kopf geschüttelt.«
»Den Kopf hat er geschüttelt?« sagt einer rechts.
»Jawohl, den Kopf hat er geschüttelt«, sagt der Kamerad, der von seiner Unterhaltung mit dem deutschen Soldaten erzählt.
»Was hat er damit sagen wollen?« fragt der von rechts.
»Du fragst uns noch Löcher in den Bauch, zum Donnerwetter, das ist doch egal, ob er den Kopf geschüttelt hat oder nicht«, schreit ein anderer.
»Es sah so aus, als wollte er sagen, daß er's an unserer

Stelle mit dem Ankommen nicht so eilig hätte«, sagt der, der mit dem deutschen Soldaten gesprochen hat.
»Und warum?« fragt einer aus dem Hintergrund.
»Jetzt haltet doch endlich eure Klappe und sagt: sind wir angekommen oder nicht?« schreit einer ungeduldig.
»Er hat gesagt, wir seien praktisch angekommen, wir führen jetzt nur noch auf das Gleis zum Lagerbahnhof.«
»Wir kommen in ein Lager? In was für ein Lager?« fragt eine erstaunte Stimme.
Ein Chor von Flüchen braust um die erstaunte Stimme auf.
»Dachtest du vielleicht, wir kämen in ein Ferienheim? Lebst du denn auf dem Mond, zum Kuckuck?«
Der Kerl schweigt, wahrscheinlich denkt er jetzt erst einmal über seine Entdeckung nach.
»Aber warum hat er bloß den Kopf geschüttelt? Ich möchte nur wissen, warum er den Kopf geschüttelt hat«, fängt der von vorhin wieder beharrlich an.
Niemand schenkt ihm mehr Beachtung. Bei dem Gedanken, daß diese Reise bald zu Ende ist, überläßt sich jeder freudigen Gefühlen.
»Mensch, hast du gehört«, sage ich zu dem Jungen aus Semur, »wir sind praktisch angekommen.«
Der Junge aus Semur lächelt schwach und schüttelt den Kopf, so wie angeblich vorher der deutsche Soldat, der mit unserem Kameraden gesprochen hat. Der Gedanke, daß diese Reise praktisch zu Ende ist, scheint den Jungen aus Semur kalt zu lassen.
»Geht's dir nicht gut?« frage ich den Jungen aus Semur.
Er antwortet nicht sofort, und der Zug fährt mit einem Ruck und laut kreischenden Achsen wieder an. Der Junge aus Semur ist hintenübergefallen, ich halte ihn fest.

Seine Arme klammern sich an meinen Schultern fest, und der Lichtkegel eines Scheinwerfers, der am Wagen entlanggleitet, beleuchtet einen Augenblick lang sein Gesicht. Ein starres Lächeln und tiefes Erstaunen liegen in seinem Blick. Plötzlich verkrampfen sich seine Arme um meine Schulter, und mit leiser, rauher Stimme schreit er: »Mensch, verlaß mich nicht.« Ich will ihm gerade sagen, er soll doch keinen Blödsinn reden, Mensch, red doch keinen Blödsinn, wie könnte ich ihn auch verlassen, aber auf einmal wird sein Körper starr und schwer, beinahe stürze ich selber zu Boden in der düsteren, keuchenden Masse des Wagens, mit dem schweren, toten Steingewicht an meinem Hals. Ich versuche, mich auf mein gesundes Bein zu stützen, dessen Knie nicht schmerzhaft geschwollen ist. Ich versuche, mich aufzurichten und gleichzeitig den unendlich schwer gewordenen Körper zu halten, diesen Körper, der jetzt nur noch seinem eigenen toten Gewicht, dem Gewicht eines ganzen, plötzlich entflohenen Lebens gehorcht.

Der Zug fährt ziemlich schnell dahin, und da stehe ich und halte den Leichnam meines Kameraden aus Semur unter den Armen. Mit ausgestreckten Armen halte ich ihn vor mir, und trotz der Nachtkälte, die durch die Öffnung hereinströmt, in der jetzt Lichter aufglänzen, rinnt mir der Schweiß über das Gesicht.

»Mensch, verlaß mich nicht«, hat er gesagt, und ich finde das lachhaft, denn er hat *mich* ja verlassen, er selber ist davongegangen. Nie wird er wissen, der Junge aus Semur, wie diese Reise zu Ende geht. Aber vielleicht stimmt es doch, vielleicht bin ich es, der ihn verlassen hat. Ich versuche, im Halbdunkel sein von nun an für immer umdüstertes Gesicht und den Ausdruck abgrund-

tiefen Erstaunens zu ergründen, den es hatte, als er mich bat, ihn nicht zu verlassen. Aber es gelingt mir nicht, mein Kamerad aus Semur ist nur noch ein unergründlicher Schatten, der schwer in meinen verkrampften Armen hängt.
Niemand kümmert sich um uns beide, den Toten und den Lebenden, die aneinandergeschweißt sind, und unter lautem Aufkreischen der Bremsen schließt sich um uns unbewegliche Reisende ein Kreis aus grellem Licht und Hundegebell.

(Später, noch später, in den Tiefen der geheimsten, am sorgsamsten umhegten Erinnerung, wurde diese Ankunft im Lagerbahnhof unter den Buchen und hohen Tannen zu einer einzigen aufbrausenden Garbe gleißenden Lichts und wütenden Hundegebells. Sooft ich daran denke, stelle ich eine schneidende Entsprechung zwischen Lärm und Beleuchtung, dem Gebell der dutzendweise bereitstehenden Hunde und der blendenden Helle der Lampen und Scheinwerfer fest, die die Schneelandschaft mit eisigem Licht übergossen. Rückblickend springt einem freilich das Gestellte der Inszenierung, das bis in alle Einzelheiten Ausgeklügelte der Ankunft, dieser ganze raffiniert eingespielte, tausendmal wiederholte, zum Ritus gewordene Apparat schon von weitem in die Augen. Und eben dadurch gewinnt man wieder Distanz, das Ganze fordert durch seine groteske Wildheit fast zu einem Lächeln heraus. Es riecht nach Wagneroper, nach verwässertem Wein. Am Ende dieser vier Tage und fünf Nächte jedoch, dieses nicht mehr endenwollenden Tunnels, blieb uns verständlicherweise der Atem weg. Eine derartige Maßlosigkeit raubte uns ganz einfach die Fassung. Noch heute kann es mir mitten in der alltäglichsten Beschäftigung geschehen, daß diese Garbe in meiner Erinnerung wieder aufsprüht. Ich mache gerade den Salat an, aus dem Hof hört man Stimmen, vielleicht auch eine unendlich langweilige Musik, man denkt an nichts Besonderes, während der Tag träge und lustlos zu Ende geht, während die Stimmen aus dem Hof heraufdringen und all die endlosen Minuten zerrinnen, aus denen ein Leben besteht, und da bricht plötzlich wie ein scharfes Skalpell, das mit einem Schnitt das zarte, ein wenig schwammige Fleisch zerteilt, diese Erinnerung wieder auf, riesengroß, alles andere überflutend. Und wenn jemand dann fragt: »Woran denkst du?«, weil man plötzlich wie versteinert dasitzt, muß man natürlich antworten: »An nichts.« Denn erstens läßt sich diese Erinnerung nur schwer mitteilen, und zweitens muß man ganz allein mit ihr fertig werden.)

»Endstation, alles aussteigen«, hat jemand in der Mitte des Wagens gerufen.

Aber niemand lacht. Blendende Helligkeit überflutet uns, und Dutzende von Hunden bellen.

»Was ist das für ein Zirkus?« murmelt zu meiner Linken der Kamerad, der vorhin die Situation in die Hand genommen hat.

Ich wende mich der Öffnung zu und versuche hinauszuschauen. Der Junge aus Semur wird immer schwerer. Uns gegenüber, etwa fünf oder sechs Meter vom Wagen entfernt, wartet auf einem ziemlich breiten, von Scheinwerfern überstrahlten Bahnsteig eine lange Kette von SS-Männern. Unbeweglich wie Statuen stehen sie da, die Gesichter liegen im Schatten der Helme verdeckt, auf denen der Widerschein des Lichts glänzt. Spreizbeinig, die

Gewehre mit ausgestrecktem Arm am Lauf gehalten und auf den rechten Stiefel gestützt, warten sie. Manche haben statt des Gewehres eine Maschinenpistole an einem Gurt über der Brust hängen und halten auch die Hunde an der Leine, Schäferhunde, die uns und den Zug anbellen. Sie wissen genau, was hier gespielt wird, diese Hunde. Sie wissen, daß ihre Herren sie im nächsten Augenblick auf die Schatten loslassen, die aus den verschlossenen schweigenden Wagen heraustaumeln werden. Wütend bellen sie ihre künftigen Opfer an. Die SS-Männer dagegen stehen starr wie Statuen. Die Zeit vergeht. Die Hunde hören zu bellen auf und legen sich knurrend und mit gesträubtem Fell zu Füßen der SS-Männer nieder. Nichts rührt sich, nichts bewegt sich in der Kette der SS-Männer. Hinter ihr, vom Scheinwerferlicht überflutet, schaudern die hohen Bäume unterm Schnee. Über der ganzen Szene wird es wieder still, und ich frage mich, wie lange das jetzt so weitergehen soll. Auch im Wagen rührt sich niemand, niemand spricht ein Wort.
Plötzlich ertönt irgendwo ein kurzer Befehl, und überall schrillen Trillerpfeifen auf. Die Hunde sind wieder aufgesprungen und bellen. Mit einer einzigen mechanischen Bewegung hat sich die Kette dem Wagen genähert. Und nun fangen auch die SS-Männer zu brüllen an. Ohrenbetäubender Lärm entsteht. Ich sehe noch, wie die SS-Männer ihre Gewehre beim Lauf packen und die Kolben in die Luft schwingen. Dann gleiten mit einem Ruck die Türen des Wagens auf, Licht prallt uns ins Gesicht, blendet uns. Rauh, guttural gellt wie ein Kehrreim der Schrei auf, den wir schon kennen, in den die SS-Männer praktisch alle ihre Befehle kleiden: »Los, los, los!« Die Kameraden beginnen, sich gegenseitig sto-

ßend, in Trauben zu fünft und sechst hinauszuspringen. Oft verschätzen sie sich beim Springen oder hindern einander und stürzen der Länge nach in den schmutzigen Schnee des Bahnsteigs. Oft auch bringen die wahllos ausgeteilten Kolbenhiebe der SS-Männer, die heftig schnaufend wie Holzfäller um sich hauen, sie zu Fall. Mit gebleckten Zähnen stürzen sich die Hunde über die Schatten her. Und über dem ganzen entfesselten Wirbel hämmert immer wieder trocken der alles beherrschende Schrei: »Los, los, los!«
Um mich entsteht Leere, und immer noch halte ich den Jungen aus Semur unter den Armen. Ich werde ihn verlassen müssen. Ich werde auf den Bahnsteig, in das Durcheinander springen müssen, denn wenn ich zu lange warte und ganz allein springe, kriege ich alle Schläge allein ab. Die SS-Männer haben Nachzügler nicht gern, so viel weiß ich schon. Alles ist aus, diese Reise ist aus, ich muß meinen Kameraden aus Semur verlassen. Das heißt, er ist es ja, der mich verlassen hat, ich bin jetzt ganz allein. Ich lege seinen Leichnam auf den Boden des Wagens, und es ist, als legte ich mein eigenes vergangenes Leben, alle Erinnerungen, die mich mit der Welt von früher verbinden, für immer ab. Alles, was ich ihm während dieser endlosen Tage und Nächte erzählt habe, die Geschichte der Brüder Hortieux, das Leben im Gefängnis von Auxerre, und Michel, und Hans, und der Junge aus dem Wald von Othe, alles, was mein Leben gewesen war, erlischt jetzt, denn er ist nicht mehr. Der Junge aus Semur ist tot, ich bin ganz allein. Ich denke daran, wie er gesagt hat: »Mensch, verlaß mich nicht«, und nun gehe ich zur Tür, um auf den Bahnsteig zu springen. Ich weiß nicht mehr, ob er gesagt hat: »Mensch, verlaß mich nicht«,

oder ob er meinen Namen genannt hat, das heißt, den Namen, unter dem er mich kannte.
Vielleicht hat er gesagt: »Verlaß mich nicht, Gérard«, und jetzt springt Gérard auf den Bahnsteig, mitten ins blendende Licht.

II Er hat Glück, er fällt auf seine Füße und bahnt sich mit den Ellbogen einen Weg aus dem Tumult. Weiter drüben lassen die SS-Männer die Gefangenen in Fünferreihen antreten. Er rennt hinüber und versucht, sich in die Mitte der Kolonne zu drängen, aber es gelingt ihm nicht. Eine Bewegung der Masse schiebt ihn wieder an den Rand. Die Kolonne fällt schwankend in Laufschritt, und ein Kolbenhieb in die linke Hüfte treibt ihn vorwärts. Die eisige Nachtluft verschlägt ihm den Atem. Er verlängert seine Schritte, um so weit wie möglich von dem SS-Mann wegzukommen, der wie ein Stier schnaubend neben ihm herrennt. Er wirft einen kurzen Blick auf den SS-Mann und sieht, daß sein Gesicht von einem Muskelkrampf verzerrt ist. Vielleicht die Anstrengung, vielleicht auch der Umstand, daß er unaufhörlich brüllt. Zum Glück hat er keinen Hund bei sich. Plötzlich durchfährt ein stechender Schmerz sein rechtes Bein, und er stellt fest, daß er barfuß ist. Ein Stein in dem schmutzigen Schnee des Bahnsteigs muß ihn verletzt haben. Doch er hat jetzt keine Zeit, sich um seine Füße zu kümmern. Instinktiv versucht er, seinen Atem in Gewalt zu bekommen, ihn nach seinem Tempo einzuteilen. Plötzlich kommt ihn ein Lachen an, denn er muß an das Stadion in La Faisanderie denken, an die schöne, mit kurzem Gras bewachsene Rennbahn unter den frühlingsgrünen Bäumen. Drei Runden machten

einen Tausendmeterlauf aus. Pelletoux hatte ihn in der Kurve der zweiten Runde angegriffen, und er hatte den Fehler begangen, seinem Angriff zu widerstehen. Es wäre gescheiter gewesen, ihn überholen zu lassen und sich an ihn anzuhängen. Es wäre gescheiter gewesen, seine Kraftreserven bis zur Zielgeraden aufzusparen. Allerdings war es auch sein erster Tausendmeterlauf gewesen. Später hatte er gelernt, seine Kräfte einzuteilen.
»Verrückte Hunde.«
Er erkennt die Stimme zu seiner Rechten. Es ist der Kamerad, der vorhin versucht hat, wieder Ordnung im Wagen zu schaffen. Gérard wirft ihm einen Blick zu. Auch der andere scheint ihn wiederzuerkennen, er nickt ihm zu. Dann blickt er hinter Gérard.
»Und dein Freund?« fragt er.
»Im Wagen«, sagt Gérard.
Der Kamerad stolpert, aber geschickt fängt er sich wieder. Er scheint in Form zu sein.
»Wieso?« fragt er.
»Tot«, sagt Gérard.
Der Kamerad wirft ihm einen Blick zu.
»Teufel, hab ich gar nicht gemerkt«, sagt er.
»Ganz zum Schluß«, sagt Gérard.
»Das Herz«, sagt der Kamerad.
Vor ihnen stürzt einer zu Boden. Sie springen über ihn hinweg und rennen weiter. Hinter ihnen entsteht ein Durcheinander, sicher mischen sich schon die SS-Männer ein. Man hört die Hunde.
»Darfst nicht den Anschluß verlieren«, sagt der Kamerad.
»Ich weiß«, sagt Gérard.
Der SS-Mann, der neben ihnen herrennt, bleibt zurück.

»Hast einen schlechten Platz erwischt«, sagt der Kamerad.
»Ich weiß«, sagt Gérard.
»Nie außen«, sagt der Kamerad.
»Ich weiß«, sagt Gérard.
Erstaunlich, wie viele vernünftige Kameraden man auf diesen Reisen trifft.
Sie kommen auf einer breiten, hell erleuchteten Straße an. Unvermittelt verlangsamt sich das Tempo. Sie gehen jetzt im Gleichschritt, Scheinwerfer strahlen auf sie herab. Auf beiden Seiten der Straße erheben sich hohe Pfeiler, auf denen steinerne Adler mit angelegten Flügeln hocken.
»Scheiße«, sagt der Kamerad.
Eine Art Schweigen stellt sich ein. Die SS-Männer müssen erst wieder Atem schöpfen. Auch die Hunde. Man hört nur noch das Schwappen von Tausenden nackter Füße im Schneematsch der Straße. Die Bäume rauschen im Nachtwind. Es ist plötzlich sehr kalt. Die Füße sind gefühllos und starr wie Holzklötze.
»Scheiße«, knurrt der Kamerad zum zweitenmal.
Und alle denken das gleiche.
»Die machen's gleich im großen, die Hunde«, sagt der Kamerad. Dabei lacht er.
Gérard fragt sich, was er wohl damit sagen will. Aber er hat keine Lust, ihn zu fragen, warum er sagt, die machen's gleich im großen, die Hunde. Der plötzlich verlangsamte Lauf, die schneidend ins Bewußtsein dringende Kälte und das Fehlen seines Kameraden aus Semur, das alles stürzt bedrückend auf ihn ein. Ziehende Schmerzen strahlen von seinem geschwollenen Knie in sein Bein und seinen ganzen Körper aus. Aber an sich ist es ja auch klar, was der Kamerad sagen will. Diese breite

Straße, diese Steinpfeiler, diese hochmütigen Adler sind für die Dauer bestimmt. Dieses Lager, das da vor ihnen liegt, ist keine provisorische Einrichtung. Vor Jahrhunderten schon, damals im Wald von Compiègne, ist er auf ein Lager zumarschiert. Vielleicht war auch der Kamerad zu seiner Rechten schon bei jenem Marsch durch den Wald von Compiègne dabei. Diese Reisen sind ja voller Zufälle. Ja, man müßte sich aufraffen und die Tage zählen, die Jahrhunderte, würde Gérard sagen, die ihn von diesem Marsch durch den Wald von Compiègne trennen. Einen Tag für die Reise von Auxerre nach Dijon. Vor Morgengrauen waren sie aus dem Schlaf gerissen worden, das ganze Gefängnis war mit einem Schlage wach und rief den Weggehenden Abschiedsworte zu. Von der letzten Galerie war ihm sogar Irènes Stimme ans Ohr gedrungen. Der Kamerad aus dem Wald von Othe hatte ihn noch vor der Tür der Zelle 44 an sich gepreßt.
»Lebwohl, Gérard«, hatte er gesagt »vielleicht treffen wir uns wieder.«
»Deutschland ist groß«, hatte er ihm geantwortet.
»Vielleicht doch«, war die beharrliche Antwort des Kameraden aus dem Wald von Othe gewesen.
Dann der Bummelzug nach Laroche-Migennes. Sie hatten lange auf den Zug nach Dijon warten müssen, zuerst in einem Café, das in ein »Soldatenheim« verwandelt worden war. Gérard hatte gebeten, auf die Toilette gehen zu dürfen. Aber der Kerl vom Sicherheitsdienst, der den Transport leitete, hatte ihn nicht von dem alten Bauern aus Appoigny losgeschnallt, der an die andere Handschelle gefesselt war. So hatte er den Alten hinter sich her zum Pinkeln mitschleppen müssen, wo er doch außerdem gar nicht richtig pinkeln mußte. Unter diesen Um-

ständen war nichts zu machen gewesen. Später hatten sie auf dem Bahnsteig gewartet, umgeben von Maschinenpistolen, deren Läufe auf sie gerichtet waren. Und jetzt marschiert er im Gleichschritt auf dieser taghell erleuchteten Straße im Schnee des beginnenden Winters dahin, dem noch ein zweiter endloser Winter folgen wird. Er sieht die Adler und die Symbole auf den hohen Granitpfeilern an. Auch der Kamerad zu seiner Rechten blickt hinauf.
»Was man nicht alles noch lernt«, sagt der Kamerad unbeeindruckt.
Gérard versucht weiter, die Tage und Nächte dieser jetzt zu Ende gehenden Reise zu zählen. Aber er findet nur noch ein schreckliches Durcheinander. In Dijon waren sie nur eine Nacht geblieben, soviel ist sicher. Dann verschwimmt alles mehr oder weniger im Nebel. Zwischen Dijon und Compiègne hatten sie mindestens einmal noch gehalten. Er erinnert sich an eine Nacht in einer Baracke irgendwo in einer Kaserne, in einem alten, baufälligen Verwaltungsgebäude. In der Mitte der Baracke stand ein Ofen, aber es gab weder Strohsäcke noch Decken. In einer Ecke sangen ein paar halblaut vor sich hin: »Sie werden's nie besitzen, Elsaß-Lothringen«, und er fand es lächerlich und rührend. Andere versuchten es mit anderen Mitteln und drängten sich um einen jungen Priester, einen von der aufdringlichen Art, der jedem unablässig Trost zu spenden versuchte. Schon in Dijon hatte ihm Gérard seinen Standpunkt darlegen und freundlich, aber bestimmt erklären müssen, daß er keines geistlichen Trostes bedürfe. Eine wirre Diskussion über die Seele war daraus entstanden, an die er nur mit Lachen zurückdenken kann. Schließlich hatte er sich, den Mantel um die

Beine gewickelt, in einem Winkel zusammengerollt und hatte den Frieden, das flüchtige Glück des Einsseins mit sich selber, hatte jene Heiterkeit gesucht, die aus dem Gefühl entspringt, sein Leben in der Hand zu haben, über sein Ich bestimmen zu können. Aber ein Junge hatte sich neben ihn gesetzt.
»Hast du nichts zu rauchen?« fragt der Junge.
Gérard schüttelt verneinend den Kopf.
»Ich gehöre leider nicht zu denen, die alles voraussehen«, fügt er hinzu.
Der Junge bricht in gellendes Lachen aus.
»Ich auch nicht. So 'ne Scheiße, ich hab nicht mal dran gedacht, mich in Winterklamotten verhaften zu lassen.«
Wieder lacht er.
Er trägt tatsächlich nur eine ganz dünne Jacke mit einer ebensolchen Hose und ein Hemd mit offenem Kragen.
»Den Mantel hat man mir ins Gefängnis gebracht«, sagt Gérard.
»Weil du eine Familie hast«, sagt der Junge.
Wieder bricht er in sein gellendes Lachen aus.
»Ja, was nicht alles vorkommt«, sagt Gérard.
»Ich hab's auch teuer bezahlen müssen«, sagt der andere geheimnisvoll.
Gérard wirft ihm einen Blick zu. Er sieht ein wenig heruntergekommen aus, der Junge, ein wenig außer sich.
»Wenn dir's nichts ausmacht«, sagt Gérard, »ich ruhe mich jetzt aus.«
»Ich brauche Unterhaltung«, sagt der andere.
Trotz seines mageren und gezeichneten Gesichts sieht er plötzlich wie ein Kind aus.

»Du brauchst Unterhaltung?« fragt Gérard und dreht sich zu ihm um.
»Schon wochenlang habe ich keine Unterhaltung mehr gehabt«, sagt der Junge.
»Wieso?«
»Ganz einfach, ich war drei Monate lang in Einzelhaft«, sagt der Junge.
»Als ich mit Ramaillet zusammen war, hätte ich mir manchmal gewünscht, ich wäre in Einzelhaft«, sagt Gérard.
»Und ich hätte gewünscht, ich wär bei Ramaillet.«
»Ist es wirklich so schlimm?« fragt Gérard.
»Ich kenne deinen Ramaillet nicht, aber eins weiß ich bestimmt, Ramaillet wäre mir lieber gewesen.«
»Vielleicht hältst du's nicht aus, in dir selber eingesperrt zu sein.«
»In mir selber?«
Sein unruhiger Blick flackert ängstlich hin und her.
»Du richtest dich in deiner Unbeweglichkeit häuslich ein, entspannst dich, sagst dir Gedichte auf, überdenkst die Fehler, die du vielleicht gemacht hast, erzählst dir deinen Lebenslauf, bringst mal hier, mal dort was in Ordnung, probierst, ob du die griechischen Konjugationen noch zusammenbringst.«
»Ich habe nie Griechisch gelernt«, sagt der Junge.
Sie schauen sich an und lachen beide zugleich.
»Scheiße, daß wir nichts zu rauchen haben«, sagt der Junge.
»Frag mal den Stoßtrupppfarrer, vielleicht hat der was.«
Der andere zuckt mürrisch die Schultern.
»Ich frage mich, was ich hier überhaupt verloren habe«, sagt er.

»Wär Zeit, es zu wissen«, meint Gérard.
»Ich versuch's ja auch«, sagt er und schlägt dabei unaufhörlich die rechte Faust in die linke Hand.
»Wärst wohl besser daheim geblieben«, meint Gérard.
Wieder lacht der andere.
»Mein Vater hat mich bei der Gestapo verpfiffen«, sagt er.
Ja, sein Vater hatte ihn der Gestapo ausgeliefert, weil er Ruhe im Haus haben wollte, und die Gestapo hat ihn gefoltert, sein ganzes rechtes Bein trägt die Spuren des Brenneisens. Er krempelt die Hose bis zum Knie hoch, aber die Narben gehen noch höher, bis zur Hüfte, sagt er. Er hat durchgehalten und »Jackie«, den Chef des Netzes, nicht verraten, und zwei Monate später erfuhr er durch Zufall, daß »Jackie« ein Doppelagent war. Seither weiß er nicht mehr, was er hier verloren hat, er fragt sich, ob er nicht später noch seinen Vater umbringen muß. (Diese Geschichte von »Jackie« erinnert Gérard an einen Zettel, den Irène ihm in Auxerre hatte zustecken lassen. Alain teile ihr mit, schrieb Irène, daß London ihr erlaube, sich den Deutschen zur Verfügung zu stellen, um weiteren Folterungen zu entgehen, während sie gleichzeitig für Buckmaster weiterarbeiten solle. »Können Sie sich mich als Doppelagentin vorstellen?« fragte Irène, und ein wütender Bleistiftstrich schloß die Mitteilung. Dieser Alain war ein Schwein, das sah man schon an seinem Gesicht.) Gérard fragt sich, ob er in dem Lager, dem sie jetzt im Gleichschritt auf der breiten Straße entgegenmarschieren, den Jungen vielleicht wiedertreffen wird. Beim Transport muß er noch gewesen sein, Gérard glaubt, ihn an jenem Morgen in Compiègne erkannt zu haben, als die SS-Leute die lange Kolonne zum Abtransport antreten

ließen. Die Bewohner von Compiègne lagen in ihren verschlafenen Häusern noch im warmen Bett oder machten sich gerade für einen neuen Arbeitstag fertig. Manchmal hörte man in den verschlafenen Häusern Wecker rasseln. Das letzte Geräusch des früheren Lebens war dieses schrille, unbarmherzige Rasseln gewesen, mit dem das Räderwerk eines neuen Arbeitstages begann. Hier und da öffnete eine Frau, vom Geräusch der endlos in Richtung Bahnhof durchmarschierenden Kolonne neugierig gemacht, vorsichtig ein Fenster und spähte hinaus. Mit Kolbenhieben schlugen die SS-Männer die Fensterläden der Erdgeschosse zu. Zu den Stockwerken, die sie nicht erreichen konnten, riefen sie Schimpfwörter hinauf und schwangen drohend die Waffen. Da verschwanden schleunigst die Köpfe. Schon bei der Ankunft in Compiègne hatten sie dieses Gefühl des Abgeschnittenseins, des Ausgestoßenseins in eine fremde Welt gehabt. In Rethondes hatten sie aussteigen müssen, der Tag war sonnig. Unter den winterlichen Bäumen waren sie dahinmarschiert, und die Sonne zauberte Farbenspiele ins Unterholz. Es überkam sie wie tiefes Glück nach all diesen langen Monaten zwischen feuchten Mauern und Spazierhöfen, in denen nur der nackte Boden war, ohne einen Grashalm, ohne ein grünes Blatt, das im Wind zitterte, ohne einen Zweig, der unter dem Fuß zerbrach. Tief sog Gérard den Geruch des Waldes ein. Am liebsten hätte er die deutschen Soldaten gebeten, mit dem blöden Scherz doch aufzuhören und ihnen die Handschellen abzunehmen, damit sie frei auf den Waldwegen dahinstreifen könnten. An der Ecke eines Gehölzes sah er sogar ein Reh aufspringen, und sein Herz schlug einen Purzelbaum, wie man so sagt. Das heißt, es fing plötzlich wie wild zu schlagen an und setzte den leichten, geschmeidigen Sprüngen des Rehes von Gebüsch zu Gebüsch nach. Aber auch der Wald von Compiègne hatte einmal ein Ende gehabt. Gern wäre er noch stundenlang in ihm weitergegangen, trotz der Handschellen, die ihn an Raoul fesselten, in Dijon hatte er es nämlich fertiggebracht, sich mit Raoul zusammenfesseln zu lassen, ehe diese lange Reise ins Ungewisse weiterging. Mit Raoul konnte man wenigstens sprechen. Bei dem Alten aus Appoigny war nichts zu machen gewesen. Aber auch der Wald von Compiègne hatte ein Ende, und schließlich hallten ihre Tritte auf dem Straßenpflaster von Compiègne wider. Je weiter ihre Kolonne (sie marschierten in Sechserreihen, je zwei und zwei aneinandergefesselt) ins Innere der Stadt kam, desto drückender schloß sich das Schweigen um sie. Man hörte nur noch das Geräusch ihrer Schritte, das Geräusch ihres Todes, der durch die Straßen marschierte. Die Leute blieben am Rand der Bürgersteige stehen. Manche wandten den Kopf ab, andere verschwanden in den Seitengassen. Und alle hatten den gleichen leeren Blick für sie, mußte Gérard später denken, wie für eine geschlagene, in Auflösung zurückflutende Armee. Er ging in der äußersten rechten Reihe der Kolonne, dicht am Bürgersteig entlang, und versuchte, einen der Blicke zu fixieren, aber vergebens. Die Männer senkten den Kopf oder wandten sich ab. Die Frauen, manche von ihnen mit Kindern an der Hand – soweit er sich erinnern kann, war gerade die Schule aus –, wandten zwar den Kopf nicht ab, aber ihr Blick wurde wässerig und wich milchig zerfließend zurück. Endlos lange waren sie so durch die Stadt marschiert, und Gérard hatte versucht, diesen ersten Eindruck mit geradezu statistischer Genau-

igkeit nachzuprüfen. Aber es war kein Zweifel, die meisten Männer wandten den Kopf ab, die meisten Frauen ließen ihre Blicke ausdruckslos über sie hinwegschweifen.
Und doch erinnert er sich an zwei Ausnahmen.
Der Mann mußte beim Geräusch ihrer Schritte seine Arbeit verlassen haben, vielleicht eine Autowerkstatt, vielleicht auch sonst irgendeine Reparaturwerkstatt, denn er wischte sich noch im Näherkommen seine fettverschmierten, schwarzen Hände an einem ebenfalls fettverschmierten, schwarzen Lappen ab. Unter seinem blauen Arbeitsanzug trug er einen dicken Rollkragenpullover. Sich die Hände abwischend, trat er an den Rand des Bürgersteigs, und als er erkannte, worum es ging, wandte er den Kopf nicht weg. Im Gegenteil, er nahm mit aufmerksamen Augen alle Einzelheiten der Szene wahr. Wahrscheinlich überschlug er bei sich, wieviel Mann diese Gefangenenkolonne wohl zählen mochte. Wahrscheinlich versuchte er zu bestimmen, aus welchen Gegenden seines Landes diese Männer kamen, ob sie Städter oder mehr Bauern waren. Wahrscheinlich fiel ihm an der Kolonne auch der große Anteil junger Leute auf. Mit aufmerksamem Blick nahm er vom Rand des Bürgersteiges aus alle Einzelheiten in sich auf, während er sich mit unendlich langsamer, immer wieder neu begonnener Geste die Hände abrieb. Es war, als brauche er diese Geste, diese Beschäftigung seiner Hände, um alle Einzelheiten des Gesehenen besser verarbeiten zu können. Es war, als wolle er das Gesehene zunächst ganz tief in sich aufnehmen, um es nachher in Ruhe auf seine Einzelheiten hin untersuchen zu können. Denn jeder dieser Gefangenen sagte ihm durch Gang, Alter, Kleidung etwas über das

Wesen seiner Heimat und über Kämpfe aus, die oft weit von ihm entfernt getobt hatten. Freilich, als Gérard das alles überdachte und sich sagte, daß aus der Haltung dieses Mannes und seiner leidenschaftlich aufmerksamen Miene all das herauszulesen sei, war der Mann selber schon längst zurückgeblieben und für immer verschwunden. Aber Gérard fuhr fort, die Kolonne mit demselben aufmerksamen, angespannten, begierigen Blick dieses Mannes zu betrachten, der da zurückgeblieben und verschwunden war, der sicher schon längst wieder bei seiner Arbeit an einer sauberen, blitzenden Maschine stand und über das Gesehene nachdachte, während seine Hände ganz von selber die saubere, blitzende Maschine bedienten. Mit diesem Blick, den der Unbekannte ihn gelehrt hatte, sah Gérard jetzt zum Beispiel, daß die marschierende Kolonne zum überwiegenden Teil aus jungen Leuten bestand, und daß diese Jungen, das konnte man an ihren derben Schuhen, ihren Lederjacken, ihren Pelzwesten und dornenzerfetzten Hosen ablesen, alle aus dem Untergrund kamen. Das waren keine grauen, bei irgendeiner Razzia in einer Stadt zusammengetriebenen Gestalten, sondern Frontkämpfer. Das heißt, von ihrer Kolonne ging ein Eindruck von Macht aus, sie waren wie ein offenes Buch, in dem eine gedrungene, vielschichtige Wirklichkeit von Menschenschicksalen stand, die sich freiwillig in einen von vornherein ungleichen Kampf gestellt hatten. Deshalb war auch der Blick, der ihnen gebührte, nicht jenes ausdruckslose, zerfließende Flackern aus erschrockenen Augen, sondern ein ruhiger Blick wie der dieses Mannes, ein Blick von gleich zu gleich. Und vor dem Blick dieses Mannes, das hatte Gérard plötzlich gespürt, war ihr drückender Marsch nicht mehr das Zu-

rückfluten einer geschlagenen Armee gewesen, sondern ein Siegeszug. Ohne Widerstand öffnete sich Compiègne diesem Siegeszug. Auch die Vorstellung, daß die meisten auf diesem Siegeszug einem Schicksal entgegengingen, das nur der Tod sein konnte, war ohne Belang. Festen Schritts, gleich einer lebenden Flut marschierte ihr zukünftiger Tod durch die Straßen von Compiègne. Und jetzt war diese Flut noch angeschwollen, dunkel wälzte sie sich auf dieser Wagneroperstraße zwischen den hohen Pfeilern unter den toten Blicken der Hitleradler einher. Der Mann aus Compiègne, der sich am Rande des Bürgersteigs die schmierigen Hände abgewischt hatte, hatte gelächelt, als Gérard wenige Meter an ihm vorübergegangen war. Wenige Sekunden lang hatten sich ihre Blicke gekreuzt, und sie hatten einander zugelächelt.
»Was ist los?« fragt der Kamerad rechts von Gérard.
Gérard versucht, über die Schultern der Vordermänner hinwegzusehen. Die beiden parallelen Lampenreihen, die die Straße erhellen, scheinen im Dunkel der Nacht auf eine düstere Masse zuzulaufen, die die Straße versperrt.
»Dort vorne, das muß wohl der Lagereingang sein«, meint Gérard.
Der andere sieht auch hin und schüttelt den Kopf.
»Ich frage mich«, sagt er, aber er hält inne und sagt nicht, was er sich fragt.
Auf beiden Seiten der breiten Straße zeichnen sich im irisierenden Lichthof der Lampen die Umrisse verschieden hoher, zwischen den Bäumen zerstreuter Gebäude ab.
»Groß wie 'ne Stadt, der Puff da«, sagt Gérard.
Der eskortierende SS-Mann ist wieder neben ihnen angelangt und muß ihn gehört haben.
»Ruhe!« brüllt er.

Und haut ihm den Gewehrkolben in die Rippen.
Auch die Frau in Compiègne hätte beinahe ein Gewehrkolben mitten ins Gesicht getroffen. Auch sie hatte den Kopf nicht abgewandt. Auch sie hatte ihren Blick nicht undurchsichtig werden lassen wie ein stehendes Gewässer. Sie war im Gegenteil auf dem Bürgersteig im gleichen Schritt mitmarschiert, als wolle sie einen Teil des Gewichts dieses Ganges, einen möglichst großen Teil, auf sich selber nehmen. Ihr Gang war stolz, trotz der Holzsohlen an ihren Schuhen. Einmal rief sie ihnen sogar etwas zu, aber Gérard verstand nicht, was. Etwas Kurzes, vielleicht nur ein einziges Wort, die neben ihr Marschierenden wandten sich nach ihr um und nickten mit dem Kopf. Aber dieser Ruf, diese Aufmunterung, dieses Wort, was immer es war, womit das Schweigen zerbrach, die Einsamkeit barst, ihre eigene und die dieser Männer, die da zu zweit aneinandergefesselt waren und sich zusammendrängten, die einsam waren, weil sie nicht sagen konnten, was Gemeinsames zwischen ihnen war, dieser Ruf zog die Aufmerksamkeit eines deutschen Soldaten auf sich, der einige Schritte vor ihr auf dem Bürgersteig ging. Er wandte sich um und erblickte die Frau. Die Frau ging mit festem Schritt auf ihn zu, sicher wandte sie kein Auge ab. Mit erhobenem Kopf ging sie auf den deutschen Soldaten zu, und der deutsche Soldat brüllte ihr mit schreckverzerrtem Gesicht etwas zu, einen Befehl oder einen Fluch, ein Drohwort. Gérard war zuerst überrascht gewesen von diesem Ausdruck panischer Angst, aber in Wirklichkeit war er sehr leicht zu erklären. Jedes Ereignis, das nicht mit der primitiven Vorstellung übereinstimmte, die die Deutschen von der Wirklichkeit hatten, jede unerwartete Andeutung einer Rebellion oder

Widersetzlichkeit mußte sie in panischen Schrecken versetzen. Denn jede enthüllte wie ein Blitz die Tiefe der feindlichen Welt, die sie umgab, selbst wenn die Oberfläche verhältnismäßig ruhig blieb, selbst wenn die Beziehungen zwischen der Besatzungsmacht und der Welt, die sie umgab, ohne größere Reibereien verliefen. Mit einem Schlag rief ihm diese Frau, die da erhobenen Hauptes an der Gefangenenkolonne entlang auf den deutschen Soldaten zumarschierte, die tausendfältigen Möglichkeiten nächtlicher Schüsse, tödlicher Hinterhalte, aus dem Dunkel hervorbrechender Partisanen ins Bewußtsein. Trotz der milden Wintersonne, trotz seiner Waffengenossen vor und hinter ihm, trotz seiner Überlegenheit über die wehrlose Frau und die gefesselten Männer brüllte der deutsche Soldat vor Angst, brüllte und schwang den Kolben seines Gewehrs gegen das Gesicht der Frau. Einige Sekunden lang verharrten sie regungslos voreinander, der deutsche Soldat noch immer brüllend, dann zog er sich mit einem letzten Blick haßerfüllter Furcht wieder an seinen Platz neben der Kolonne zurück.

Drei Tage später, als sie auf dem Weg zum Bahnhof noch einmal durch Compiègne gekommen waren, stand niemand mehr auf den Bürgersteigen. Nur an den Fenstern tauchten flüchtig Gesichter auf, und in den verschlafenen Häusern rasselten schrill die Wecker.

Seit der SS-Mann neben ihnen steht, sagt der Kamerad rechts von Gérard nichts mehr. Immer noch stehen sie unbeweglich. Gérard fühlt, wie die Kälte erstarrend an ihm hochkriecht, wie sie gleich einer Flut eisiger Lava seinen ganzen Körper auszufüllen beginnt. Die Augen wollen ihm zufallen, aber er rafft sich auf, um tief in seinem

Gedächtnis das Bild dieser breiten, von hohen Pfeilern gesäumten Straße mit der dunklen Masse von Bäumen und Gebäuden jenseits des Lichtkreises aufzunehmen. Er sagt sich, so eine Straße gibt es nicht oft, das muß man ausnutzen, muß sich dieses Bild ganz tief in die Augen senken lassen. Er blickt auf die hohen Pfeiler mit den Adlern des Tausendjährigen Reiches, die mit angelegten Flügeln und in die Winternacht starrenden Schnäbeln im Licht der vielen Laternen hocken, das dort oben und aus der Ferne gesehen schon trübe, in der Mitte der Straße jedoch grell und hart herniederfällt. Er sagt sich und hält dabei krampfhaft die Augen offen, um nicht im letzten Augenblick, jetzt, am Ende der Reise noch schlappzumachen, während die erstarrende Kälte schon sein ganzes Innere mitsamt seinem Gehirn durchdringt, das schon fest werden will, so wie man von einem Gelee oder einer Mayonnaise oder einer Soße sagt, sie werde fest – er sagt sich, jetzt fehlt nur noch eine schöne, erhabene Opernmusik, dieser lächerlichen Barbarei die letzte Vollendung zu verleihen, seltsam, daß die SS-Männer, wenigstens ein paar von ihnen, die Einfallsreichsten, und die SS-Männer sind weiß Gott einfallsreich, nicht auch noch an diese Kleinigkeit, diese letzte, erhabene Pointe gedacht haben. Aber seine Augen fallen zu, er taumelt nach vorn, wacht im Fallen aus seiner Erstarrung auf, reißt sich zusammen und kommt wieder ins Gleichgewicht. Er dreht sich zu dem Kameraden rechts von ihm um, der Kamerad rechts von ihm hat alles gesehen und nähert sich unmerklich, so daß Gérard sich gegen seine linke Schulter, sein linkes Bein stützen kann. Geht schon wieder, sagt Gérard in Gedanken, mit einem Blick zu ihm, denn der SS-Mann steht noch immer neben ihnen und paßt auf sie auf, es geht wieder, danke, nur einen Augenblick übel, sind ja gleich angekommen, danke, sagt Gérard, ohne den Mund zu öffnen, ohne die Lippen zu bewegen, ohne in Wirklichkeit etwas zu sagen, nur ein Blick, das letzte, was uns bleibt, der letzte Luxus des Menschen, ein freier Blick, über den sogar ein SS-Mann keine Gewalt hat. Freilich sind dieser Zwiesprache Grenzen gesetzt. Gérard würde gerne seinem Freund, dessen linke Schulter und linkes Bein ihn vor dem Umstürzen bewahren – aber mit den Augen allein geht es ja nicht –, jenen Einfall mit der Musik mitteilen, dieser erhabenen, grandiosen Musik über der Schneelandschaft mit ihren sich brüstenden Adlern unter den rauschenden Bäumen des Januar. Wenn diese Unterhaltung hätte stattfinden können, wenn der SS-Mann nicht ganz dicht neben ihnen gestanden und vielleicht mit einem teuflischen Lächeln auf die geringste Regelwidrigkeit gewartet hätte, dann hätte sein Freund ihm allerdings erzählen können, daß die Musik im Zeremoniell der SS keineswegs fehlte. Sonntags zum Beispiel, nach dem Mittagsappell, rieselte in allen Baracken den ganzen endlosen Nachmittag lang Musik aus den Lautsprechern, bald Schlager, oft Walzerrhythmen, bald klassische Musik. Wenn dieses Gespräch hätte stattfinden können, während sie so im Schnee stehen und warten, bis das Tor des Geheges aufgeht, dem ihre so endlos lange Reise gegolten hat, dann hätte sein Freund ihm vielleicht erzählen können, daß sie noch manchen Sonntagnachmittag, zum Beispiel wenn es regnete oder schneite, die Ellbogen auf den Tisch der Bude gestützt verbringen und im Lärm dieser müßigen Nachmittage, der schrecklichsten, die sie erwarteten, ein Bachkonzert hören würden. Und vielleicht wären sie, wenn dieses Gespräch hätte stattfinden können, zu dem Schluß gekommen, daß es wohl nur technische Gründe waren, vielleicht ein Mangel an Geld, was die SS-Männer davon abhielt, dieser Ankunft vor dem Tor des Geheges durch eine passende, eine erhabene, majestätische Musik noch die letzte, grandiose Pointe zu verleihen. Bei anderen Gelegenheiten freilich gab es sehr viel Musik, jeden Tag das ganze Jahr hindurch zogen die Kommandos am Morgen unter Musikbegleitung zur Arbeit aus und kehrten abends ebenso wieder zurück. Aber das alles hätten sie wohl kaum erraten können, selbst wenn dieses Gespräch möglich gewesen wäre, und es ist unwahrscheinlich, daß sein Freund schon so genau über die Einzelheiten des Ortes Bescheid wußte, auf den sie jetzt zugehen, vor dessen Toren sie regungslos in der Kälte des Winters warten, der erst begonnen hat und dem noch ein ganzer weiterer Winter folgen wird. Es ist unwahrscheinlich, daß der Freund, gegen dessen Schulter sich Gérard stützt, ihm schon hätte sagen können, daß sie jeden Tag unter Musikbegleitung zur Arbeit in die Gustloff-Werke, die Deutschen Ausrüstungswerke, abgekürzt D. A. W., die MIBAU und den ganzen Kranz von Kriegsfabriken um das Lager herum ausrücken würden, die noch innerhalb des zweiten Verhaus liegen, in dem sie sich jetzt schon befinden, ohne es zu wissen, oder in die Steinbrüche und zu den Erdarbeiten. Es ist unwahrscheinlich, daß sie im Verlauf dieses Gesprächs, selbst wenn es hätte stattfinden können, so viel Phantasie aufgebracht hätten, zu erraten, daß die Musiker dieses Orchesters Uniformen mit roten, in die Stiefel gestopften Hosen und grünen Jacketts mit dicken, gelben Uniformschnüren tragen und dazu mitreißende Märsche spielen würden, etwa wie in einem Zirkus, ehe die Elefanten in die Arena ziehen oder die blonde Kunstreiterin mit ihrem Puppengesicht und dem rosa Trikot auftritt. Zweifellos hätte weder Gérards noch seines Freundes Phantasie dazu ausgereicht, sich vorzustellen, wie diese Lagerkapelle aussehen würde, wie die Gefangenen unter Musik ausziehen und todmüde unter den mitreißenden Klängen schneidiger, wuchtiger Märsche wieder zurückkehren würden, diese Wirklichkeit übersteigt noch, freilich nicht mehr für lange, die Grenzen ihrer Phantasie. Bald schon, wenn sie die paar hundert Meter zurückgelegt haben werden, die sie noch von dem monumentalen Tor des Geheges trennen, wird es sinnlos sein, von irgend etwas zu sagen, es sei unvorstellbar, aber im Augenblick stecken sie noch in ihren Vorurteilen und Begriffen von früher, die es unmöglich machen, sich vorzustellen, was nachher bitterste Wirklichkeit sein wird. Und weil dieses Gespräch nicht stattfinden kann, weil der SS-Mann neben ihnen steht und wie ein Luchs auf die geringste Regelwidrigkeit, die erste Ohnmacht wartet, die ihm das Recht geben würde, den am Boden liegenden Gefangenen mit einem Genickschuß zu erledigen, und weil Gérard der Kolonne nicht mehr folgen kann, weil das Schweigen und die heimliche Stütze der linken Schulter des Kameraden das einzige ist, was uns noch bleibt, bekämpft Gérard die plötzliche Schwäche seines Körpers und versucht, die Augen offenzuhalten, seine Augen mit dem eisigen Licht der Schneelandschaft zu tränken, dem Licht dieser Lampen der monumentalen Straße entlang, die von hohen Steinpfeilern begrenzt ist, auf denen in brutaler Herrschgier die Hitleradler hocken, diesem maßlosen Bild, in dem nur noch die majestätische, grandiose Musik einer Phantasieoper fehlt. Gérard versucht, das alles in sein Gedächtnis aufzunehmen und denkt zugleich halb unbewußt daran, daß es gar nicht einmal ausgeschlossen ist, daß schon bald der Tod aller jetzt noch Schauenden für immer die Erinnerung an dieses Bild auslöschen wird und daß das schade wäre, er weiß selber nicht warum, schon muß er sich durch Tonnen schneeiger Watte in seinem Gehirn durchquälen, aber es wäre schade, die verworrene Gewißheit dieses Gedankens erfüllt ihn, und plötzlich hat er das Gefühl, daß diese großartige, majestätische Musik doch noch mächtig und herrlich in der Januarnacht emporrauscht, daß sie diese Reise triumphierend zu Ende führt und daß es tatsächlich gilt, so, unter den brausenden Wogen dieser hehren Musik, unter dem eisigen, in wirbelnde Garben zersprühenden Licht aus der Welt der Lebenden zu scheiden – dieser fest geprägte Satz kreist schwindelerregend in den Windungen seines Gehirns, das beschlagen ist wie eine Fensterscheibe von peitschenden Regengüssen: aus der Welt der Lebenden scheiden, aus der Welt der Lebenden scheiden.

DIE BÜCHER VON JORGE SEMPRUN
IM SUHRKAMP VERLAG UND INSEL VERLAG

Algarabía oder Die neuen Geheimnisse von Paris
Roman. 1985
suhrkamp taschenbuch 1669 (1989)

Die große Reise
1994
suhrkamp taschenbuch 744 (1991)

Was für ein schöner Sonntag!
1981
suhrkamp taschenbuch 972 (1984)

Der weiße Berg
Roman. 1987
suhrkamp taschenbuch 1768 (1990)

Der zweite Tod des Ramón Mercader
Roman. 1974
suhrkamp taschenbuch 564 (1979)

Yves Montand. Das Leben geht weiter
1984
suhrkamp taschenbuch 1279 (1986)

Federico Sánchez verabschiedet sich
1994

Gebunden und in einer Kassette
›Jorge Semprun erzählt seine deutsche Geschichte‹:

Die große Reise
Was für ein schöner Sonntag!